지은이 옥한흠

제자훈련에 인생을 건 광인(狂人) 옥한흠. 그는 선교 단체의 전유물이던 제자훈련을 개혁주의 교회론에 입각하여 창의적으로 재해석하고 지역 교회에 적용한 교회 중심 제자훈련의 선구자다.

1978년 사랑의교회를 개척한 후, 줄곧 '한 사람' 목회철학으로 예수 그리스도를 닮은 평신도 지도자를 양성하는 데 사력을 다했다. 사랑의교회는 지역 교회에 제자훈련을 접목해 풍성한 열매를 거둔 첫 사례가 되었으며, 국내외 수많은 교회가 본받는 모델 교회로 자리매김했다. 1986년에 시작한 《평신도를 깨운다 제자훈련 지도자 세미나》(Called to Awaken the Laity, CAL세미나)는 제자훈련을 목회의 본질로 끌어안고 씨름하는 수많은 목회자에게 이론과 현장을 동시에 제공하는 탁월한 세미나로 인정받고 있다.

철저한 자기 절제가 빚어낸 그의 설교는 듣는 이의 영혼에 강한 울림을 주는 육화된 하나님의 말씀으로 나타났다. 50대 초반에 발병하여 72세의 일기로 생을 마감할 때까지 그를 괴롭힌 육체의 질병은 그로 하여금 더욱 더 하나님 말씀에 천착하도록 이끌었다. 삶의 현장을 파고드는 다양한 이슈의 주제 설교와 더불어 성경 말씀을 심도 있게 다룬 강해 설교 시리즈를 통해 성도들에게 하나님 말씀을 이해하는 지평을 넓혀준 그는, 실로 우리 시대의 탁월한 성경 해석자요 강해 설교가였다.

설교 강단에서뿐만 아니라 삶의 자리에서도 신실하고자 애썼던 그는 한목협(한국기독교목회자협의회)과 교갱협(교회갱신을위한목회자협의회)을 통해 한국교회의 일치와 갱신에도 앞장섰다. 그리하여 보수 복음주의 진영은 물론 진보 진영으로부터도 존경받는, 보기 드문 목회자였다.

1938년 경남 거제에서 태어났으며 성균관대학교와 총신대학원을 졸업했다. 미국의 캘빈신학교(Th. M.)와 웨스트민스터신학교에서 공부했으며, 동(同) 신학교에서 평신도 지도자 훈련에 관한 논문으로 학위(D. Min.)를 취득했다. 제자훈련 사역으로 한국교회에 끼친 공로를 인정받아 웨스트민스터신학교에서 수여하는 명예신학박사 학위(D. D.)를 받았다. 2010년 9월 2일, 주님과 동행한 72년간의 은혜의 발걸음을 뒤로하고 하나님의 너른 품에 안겼다.

교회 중심의 제자훈련 교과서인 《평신도를 깨운다》를 비롯해 《길》, 《안아주심》, 《고통에는 뜻이 있다》, 성경 강해 시리즈인 《로마서 1, 2, 3》, 《요한이 전한 복음 1, 2, 3》 등 수많은 스테디셀러를 남겼으며, 그의 인생을 다룬 책으로는 《열정 40년》, 《광인》 등이 있다.

옥한흠 전집 강해 03
로마서 3 구원받은 자는 이렇게 산다

Romans John Acts Sermon on the Mount

로마서 3

구원
받은 자는
이렇게 산다

옥한흠 지음

국제제자훈련원

서문

설교자라면 누구나 한 번쯤은 로마서를 강해하고 싶은 마음이 들 것이다. 나 역시 예외는 아니었다. 1982년부터 그 이듬해까지 수요일 저녁 강단에서 로마서를 강해한 적이 있었지만, 스스로 만족하지 못했기에 늘 다시 해야겠다는 생각을 갖고 있었다. 그러던 중 건강이 나빠져 2년 동안 투병생활을 하면서 나 자신에게 무엇보다 시급한 것은 구원의 감격을 다시 회복하는 일임을 절감하게 되었다. 아마 이러한 영적 갈증이 다시금 강단에서 로마서를 펴게 하지 않았나 생각된다.

그동안 한국교회에서는 강해 설교를 대체로 저녁 예배 때 했다. 그러나 나는 주일 낮 예배 때 하기로 결심했다. 가급적이면 많은 청중에게 들려주어야겠다고 생각했기 때문이다. 주일 낮 예배의 설교는 길어야 40분을 넘지 못한다. 이렇게 짧은 시간을 이용하여 로마서의 심오한 진리를 효과적으로 전달하는 일은 결코 쉽지 않다. 한 절씩 설교하면 강해를 마치는 데 수년이 걸릴 것이고, 한 장씩 설교하면 너무 가볍게 다룰 위험이 따른다.

로마서를 일컬어 '교회 갱신의 성경'이라고 한다. 어거스틴으로부터 시작하여 루터, 웨슬리 등 교회를 새롭게 재건하는 일에 쓰임 받았던 거목들이 로마서를 통해서 주님의 음성을 들었기 때문이다.

지금도 교회가 새로워지고 그리스도인들이 또 한 번 거듭나기 위해서는 로마서 안에 담긴 우레 같은 주님의 음성을 들어야 한다.

놀랍게도 오늘날 교회 안에는 복음을 들어야 할 사람이 많다. 복음을 제대로 배우지 못한 이들, 구원의 감격을 한 번도 맛보지 못한 이들, 들어도 감각이 없는 이들, 심지어 잘못된 복음에 익숙해진 이들이 어디 한두 명인가? 이런 사람들은 모두 로마서를 펴 들고 자신의 죄인 됨을 실감 나게 볼 수 있어야 한다. 십자가에 달리신 예수 그리스도께 더 가까이 다가가 그분을 만나야 한다. 위대한 믿음의 능력을 발견해야 한다. 하나님의 무궁한 사랑에 자아가 온통 침몰하는 체험을 해야 한다. 성령께서 길어 올리시는 시원한 생수로 메마른 심령이 물 댄 동산처럼 바뀌어야 한다. 이러한 은혜가 없다면 답답하고 목이 타는 영혼이 어디서 힘을 얻을 수 있겠는가? 이 병든 세대를 무슨 방법으로 치료할 수 있겠는가?

앞으로도 한두 번은 더 로마서를 설교하고 싶다. 완전한 해설, 완전한 설교란 어느 시대에도 없었다. 우리는 모두 다 부분적으로 알고 부분적으로 말할 뿐이다. 그러나 불완전한 설교자의 부분적인 진리를 가지고도 기쁘게 일하시는 성령이 계신다. 우리의 기도를 온전케 하시려고 늘 탄식하시는 성령께서 나의 부족한 설교마저 하나님의 살아 있는 진리가 되게 하시려고 오늘도 탄식하고 계심을 감사한다. 무엇보다 독자들이 구원의 기쁨, 구원의 능력을 다시 회복하는 데 이 책이 일조할 수 있다면 더할 나위 없이 기쁠 것이다.

옥한흠

차례

서문		4
36	구원받은 삶이 있는가(롬 12:1-2)	9
37	교회 봉사부터 먼저 하라(롬 12:3-8)	27
38	교회 안에서는 이렇게 봉사하라(롬 12:9-13)	49
39	하나님의 자녀다운 인간관계(롬 12:14-21)	69
40	그리스도인과 정치적 책임(롬 13:1-7)	91
41	평생 갚을 수 없는 사랑의 빚(롬 13:8-10)	113
42	단정하게 생활하라(롬 13:11-14)	131
43	교회 안에서 왜 분쟁이 일어나는가(롬 14:1-4)	151
44	형제를 판단하지 않으려면(롬 14:5-12)	171
45	형제에게 걸림돌이 되지 말라(롬 14:13-23)	191
46	연약한 자의 약점을 담당하라(롬 15:1-13)	213
47	왜 전도는 은혜인가(롬 15:14-19a)	235
48	복음을 편만하게 전하였노라(롬 15:19b-21)	257
49	선교 비전, 땅 끝까지(롬 15:22-29)	277
50	긴급한 기도 요청(롬 15:30-33)	295
51	위대한 평신도 동역자들(롬 16:1-16)	313
52	세세 무궁토록 하나님께 영광을!(롬 16:17-27)	335
	성경구절 색인	357

36

구원받은 삶이 있는가

로마서 12장 1-2절

1 그러므로 형제들아 내가 하나님의 모든 자비하심으로 너희를 권하노니 너희 몸을 하나님이 기뻐하시는 거룩한 산 제물로 드리라 이는 너희가 드릴 영적 예배니라 2 너희는 이 세대를 본받지 말고 오직 마음을 새롭게 함으로 변화를 받아 하나님의 선하시고 기뻐하시고 온전하신 뜻이 무엇인지 분별하도록 하라

본문에서 제일 처음 나오는 단어인 '그러므로'에 주목할 필요가 있습니다. 너무나 중요한 의미를 담고 있는 말이기 때문입니다. 사도 바울은 로마서 1장부터 시작하여 11장에 이르기까지 예수님을 믿음으로 구원받는 복음을 상세하게 설명해주었습니다. 그리고 구원받은 자의 확신이 무엇인지, 그 기쁨이 어떠한지, 그 소망이 얼마나 큰지를 우리 가슴이 뜨거워질 정도로 가르쳐주었습니다. 이것으로 우리 구원의 터가 만세 반석 위에 완전히 닦여졌습니다. 터를 닦았으니 이제 집을 세워야 하지 않겠습니까? 그래서 바울은 12장부터 우리가 어떤 집을 지어야 하는가를 말하기 시작합니다. '지금까지 복음의 터를 닦았으니 이제 집을 지어야 한다'는 의미를 담은 말이 바로 이 '그러므로'입니다.

    교리를 배웠으면 그대로 살아야 합니다. 복음을 듣고 구원받았으면 반드시 그에 합당한 삶이 따라와야 하는 것입니다. 진리와 삶은 하나입니다. 말씀과 순종은 일치해야 합니다. 영혼 구원과 삶의 구원을 나누면 절대로 안 됩니다. 이 중차대한 진리를 일깨워주는 말이 '그러므로'입니다. 바울은 로마서뿐만 아니라 갈라디아서, 골로새서, 데살로니가 전후서에서도 똑같이 '그러므로'의 중요성을 강조합니다. 예수님은 남녀의 결혼 문제를 놓고 창세기 말씀을 인용하면서 뜻깊은 주석을 붙이셨습니다.

> … 그러므로 하나님이 짝지어주신 것을 사람이 나누지 못할지니라 하시니(마 19:6).

그런데 이 말씀은 부부 사이에만 해당하는 것이 아닙니다. 하나님은 구원과 삶, 진리와 순종을 짝지어놓으셨습니다. 하나님이 짝지어놓으신 것을 사람이 함부로 나누면 안 됩니다. 당신은 구원받았습니까? 그렇다면 순종해야 합니다. 당신의 영혼은 구원받았습니까? 그렇다면 당신의 삶도 구원받아야 합니다.

그러나 우리의 현실은 어떻습니까? 가정이 병들어 이혼하는 부부가 날이 갈수록 늘어가듯 그리스도인들도 신앙생활에서 구원과 삶, 진리와 순종이 하나 되지 못하고 별거하거나 이혼하는 사례가 점점 늘어나고 있습니다. 이 시간에 자신을 한번 돌아보기 바랍니다. "나는 구원과 삶이 분리되어 있는 불행한 그리스도인이 아닌가? 나는 구원받았다고 하면서 구원받은 자의 삶을 충실히 살고 있는가?"라고 자문해보십시오.

이 문제는 너무나 중요합니다. 말씀을 배우기는 하지만 그대로 살지 못하는 사람, 영혼은 구원받았는지 모르지만 생활은 구원받지 못한 사람들 때문에 교회가 무력해지고 성도가 세상에서 소금과 빛의 역할을 못하고 있습니다. 오늘날 교회 타락의 주범은 바로 이 '그러므로'가 없는 생활이라고 할 수 있습니다.

하나님이 우리를 어떠한 사랑으로 구원해주셨습니까? 바울이 로마서 첫 장에서부터 11장까지 설명한 놀라운 진리를 다시 한번 마음속에 되새겨봅시다. 우리가 구원받았다는 것은 얼마나 대단한 일입니까? 감격 없이 받을 수 없는, 참으로 분에 넘치는 하나님의 선물입니다. 이것을 아는 사람이라면 당연히 그 은혜에 적극적으로 반응해야 하지 않겠습니까? 엄청난 구원을 받았음을 분명히 믿고 감격한다면 반드시 거기에 대한 반응이 나와야 합니다. 그 반응은 지금부터 구원받은 자답게 하나님을 위해서 살겠다는 결심과 순종으로 표출되어야 합니다. 이것이 '그러므로'입니다. 입으로는 구원받았다고 하면서 '그러므로'의 응답이 희미하다면 그 사람의 구원 자체를 의심해야 할지도 모릅니다. 이런 의미에서 '그러므로'는 우리에게 매우 중요한 진리를 교훈하고 있습니다.

너희 몸을 산 제물로 드리라

그러면 구원받은 자는 어떤 삶을 살아야 할까요? 이 질문에 1절은 이렇게 대답하고 있습니다.

> 그러므로 형제들아 내가 하나님의 모든 자비하심으로 너희를 권하노니 너희 몸을 하나님이 기뻐하시는 거룩한 산 제물로 드리라 이는 너희가 드릴 영적 예배니라.

이 말씀은 구원받은 자의 삶이 어떠해야 하는지를 단적으로 말해 줍니다. 한마디로, 하나님이 기뻐하시는 거룩한 산 제물로 우리 몸을 드리는 것입니다. 하나님은 원래 마음을 중요하게 보시는 분입니다. 겉으로 보이는 몸보다 우리의 중심을 보십니다. 마음이 담겨 있지 않은 제물은 아무리 대단한 것이라도 하나님이 받지 않으신다는 사실을 우리는 알고 있습니다. 그런데 왜 하나님은 우리에게 '몸'을 바치라고 말씀하실까요?

우선 그 이유를 이렇게 볼 수 있습니다. 몸을 바치라는 것은 우리 몸이 그리스도의 피로 구원받았음을 전제합니다. 영혼이 구원받았습니까? 그러면 몸도 구원을 받았습니다. 바울은 이 사실을 매우 강도 높은 어조로 성경 여기저기에서 가르치고 있습니다. 가장 좋은 사례가 고린도전서 6장 15-19절입니다.

> 너희 몸이 그리스도의 지체인 줄을 알지 못하느냐 내가 그리스도의 지체를 가지고 창녀의 지체를 만들겠느냐 결코 그럴 수 없느니라(고전 6:15).

> 너희 몸은 너희가 하나님께로부터 받은 바 너희 가운데 계신 성령의 전인 줄을 알지 못하느냐 너희는 너희 자신의 것이 아니라(고전 6:19).

우리 몸이 그리스도의 지체요, 성령의 전이 되었습니다. 이것은 곧 우리 몸이 영혼과 함께 구원받았음을 의미합니다.

우리 몸이 죄로 인해 부패한 것은 사실입니다. 아울러 우리 몸은 연약하여 죄의 작업장으로 사용될 가능성도 늘 지니고 다닙니다. 그리고 언젠가는 흙으로 돌아갑니다. 그럼에도 우리 몸을 제물로 제단에 올려놓아야 하는 이유는 영혼과 함께 몸이 구원받기 때문입니다. 영혼의 구원만으로는 완전한 구원을 이루지 못합니다. 우리 인격이 영혼과 몸으로 구성되어 있기 때문에 몸이 없는 영혼을 생각할 수 없고, 영혼 없는 몸을 생각할 수 없습니다. 완전한 구원은 영혼과 몸이 함께 구원받는 것입니다. 우리의 궁극적인 구원은 영혼과 몸의 구원, 즉 전인격적인 구원입니다.

> … 그리스도 예수를 죽은 자 가운데서 살리신 이가 너희 안에 거하시는 그의 영으로 말미암아 너희 죽을 몸도 살리시리라(롬 8:11).

하나님이 왜 우리 죽을 몸을 살리십니까? 우리는 하나님이 기뻐하시는 거룩한 산 제물로 우리 몸을 그분의 제단에 올려놓았기 때문입니다.

또 다른 이유를 하나 생각할 수 있습니다. 우리가 세상에서 살 동안 몸은 '나'라고 하는 인격을 구체적으로 보여주는 주체라고 할 수 있습니다. 우리는 몸이 없는 인격을 상상할 수 없습니다. 몸은 나를 보여주는 하나의 가시적인 인격입니다. 그리고 몸은 '나의 삶'이 어떠한가를 증명할 수 있는 수단이 됩니다. 몸이 없다면 우리가 어떻게 살고 있는지를 다른 사람이 절대로 볼 수 없습니다. 몸이 있기 때문에 "저 사람은 바르게 산다. 저 사람은 잘못 살고 있다"라고 분별할 수 있습니다. 몸은 우리가 세상에 있을 동안 살기 위해 뛰는 주체요, 살기 위해 쓰임받는 수단입니다. 날마다 세상을 산다는 말은 몸이 뛴다는 의미이기도 합니다.

그러므로 몸을 산 제물로 드리라는 명령은 우리의 삶 전부를 하나님께 바치라는 의미입니다. 우리 몸이 구원받아 주의 것이 되었다면 그 몸으로 움직이는 모든 생활 영역을 하나님이 기뻐하시는 제물이 되게 하라는 말입니다. 그러나 이 귀중한 진리를 모르고 생활하는 분들이 의외로 많습니다. 우리 생활 영역 전체가 하나님의 제단 위에 올라간 제물이라는 사실을 잊어버리고 제멋대로 사는 데 우리의 고통이 있습니다.

우리 몸을 산 제물로 드리려면

우리 몸을 하나님이 기뻐하시는 거룩한 산 제물로 드리려면 두 가지를 주의해야 합니다.

먼저는, 우리 몸을 거룩하게 해야 합니다. 하나님이 쓰시려고 구별해놓은 것은 무엇이나 거룩합니다. 우리 몸은 하나님이 쓰시려고 따로 떼어놓은 성물입니다. 그러므로 우리 몸을 죄로 더럽히지 말아야 합니다. 하나님이 기뻐하시지 않는 불의의 무기로 사용해서는 안 됩니다. 아무리 바쁘더라도 '하나님이 기뻐하시지 않는 일에 내 몸을 쓰는 것은 아닌가?' 하고 수시로 반성해야 합니다. 그래서 잘못된 것이 있으면 즉시 돌아서야 합니다. 이것이 우리 몸을 거룩하게 구별하는 방법입니다.

다음은, 우리 몸이 산 제물이 되도록 해야 합니다. 이 말은 우리 몸을 죽은 제물로 드려서는 안 된다는 뜻입니다. 우리 몸이 살아 있는 제물, 숨을 쉬는 제물, 생명 있는 제물이 되도록 가꾸어야 합니다. '산 제물'이란, 생명의 에너지를 가득 채운 제물을 가리킵니다. 우리 몸에 삶의 에너지를 가득 채워야 합니다. 다시 말해 최상의 조건을 갖춘 삶을 살아야 합니다. 우리 일생은 건강과 나이와 사회 활동 등에 따라 최상의 조건을 갖춘 삶이 될 수도 있고 그렇지 않을 수도 있습니다.

병든 몸 때문에 주님 앞에 나왔습니까? 물론 병이 들었어도 주님 앞에 나와야 합니다. 그러나 어떤 면에서는 슬픈 일입니다. 건강할 때는 제멋대로 살다가 병이 들어서야 주님을 찾는 태도는 뭔가 잘못되었다는 말입니다. 사업에 실패한 것이 동기가 되어 하나님께 나아와 무릎 꿇었습니까? 물론 그래도 교회를 찾아와야 합니다. 하지만 세상에서 형통할 때는 하나님이 어디 있느냐는 태도로 살다가 망하고 나니까 주님께 자기 삶을 드린다는 식의 행태는 참 서글픈 일이 아닐 수 없습니다.

이런 모습은 산 제물로 자신을 드리는 사람의 자세가 아닙니다. 젊어서는 제 마음대로 살다가 나이 들어 의지할 데가 없으니 교회에 열심히 출석합니까? 물론 이렇게라도 한다면 잘하는 일입니다. 그러나 좀 더 빨리 하나님께 자기 삶을 드렸더라면 얼마나 더 향기로운 산 제물이 되었을까 하는 안타까움이 있습니다.

산 제물은 최선의 삶을 드리는 것이며, 최고의 삶을 바치는 것입니다. 우리 중에는 예수 믿기 전에 젊음을 낭비한 사람, 재물을 탕진한 사람, 건강을 잃은 사람도 있습니다. 지난날 하나님께 죽은 제물을 드린 것 같아 마음이 아픈 분들은 이제부터라도 산 제물로 드려지는 삶을 살도록 최선을 다해야 합니다.

오늘을 최상의 삶으로 만드십시오. 그리고 날마다 그것을 주님께 드립시다. 적당하게 시간을 보내는 삶, 게으르게 꾸려가는 삶은 산 것이 아니라 죽은 것입니다. 이것을 하나님께 바칠 수는 없습니다. 새삼스럽게 과거를 돌아볼 필요는 없습니다. 지금부터라도 우리 몸을 던져 하루하루의 삶이 산 제물이 되게 합시다. 우리가 젊었든, 늙었든, 병들었든, 건강하든 간에 날마다 최선을 다할 때 우리 삶은 하나님께서 기뻐 받으시는 산 제물이 됩니다.

이렇게 우리 몸으로 뛰는 삶 전부를 거룩하게 구별하고 산 제물로 하나님께 드리는 것을 '영적 예배'라고 합니다. 하나님이 기뻐하시는 거룩한 산 제물로 자신을 드릴 수만 있다면 그 삶 자체가 하나님을 경배하는 생활이요, 하나님을 찬양하는 예배가 됩니다. 먹고 마시는 것, 자고 일어나는 것, 집안일을 하고 직장에서 근무하는 것, 이 모두가 하나님을 기쁘시게 하는 예배가 된다는 말입니다.

얼마나 황홀한 이야기입니까? 이 진리 하나만으로도 우리는 충분히 행복할 조건을 가진 사람들입니다. 우리 몸을 가지고 뛰는 삶 자체가 다른 사람 눈에는 하찮게 보일 수 있지만 이것이 하나님께 드려지는 예배라고 믿을 때, 비로소 살맛이 나고 삶에서 향기가 풍겨 나옵니다. 이것이 바로 그리스도인의 삶입니다.

'영적 예배'는 '합당한 봉사', '당연한 섬김'이라는 말로 바꾸어 표현할 수 있습니다. '합당한 봉사', '당연한 섬김'이라는 말이 어떤 면에서는 더 실제적이고 구체적인 표현입니다. 사실 우리의 삶을 영적 예배라고 할 때는 추상적으로 들립니다. 그러나 이 말을 합당한 봉사나 당연한 섬김으로 바꾸면 막연한 느낌이 줄어듭니다.

'합당한 봉사'가 무슨 뜻입니까? 사랑이 가득한 마음으로 이웃을 위하고 하나님을 위해 살아가는 생활을 가리킵니다. 우리의 몸이 뛰고 영위하는 삶 전부를 하나님이 기뻐하시는 거룩한 산 제물로 드릴 수만 있다면, 그 삶 자체가 이웃을 위하고 하나님을 위하는 섬김이 될 수 있습니다. 이것이 바로 하나님이 가르쳐주시는 영적 예배입니다. 이웃에게 봉사하는 일에서 하나님을 섬기는 삶을 구체적으로 실천할 수 있습니다. 이웃이 목말라할 때 그리스도의 이름으로 냉수 한 그릇 떠주는 행동이 바로 하나님께 드리는 제사가 됩니다. 보이는 이웃을 사랑하는 것이 보이지 않는 하나님을 사랑하는 것입니다. 이웃을 위하는 것은 하나님을 위하는 것이고, 하나님을 위하는 것은 이웃을 위하는 것이 됩니다.

우리에게 합당한 봉사가 있는가?

지금까지 우리는 "… 너희 몸을 하나님이 기뻐하시는 거룩한 산 제물로 드리라 이는 너희가 드릴 영적 예배니라"라는 말씀의 의미를 생각했습니다. 이제 남은 문제는 이 말씀을 우리 생활에 구체적으로 적용하는 것입니다. 말씀을 놓고 막연하게 생각하는 버릇을 버리십시오. 또 별나게 은혜를 받은 사람이 행하는 특별한 봉사나 영웅적인 헌신만을 강조한다고 생각하지 말길 바랍니다.

이를테면 안이숙 사모처럼 주를 위해 5년 가까이 형무소에서 핍박을 당한다거나 언더우드 선교사처럼 외국 땅에 가서 선교를 해야만 비로소 합당한 봉사를 하는 것이라고 해석해서는 안 됩니다. 물론 하나님이 원하시면 그렇게 쓰임받을 수도 있습니다. 그러나 모든 사람이 다 안이숙 사모처럼 특별하게 쓰임받을 수는 없습니다. 우리는 먼저 낮은 데서, 작은 데서, 평범한 데서 하나님을 섬기고 이웃을 섬기는 삶의 자세를 배워야 합니다. 그래야 쳇바퀴 돌듯 반복되는 일과를 통해서도 매 순간 자신을 하나님이 기뻐하시는 거룩한 산 제물로 드릴 수 있습니다.

선교사는 위대한 삶을 사는 사람입니다. 자기 젊음을 송두리째 제단 위에 올려놓은 사람들이라 할 수 있습니다. 그렇지만 그 선교 사역의 배후에는 하루 열두 시간 이상 공장에서 땀 흘려 일한 대가 중 얼마를 떼어 후원하는 노동자가 있다는 사실을 잊어서는 안 됩니다. 공장에서 일하는 사람의 생활이 선교사보다 못하다고 할 수 있습니까? 그것은 하나님께 드리는 영적 예배가 아니라고 할 수 있을까요? 절대 그렇지 않습니다. 하나님이 보시기에는 선교사나 노동자나 똑같습니다. 하나님은 선교사의 삶과 공장에서 땀 흘려 일하는 직공의 삶을 차별하지 않으십니다.

우리는 평범한 일상 가운데서도 '내 일은 이웃과 하나님을 섬기는 삶이 되고 있는가?'를 물어야 합니다. 만일 하찮게 보이는 하루

일과가 하나님을 섬기는 합당한 봉사로 드려지지 않고 있다면 우리의 생활은 95퍼센트가 실패작이 되고 맙니다. 우리 삶은 십중팔구 매일 반복되는 하찮은 일로 이루어져 있다고 해도 틀린 말이 아니기 때문입니다. 아침 안개처럼 금세 사라질 덧없는 생을 살고 있는 우리가 95퍼센트는 실패하고 나머지 5퍼센트를 겨우 건져서 하나님 앞에 선다면 잘했다고 칭찬받을 수 있을까요? 불가능한 이야기입니다. 그러므로 하찮게 보이는 일, 사소한 일들이 이웃을 위하고 하나님을 위하는 봉사가 되도록 살지 않으면 안 됩니다.

갈수록 환경오염 문제가 지구촌의 심각한 쟁점으로 떠오릅니다. 우리는 이미 때를 놓치지 않았나 하는 불안감을 감출 수 없는 시점에 서 있습니다. 하나님이 주신 생태계가 너무나 많이 파괴되었습니다. 우리는 너나없이 모두 위기감을 느껴야 합니다.

옛날에는 음료수를 마시고 빈 깡통을 아무 데나 버리는 사람을 보아도 무신경하게 넘길 수 있었습니다. 그러나 요즈음은 상황이 달라졌습니다. 우리 사회는 그런 행동을 하는 사람을 이웃을 해치고, 후손을 불행하게 만들고, 지구를 병들게 하는 범법자처럼 여기고 있습니다. 예를 들어 상수원을 오염시키는 가두리 양식업자, 법규를 지키지 않는 낚시꾼과 사람들의 정신을 좀먹는 유흥업자, 폐수를 마구 방류하는 공장, 그들에게 불법으로 허가를 내준 공무원들이 공공의 적으로 간주되는 시대가 되었습니다.

이뿐만이 아닙니다. 사회 일각에서는 과소비가 판을 칩니다. 흥청망청 쓰는 버릇 때문에 경제가 위기에 몰려 있습니다. 우리나라의 1인당 전력 소비량은 이미 주요 선진국을 뛰어넘었습니다. 얼마나 웃기는 이야기입니까? 이것은 남의 일이 아닙니다. "내 것 가지고 내가 쓰는데 무슨 소리냐"라는 말은 통하지 않습니다. 그런 낭비가 쌓이고 쌓이면 결국 나라가 망할 수도 있습니다. '나 하나쯤이야 어때' 하는 비양심적인 생활 태도는 지탄받아 마땅합니다.

　언젠가 공중목욕탕에 갔는데, 어떤 분이 수도꼭지를 틀어놓은 채로 수염을 깎고 있었습니다. 줄줄 흘러내리는 물은 아랑곳하지 않고 계속 거울을 보며 면도를 하고 있었습니다. 온수가 계속 흘러내리니 얼마나 아깝습니까? 곁에서 지켜보다가 도저히 참을 수 없었습니다. 5분 이상 뜨거운 물을 낭비하고 있으니 말입니다. 아무 말 않고 제가 수도꼭지를 냉큼 잠가버렸습니다. 사실 대단한 모험이었습니다. 그 사람 손에는 시퍼런 면도칼이 들려 있었으니까요. 하지만 어쩔 수 없었습니다. 알다시피 목욕탕 물값의 35퍼센트가 기름값입니다. 그 돈이 어디서 나옵니까? 다 우리의 주머니에서 나옵니다. 자기 혼자 돈 내서 쓰는 물이 아닙니다. 처음에는 어처구니가 없다는 표정으로 나를 쳐다보던 그 사람도 이내 무슨 뜻인지 알았다는 듯 기분 나쁜 기색을 보이지 않고 그다음부터는 물을 써야 할 때만 꼭지를 틀고 즉시 잠갔습니다. 지나친 낭비벽은 반드시 고쳐야 합니다. 이것을 망각하고 제멋대로 산다면 우리 사회는 몹시 삭막한 세상이 될 수밖에 없습니다.

　전 세계가 자연을 보존, 보호하기 위해 발 벗고 나서는 상황에서 구원받은 성도라면 어떻게 해야 하나님을 섬기고 이웃을 섬기는 생활을 할 수 있을까요? 우리는 하나님이 관리하라고 주신 자연을 스스로 망쳐서는 안 됩니다. 우리 삶 전부가 하나님께 드리는 거룩한 제물이요 이웃을 위하고 하나님을 위하는 봉사라고 한다면, 그것이 아무리 작게 보이더라도 자연을 파괴하는 행동은 할 수 없습니다. 또 우리는 하나님이 주신 에너지를 아껴 써야 합니다. 바로 이것이 이웃을 섬기고 하나님을 섬기는 삶과 직결됩니다.

제가 근교에 있는 산으로 등산을 갔을 때입니다. 그 산에는 작은 기도원이 하나 있었습니다. 산속으로 들어가자 여기저기에서 기도 소리가 들려왔습니다. 어떤 아주머니가 목청을 높여 큰 소리로 기도하고 있었지만, 내용은 전혀 알아들을 수가 없었습니다. 제 옆을 지나가던 아주머니 두 분이 "하나님도 야속하시지. 저렇게 달라고 야단인데 좀 주시면 어때"라고 했습니다. 팔자 좋게 사는 여자들이 남모르는 인생고를 안고 산에까지 와서 부르짖는 사람의 속을 알 리가 있겠습니까? 자기가 안 당하면 모르는 거지요.

좀 더 위로 올라갔더니 30대로 보이는 젊은 부인이 바위 위에 앉아 열심히 기도하고 있었습니다. "아버지여, 온 세계가 주님 앞으로 돌아올 수 있도록 선교사를 많이 보내게 해주시옵소서." 제가 지나가다가 듣고 속으로 '할렐루야, 아멘' 했습니다. 얼마나 멋있는 기도입니까? 그것이 바로 하나님께 산 제물로 드리는 삶입니다. 세계 복음화를 위해 자기 몸과 시간을 기도하는 데 바치고 있으니 얼마나 향기로운 제사가 되겠습니까? 여기까지는 좋았는데, 그가 기도를 마치고 돌아갈 때가 문제였습니다. 하나님께 기도로 자기를 아름답게 바친 사람이라면 남을 해치는 일은 안 해야 도리입니다. 그런데 기도하느라고 깔아놓았던 신문지, 눈물 콧물 닦고 버린 휴지를 치우지 않고 그대로 가는 것이었습니다.

예수 믿는 사람의 사고방식이 어딘가 잘못되어 있는 경우를 종종 목격합니다. 자연보호를 위해, 그 자리에서 기도하는 다른 사람을 위해 지저분한 것을 깨끗이 치워야 하지 않겠습니까? 정말 세계의 구원을 위해 기도한 사람이라면 쓰레기 하나라도 아무 데나 버리지 말아야 하고, 이웃을 불쾌하게 하는 일은 하지 말아야 합니다. 우리가 사소한 일 하나하나에도 하나님께 드리는 봉사의 의미를 담고 살아야 하는데, 그렇지 못하기 때문에 문제가 생깁니다. 쓰레기를 줄이는 것도, 전기를 아끼는 것도 하나님께 드리는 산 제물이요, 이웃을 위하고 나라를 위하는 봉사가 된다고 생각하면서 이런 일에 앞장서길 바랍니다.

하나님의 뜻을 분별하라

끝으로, 우리 삶 전부가 향기로운 제물이 되게 하려면 한시도 잊지 말아야 할 것이 있습니다.

> 너희는 이 세대를 본받지 말고 오직 마음을 새롭게 함으로 변화를 받아 하나님의 선하시고 기뻐하시고 온전하신 뜻이 무엇인지 분별하도록 하라(2절).

간단히 말해 하나님의 뜻이 무엇인지 분별할 줄 알아야 합니다. 하나님의 뜻을 잘 모르니까 새삼스럽게 찾으라는 말이 아닙니다. 하나님의 뜻은 이미 밝혀져 있습니다. 이미 밝혀진 하나님의 뜻을 명심하고 기억해야 한다는 말입니다. 하나님의 뜻은 로마서 1장부터 11장에 이르는 동안 수없이 밝혀졌습니다. 성경을 적어도 한두 번 읽고 영적으로 어느 정도 열린 사람이라면 하나님의 뜻이 무엇인지 대부분 알고 있을 것입니다. 세상을 구원하는 것이 하나님의 뜻이요, 우리가 거룩하게 사는 것이 하나님의 뜻입니다. 또한 우리가 하나님을 기쁘시게 하는 삶을 최상의 목표로 정하고 행동하는 것이 하나님의 뜻입니다. 문제는 그 뜻을 잊어버리거나 잘못 이해하거나 소홀히 여기는 데 있습니다. 왜 이런 일이 일어납니까? 영적 분별력이 흐려졌기 때문입니다.

우리 몸을 하나님이 기뻐하시는 거룩한 산 제물로 드리려면 영적 분별력이 약해져 흐리멍덩한 상태가 되어서는 안 됩니다. 어떻게 하면 흐리멍덩해지는 것을 막을 수 있습니까? 두 가지 방법이 있습니다. 첫째는 세상을 거부하는 태도가 있어야 하고, 둘째는 영적 갱신을 위해 쉬지 않고 노력해야 합니다.

> 너희는 이 세대를 본받지 말고 오직 마음을 새롭게 함으로 변화를 받아…(2절).

이 말씀은 세상의 부패한 행동 양식을 거부하라고 가르칩니다. 세상 사람을 따라가지 말고 오직 마음을 새롭게 함으로 변화를 받으라고 교훈합니다. 우리가 어느 선까지 거부해야 하는지는 상황마다 달라서 분별하기 쉽지 않습니다. 그만큼 우리의 인생살이는 복잡합니다. 사회 구조 또한 복잡합니다. 또 문화적 여건에 따라 선을 긋는 기준이 달라지기도 합니다.

그러나 하나님의 은혜를 받으면 분별할 수 있다고 성경은 말씀합니다. 상황에 따라 어디에 선을 그어야 할지를 알 수 있습니다. 거부할 것은 무엇이며 어디까지 허락할 수 있을 것인지는 날마다 마음을 새롭게 하는 노력을 통해 분별할 수 있습니다. 마음을 새롭게 하는 것이 과연 무엇입니까? 이것은 다시 태어난다는 말이 아닙니다. 갑작스러운 체험이나 잠자는 사이에 벌어지는 요술 같은 사건을 가리키지도 않습니다. 우리가 쓰는 물건을 한번 보십시오. 아무리 아름답고 완벽하게 만든 것이라 해도 그대로 두면 먼지가 앉고 더러워집니다. 계속 닦아주고 관리하지 않으면 못 쓰게 되는 것이 많습니다. 거듭난 우리 영혼도 마찬가지입니다. 자주 닦고 손질하지 않으면 금세 더러워집니다.

그러므로 마음을 새롭게 하라는 말은 날마다 하나님 앞에서 말씀과 기도로 마음을 깨끗이 닦으라는 의미입니다. 하나님의 뜻이 무엇인가를 항상 분별할 수 있도록 자기 영혼을 깨끗한 상태로 유지하라는 말입니다. 그러므로 우리는 기도의 골방에 들어가야 합니다. 규칙적으로 말씀을 읽고 성령의 인도함을 받아 주의 음성을 듣는 일이 얼마나 중요한지 모릅니다.

우리에게는 주의 음성을 들은 다음에도 그대로 살지 못하는 나약함이 있습니다. 그렇기 때문에 날마다 우리에게 필요한 영감과 힘과 지혜를 주시는 하나님 앞으로 나가야 합니다. 일을 멈추고 간구하는 사람이 되어야 합니다. 우리가 기도와 말씀을 빼놓고 하루를 시작한다면 일상에서 하나님의 뜻을 분별하지 못하고 흐리멍덩한 삶을 살 가능성이 큽니다. 그러다가 잘못되면 돌이킬 수 없는 구렁텅이로 빠질 수도 있습니다.

영혼이 구원받았습니까? 몸도 구원받아야 합니다. 몸이 구원받았습니까? 삶도 구원받아야 합니다. 구원받은 삶의 특징은 하나님께 몸을 제물로 바치는 제사에 있다고 했습니다. 거룩한 일이 따로 있는 것이 아닙니다. 신학교에 가는 것만이 주의 일은 아닙니다. 우리가 날마다 기도하는 심정으로 하는 일 전부가 주의 일이요, 하나님께 드려지는 제사입니다. 산 제물은 이웃을 위하고 하나님을 위하는 봉사를 통해 실현됩니다.

하루의 삶 전체가 거룩한 제사라는 믿음으로 순간순간을 살아갈 때 우리 생활에서 버릴 것이 하나도 없게 됩니다. 버릴 것 없는 인생이라면 쓰레기가 나오지 않습니다. 쓰레기가 나오지 않는 삶은 얼마나 아름답습니까? 아침에 일어나 이 닦는 것부터 시작해서 내버릴 것이 없는 24시간을 보낸다면 우리 삶이 얼마나 보람되겠습니까? 얼마나 황홀하겠습니까? 얼마나 기쁨이 넘치겠습니까? 얼마나 감사가 넘치겠습니까? 우리는 이렇게 살도록 부름받은 영광스러운 사람들입니다.

우리 몸을 하나님이 기뻐하시는 거룩한 산 제물로 드릴 수 있도록 주님이 우리에게 능력 주시고 지혜 주시고 분별력 주시기를 바랍니다. 그래서 우리 모두가 정말로 버릴 것이 하나도 없는 아름다운 삶을 살 수 있기를 간절히 바랍니다.

37
교회 봉사부터 먼저 하라

로마서 12장 3-8절

3 내게 주신 은혜로 말미암아 너희 각 사람에게 말하노니 마땅히 생각할 그 이상의 생각을 품지 말고 오직 하나님께서 각 사람에게 나누어 주신 믿음의 분량대로 지혜롭게 생각하라 4 우리가 한 몸에 많은 지체를 가졌으나 모든 지체가 같은 기능을 가진 것이 아니니 5 이와 같이 우리 많은 사람이 그리스도 안에서 한 몸이 되어 서로 지체가 되었느니라 6 우리에게 주신 은혜대로 받은 은사가 각각 다르니 혹 예언이면 믿음의 분수대로, 7 혹 섬기는 일이면 섬기는 일로, 혹 가르치는 자면 가르치는 일로, 8 혹 위로하는 자면 위로하는 일로, 구제하는 자는 성실함으로, 다스리는 자는 부지런함으로, 긍휼을 베푸는 자는 즐거움으로 할 것이니라

우리 몸으로 뛰는 삶 전부가 하나님이 기뻐하시는 산 제물이 되도록 하려면 어디서부터 시작해야 할까요? 이론만 알고 실천하지 않는다면 아무리 대단한 진리라 할지라도 그 사람에게는 휴지 조각이 되기 쉽습니다. 사도 바울은 하나님이 기뻐하시는 산 제물로 자신을 드리려면 우리가 어디에서 시작해야 하는지 3절부터 구체적으로 설명하고 있습니다.

무엇보다 먼저 교회 안에서 시작하라고 합니다. 3절에서 13절까지의 내용이 이것을 말씀합니다. 그리고 14절 이하에서는 사회에서 드릴 산 제물을 이야기합니다. 순서상으로 볼 때 교회 안에서부터 먼저 섬김의 삶을 살아야 한다는 것입니다. 곧, 우선순위는 교회 쪽에 있습니다.

이것은 열 번 들어도 옳은 말씀입니다. 교회 안에서 하나님을 위하고 이웃을 위하는 거룩한 삶을 살지 못하는 사람이 무슨 수로 세상에 나가서 똑바로 살 수 있겠습니까? 믿는 사람에게도 제대로 하지 못하는 봉사를 세상에 나가서 한들 잘할 수 있다고 보기는 어려운 법입니다. 하나님이 기뻐하시는 삶을 살기 원한다면 교회 안에서부터 먼저 봉사해야 합니다. 왜 교회 봉사부터 먼저 해야 합니까? 대략 세 가지로 정리할 수 있습니다.

첫째, 교회는 우리 몸이요 개인은 몸의 지체이기 때문입니다. 흔히 교회를 그리스도의 몸이요, 우리는 몸에 붙어 있는 지체라고 합니다. 우리가 몸의 지체라고 할 때 자연히 그 몸은 다름 아닌 내 몸이요, 우리 몸이라고 해도 지나치지 않습니다.

> 이와 같이 우리 많은 사람이 그리스도 안에서 한 몸이 되어 서로 지체가 되었느니라(5절).

이 구절을 보면 교회가 곧 우리의 몸이라는 것을 알 수 있습니다. 하나님께서 우리에게 삶의 대원칙 하나를 주셨는데 그것은 "네 이웃을 네 몸과 같이 사랑하라"(마 19:19, 개역한글)는 것입니다. 이 말씀을 다시 주목하십시오. 이웃을 바로 '내 몸'이라고 하지는 않습니다. "네 몸과 같이" 사랑하라고 했으니까 '내 몸'은 아닙니다. 반면에 교회는 그리스도의 몸이요, 동시에 내 몸이라 했습니다. 이것은 교회가 이웃에 비해 훨씬 가까운 대상이라는 뜻입니다. '네 이웃'은 우리 몸처럼 사랑해야 할 대상이고 '교회'는 우리 몸으로 사랑해야 할 대상인 것입니다. 그러므로 교회에서 다른 형제를 섬기라고 하는 것은 "네 몸과 같이 섬기라"는 말보다 더 농도가 진합니다. 그것은 "네 몸을 섬기라", "네 몸을 사랑하라"는 말과 같습니다. 그러니까 교회 안에 있는 형제를 섬기는 것은 곧 내 몸을 위하는 것이요, 내 몸에게 봉사하는 것과 같습니다.

이렇게 볼 때 우리는 당연히 내 몸을 섬기는 것부터 앞세워야 합니다. 내 몸부터 먼저 섬길 줄 아는 사람이라야 내 몸이 아닌 다른 사람을 섬길 수 있는 법입니다. 이런 의미에서 교회 봉사는 어느 것에도 우선한다는 사실을 알 수 있습니다. 자기 몸도 변변히 섬기지 못하는 주제에 남을 섬긴다고 큰소리칠 수 없습니다. 교회 안에서 내 몸이라고 할 수 있는 형제들을 제대로 섬기지 못하는 사람이 어떻게 밖에 나가서 다른 사람을 내 몸처럼 사랑할 수 있겠습니까?

우리 모두 받은 은사가 있다

둘째, 우리 모두가 주의 몸 된 교회의 지체이기 때문에 교회 봉사를 먼저 해야 합니다. 지체라는 말은 몸에 붙어 있는 다양한 기능을 의미합니다. 어떤 사람은 발의 역할을, 어떤 사람은 손의 역할을 할 수 있습니다. 지체가 되었다면 마땅히 섬겨야 할 책임도 있습니다.

> 우리가 한 몸에 많은 지체를 가졌으나 모든 지체가 같은 기능을 가진 것이 아니니(4절).

이 구절은 몸을 비유하는 말입니다. 우리 몸을 살펴보세요. 우리 몸은 하나밖에 없습니다. 그러나 몸에 붙어 있는 각 지체의 기능은 매우 다양합니다. 본문에서 말씀하는 '기능'은 교회의 어떤 직책이라기보다는 몸의 기능을 말한다고 보는 것이 좋습니다. 모든 지체가 똑같은 기능을 갖고 있지 않습니다. 손은 손대로, 눈은 눈대로, 코는 코대로, 각각 주어진 기능이 있습니다. 그러면 왜 지체마다 다른 기능을 가지고 있습니까? 그것은 몸을 섬겨야 할 책임이 있기 때문입니다. 교회 안에는 많은 사람이 있지만 모두 다 똑같은 일을 하는 것이 아닙니다.

우리에게 주신 은혜대로 받은 은사가 각각 다르니…(6절).

그렇습니다. 제가 받은 은사는 교우들과 다른 데가 있습니다. 은사가 다른 만큼 교회 지도자로서 져야 할 책임도 다릅니다. 어떤 분은 교회 안에서 우리 모두가 하는 일이 별로 다를 바 없다고 생각합니다. 똑같이 교회 나와서 예배드리고, 똑같이 헌금하고, 똑같이 교회에서 봉사하는데 무엇이 다르냐고 생각합니다. 하지만 그렇지 않습니다. 엄밀하게 따져보면 그 사람만 할 수 있는 특별한 일이 분명 있습니다. 그 일을 하도록 성령께서 그 사람에게만 주신 특별한 기능과 역할이 있습니다. 이것을 일컬어 '은사'라고 합니다. 그리스도의 몸인 교회를 잘 섬기라고 성령께서 지체 된 우리에게 사람 따라, 믿음 따라 합당한 은사를 주시는 것입니다.

바울은 중요한 여섯 가지 은사를 예로 듭니다. 이것은 은사가 여섯 가지뿐이라는 의미가 아닙니다. 다양한 은사 중에서 몇 가지 종류를 사례로 들었다고 보면 됩니다. 은사는 특수한 소수에게만 허락하신 선물이 아닙니다.

… 각 사람에게 나누어 주신 믿음의 분량대로…(3절).

이것은 우리 모두에게 해당되는 이야기입니다. 우리 중에 은사를 받지 못한 사람은 아무도 없습니다. 만약 은사를 못 받았다면 그는 지체가 아닙니다. 지체라면 반드시 자기 역할을 할 수 있도록 주님께서 은사를 주십니다. 우리는 은사를 받은 대로 일해야 합니다. 각자에게 주신 은사를 묻어두고 가만히 있으면 안 됩니다. 만약 그런 사람이 있다면 그는 악하고 게으른 종이라는 주님의 호된 꾸중을 듣게 될 것입니다.

여섯 가지 은사의 내용이 무엇입니까? 예언, 섬기는 일, 가르치는 일, 위로하는 일, 구제하는 일, 긍휼을 베푸는 일로 구분합니다. 섬김의 은사는 봉사하는 일에 남다른 은사를 받은 경우를 이야기합니다. 교회 안에서는 우리가 다 섬기는 자들이 아닙니까? 그러나 우리 중에는 섬기는 일에 특별히 뛰어난 은사를 받은 분들이 있습니다. 저는 하나님께서 우리 교우들에게 이런 은사를 좀 더 많이 주셨으면 하고 바랍니다. 가르침의 은사도 마찬가지입니다. 주일학교 교사나 순장은 가르치는 직분을 받은 사람들입니다. 똑같이 가르치는 일을 해도 이 분야에서 남다른 은사를 받은 사람이 있습니다. 이런 사람이 가르치면 놀라운 열매가 맺힙니다.

우리 중에는 구제 사업에 대단한 은사를 받은 분들이 있습니다. 돈이 많다고 다 구제합니까? 그렇지 않습니다. 돈이 별로 없는데도 사랑을 베푸는 일이라면 앞장서는 사람이 있습니다. 어쩌면 그리도 남에게 베푸는 것을 좋아하는지 이해가 안 될 정도지만, 사실은 받은 은사가 있어서 그런 것입니다.

그리고 위로하는 은사가 있습니다. 이는 남을 특별히 격려하고 붙들어 세우는 것을 의미합니다. 참 귀한 은사입니다. 한 예로, 좌절에 빠진 어떤 사람을 위로하려고 세 사람이 찾아왔습니다. 똑같이 권면을 했지만 두 사람의 말은 별 도움이 되지 못했습니다. 그러나 나머지 한 사람은 말을 많이 하지도 않았는데 주저앉았던 사람이 힘을 얻고 일어나는 것을 봅니다.

세 사람이 똑같이 권면했지만 왜 한 사람만이 그렇게 아름다운 열매를 거둡니까? 그 일을 잘 할 수 있는 성령의 은사를 받았기 때문입니다.

예언의 은사에 대하여

여섯 가지 은사 중에서 예언은 설명이 좀 필요합니다. 한국교회 역사에서 요즈음처럼 예언한다고 여기저기서 이상한 소리를 하는 사람들이 많았던 때도 드뭅니다. 알다시피 바울은 예언의 은사를 높이 평가했습니다. 고린도전서 14장을 보면 특별히 예언하기를 사모하라고 가르칩니다.

··· 신령한 것들을 사모하되 특별히 예언을 하려고 하라(고전 14:1).

예언과 방언을 비교해볼 때 방언을 하는 자는 자기의 덕을 세우지만, 예언을 하는 자는 교회의 덕을 세워 사람들에게 위안을 주고 안위하게 하는 놀라운 힘을 갖고 있습니다. 예언은 참 좋은 은사임이 분명합니다.

그러면 예언이란 무엇일까요? 두 가지 견해가 대립되고 있습니다. 우선 하나님의 말씀을 깊이 깨닫고 그 말씀을 많은 사람에게 풀어서 가르치며 하나님 나라의 꿈과 환상을 이야기하는 것이라고 해석하는 입장이 있습니다. 이 견해대로 한다면 설교도 예언에 속합니다. 천국을 이야기하는 전도도 예언입니다. 우리가 생각하고 꿈꾸고 말하는 것이 장차 나타날 하나님 나라와 그 영광에 관한 것이면 모두가 예언의 성격을 가지고 있습니다.

그러므로 성령 받은 은혜 시대의 사람들은 어린아이, 젊은이, 늙은이 가릴 것 없이 꿈과 환상을 보고 예언을 하는 미래 지향적인 자들이 됩니다(행 2:17-18). 예언을 이처럼 포괄적인 의미로 본다면, 완전하고 충분한 구원의 진리인 66권의 성경이 있는 오늘날에는 흔히 생각하듯 개인의 사사로운 장래사를 이야기하는 식의 예언이 거의 존재하지 않는다고 할 수 있습니다.

저는 이런 입장을 더 좋아합니다. 그래야 성령을 받은 우리 자녀들이 하는 예언이 어떤 것인지 이해할 수 있기 때문입니다. 이런 의미에서 말씀을 가르치는 목사는 예언의 은사를 가진 사람이라고 할 수 있습니다. 또 평신도 중에서도 하나님의 말씀을 깊이 깨달은 사람은 예언의 은사를 받았다고 할 수 있습니다. 구약시대에는 하나님께 말씀을 받아서 사람들에게 알리는 자를 일컬어 선지자라고 했습니다. 반면에 사람의 말을 가지고 하나님 앞에 나아가 아뢰는 역할을 하는 사람을 제사장이라고 했습니다. 그러면 예언은 어느 쪽에 속합니까? 선지자의 역할입니다. 그런데 성령이 임하면 우리 자녀들이 예언할 것이라고 했습니다.

> 하나님이 말씀하시기를 말세에 내가 내 영을 모든 육체에 부어주리니 너희의 자녀들은 예언할 것이요…(행 2:17).

이 예언은 하나님의 말씀을 가지고 깊고 오묘한 복음의 진리를 드러내는 것을 말하며, 점점 완성되어가는 하나님 나라의 아름다운 꿈과 미래를 이야기하는 것입니다. 성령 받은 우리는 모두 예언하는 사람이라고 할 수 있습니다. 그러나 우리 중에 남보다 두드러지는 예언의 은사를 받은 사람을 봅니다. 특히 세계 복음화의 꿈을 안고 한생을 하루처럼 보내는 위대한 선교사들이 바로 그런 사람이라고 할 수 있습니다.

한편, 교회 일각에서는 다른 견해를 지지하는 사람들이 있습니다. 그들은 예언을 글자 그대로 해석합니다. 쉽게 말해, 개인의 장래사나 세계 역사에 나타날 어떤 일을 미리 알고 이야기하는 것으로 보는 것입니다. 그 예로 사도행전 11장 28절에 나오는 아가보의 예언을 들고 있습니다. 아가보는 성령의 계시를 받아 얼마 뒤 소아시아 지역 전체에 큰 흉년이 찾아올 것이라고 예언한 일이 있습니다. 이 예언은 글라우디오 황제 때 적중했습니다. 지금도 그런 식으로 예언하는 은사를 받을 수 있다고 보는 것입니다.

저는 이 해석이 전적으로 틀렸다고 생각하지는 않습니다. 성령은 언제든지 원하시면 앞날의 일을 예언하게 하시는 전능하신 하나님이기 때문입니다. 현대에 사는 우리라고 해서 그런 예언은 절대 할 수 없다고 말하기는 어렵습니다. 예를 하나 들어볼까요?

우리나라가 일본에 강제로 병합되고 나서 약 30년이 흐른 후의 일입니다. 제2차 세계대전에서 점점 불리해지니까 일본은 한국교회를 더 심하게 핍박하기 시작했습니다. 그들은 신사참배를 하지 않는 그리스도인들을 무자비하게 투옥했습니다. 한국교회가 아주 어려운 처지에 놓이자 하나님께서 일본의 장래와 한국교회의 내일을 미리 이야기하는 예언의 은사를 소수의 성도에게 허락하셨습니다. 그중 한분이 박관준 장로였습니다.

그는 의사였고 믿음이 아주 투철한 분이었습니다. 그는 일본에 임할 하나님의 무서운 진노를 미리 알았고 그 내용을 일본 당국에 알리고자 했습니다. 그런데 막상 일본으로 가는 데 문제가 있었습니다. 일본어를 할 줄 몰랐던 것입니다. 이 문제를 놓고 주님께 기도한 끝에 응답으로 만난 분이 일본어를 탁월하게 구사하는 안이숙 사모였습니다. 두 사람은 일본 국회의사당에 들어갔습니다. 그러고는 "일본이 회개하지 않으면 하나님이 유황불을 비같이 쏟아부어 이 나라를 멸망시킬 것이오" 하고 큰 소리로 예언을 했습니다. 그러다가 둘 다 붙들려 모진 고생을 합니다. 그런데 그 예언이 얼마나 기가 막히게 맞아떨어졌는지요. 6년 후, 일본에 가공할 만한 원자탄이 투하되어 진짜 유황불 세례를 받으리라고 누가 상상이나 했겠습니까? 이와 같이 특별한 경우에는 앞으로 될 일을 미리 예언하는 은사를 받는 자들이 오늘날에도 존재할 수 있다고 믿습니다.

그러나 역사적으로 보면 이러한 '예언'은 특별하고 희귀한 은사라고 할 수 있습니다. 성경이 완성된 다음에는 거의 사라진 은사라 해도 과언이 아닙니다. 정확히 그 이유를 알 수는 없지만 2천 년 가까이 예언자라고 불릴 만한 인물이 등장하지 않았다는 사실을 보아도 어느 정도 짐작할 수 있습니다. 오늘날 우리가 안고 있는 문제는 예언하는 자가 귀하다는 데 있다기보다, 너나없이 아무나 예언할 수 있다고 생각하는 데 있습니다.

다 그런 것은 아니지만 깊은 산속에 들어가 열심히 기도했다는 사람 중에 예언의 은사를 받았다는 자들이 많습니다. 그들은 가는 곳마다 문제를 일으킵니다. 그중에는 소위 '예수 점쟁이'가 된 사람도 있습니다. 그런 식으로 예언한다는 자들이 점쟁이와 다른 것이 있다면 예수의 이름으로 점친다는 것뿐입니다. 마귀가 예수님 이름을 들고 나오는 것은 조금도 이상한 일이 아닙니다. 틀림없이 마귀가 그들을 이용하고 있다고 봅니다. 마귀가 점을 치면 얼마나 정확하게 맞추는지 잘 알고 있지 않습니까? 실제로 있었던 이야기를 예로 들겠습니다.

어떤 사람이 사업을 시작하기 전에 예언을 잘한다는 사람을 찾아갔습니다. 사업을 해야 좋을지 안 해야 좋을지를 알고 싶었던 것입니다. 그 예언자는 일을 벌이기만 하면 반드시 하나님의 복이 쏟아질 것이라고 장담했습니다. 그리고 한 가지 덧붙여서 돈을 벌면 반드시 얼마를 자기한테 헌금하라는 말을 잊지 않았습니다. 그 말을 듣고 힘을 얻어 사업을 시작했지만 그는 크게 실패하고 말았습니다. 화가 난 그는 점쟁이를 상대로 소송을 제기했습니다. 자칭 예언자라고 떠벌린 그 사람은 다름 아닌 모 교회 권사였습니다. 요즘에 이런 예수 점쟁이를 흔하게 볼 수 있습니다.

그러므로 가장 안전한 길은 무엇입니까? 말씀 안에서 무엇이든지 겸손하게 말하는 것입니다. 예수 그리스도와 하나님 나라의 영광을 위해 성령이 알게 하시고 확신을 갖게 하신 것을 말하는 데 만족해야 합니다. 다른 소리를 하면 안 됩니다. 사사로운 개인의 문제를 가지고 성령이 들려주신 음성이 어떻다는 식으로 말하면 안 됩니다. 십중팔구는 사탄의 소리거나 사람의 추측에 지나지 않습니다.

만일 이런 소리를 하는 자가 있으면 귀를 막아버리십시오. 그러나 불행하게도 교회 안에서 어려운 일이 생기면 "○○○에게 찾아가 기도를 받으면 안 될까요?" 하고 묻는 사람이 있습니다. 참으로 답답한 사람입니다. 우리는 하나님의 말씀 하나로 충분히 하나님의 뜻을 헤아릴 수 있는 복을 받았습니다. 이것을 모르고 함부로 행동하면 안 됩니다.

우리 모두는 하나님으로부터 성령의 은사를 받은 사람들입니다. 은사를 받았으면 섬겨야 합니다. 은사는 바로 소명을 의미하기 때문입니다. 우리 삶이 건강하려면 교회에서 받은 은사를 가지고 봉사해야 합니다.

겸손으로 봉사하라

셋째, 교회 안에서 먼저 섬기는 자의 삶을 체득해야 사회에 나가서 사랑으로 섬기는 자가 될 수 있기 때문에 교회 봉사를 먼저 해야 합니다. 남을 위해 봉사한다고 해서 그 일이 전부 다 유익하고 좋은 것은 아닙니다. 덕을 끼치지 못하면 참다운 봉사가 될 수 없습니다. 그리고 무엇이 덕을 세우는 봉사인지 알려면 교회에서 그것을 먼저 배워야 합니다. 교회에서 봉사하는 자로서 올바른 인격을 형성한 다음에 세상으로 나가야 불신자들 틈에서 무엇인가 할 수 있을 것입니다. 3절은 무엇이 올바른 봉사인지를 가르쳐줍니다.

> 내게 주신 은혜로 말미암아 너희 각 사람에게 말하노니 마땅히 생각할 그 이상의 생각을 품지 말고 오직 하나님께서 각 사람에게 나누어 주신 믿음의 분량대로 지혜롭게 생각하라.

대단히 중요한 말씀입니다. 성령께서 사람마다 믿음의 분량대로 분수에 맞게 은사를 주셨습니다. 봉사를 할 때는 자기 분수를 알고, 그 안에서 남을 섬겨야 합니다. 이것이 믿음의 분량대로 지혜롭게 생각하는 것입니다.

그러므로 교회 안에서 올바른 봉사를 배운 사람은 어디를 가나 자기 분수를 아는 겸손한 사람이 될 수 있습니다. 봉사에서 무엇이 겸손이냐고 묻는다면 답은 간단합니다. 자기 분수를 알고, 서야 할 자리에 서고, 해야 할 일을 하는 것입니다. 이 말은 분수에 맞지 않는 일을 넘보지 말아야 한다는 의미입니다.

이 글을 쓴 옥 목사의 믿음이 다르고 여러분의 믿음이 다릅니다. 우리 각자가 처한 형편도 다릅니다. 성령께서 이것을 정확하게 아시고 그에게 꼭 맞는 분량의 은사를 주십니다. 성령께서는 지나친 것을 주시지 않습니다.

우리 모두는 똑같은 은사를 받지 않았습니다. 설혹 누군가와 똑같은 은사를 받았다 할지라도 그와 같은 양의 은사를 받은 것이 아닙니다. 그러므로 내가 할 수 있는 일을 다른 형제가 못할 수 있고, 다른 형제가 할 수 있는 일을 내가 못할 수도 있습니다. 겸손은 자기가 못하는 일이 있음을 인정하는 것입니다. 겸손은 내게 없는 은사가 다른 형제에게 있음을 인정하는 것입니다. 겸손은 내가 못하는 일을 저 형제가 할 수 있음을 인정하는 것입니다. 겸손은 내가 중요한 것처럼 다른 형제도 똑같이 중요하다는 것을 인정하는 마음의 자세입니다.

교회 안에서 가장 대하기 어려운 사람이 누구인지 압니까? '나 아니면 안 된다'는 아집에 사로잡혀 일하는 사람입니다. 열심이 지나치다 보면 가끔 그럴 수도 있습니다. 그러나 아무리 열심이 뜨겁더라도 자기만이 할 수 있다는 식의 교만으로 교회를 섬기면 어떻게 됩니까? 그런 아집을 가지고 뛰면 아무런 소용이 없습니다. 오히려 공동체의 골칫거리만 될 뿐입니다. 차라리 아무것도 하지 않고 가만히 앉아 있는 편이 낫습니다.

왜 그렇습니까? 가만히 있으면 최소한 남에게 피해는 입히지 않을 것이기 때문입니다. 무엇이든지 자기가 나서서 뛰어야 한다고 생각한다면 얼마나 거만한 사람입니까? 그런 사람이 교회 안에서 움직이면 움직일수록 사람들이 피해를 보게 되어 있고, 교회는 어려움을 당하게 되어 있습니다. 이것은 목사든 장로든 마찬가지입니다.

교회에서 덕을 세우는 봉사자가 되려면 자기 자신을 바로 알아야 합니다. 무엇을 할 수 있고, 무엇을 할 수 없는지 정직하게 자기를 평가할 줄 알아야 합니다. 자신을 있는 그대로 받아들여야 하고 자기 은사에 만족해야 합니다. 자기의 은사가 남의 것에 비해 어떤 면에서는 빛이 안 날 수도 있습니다. 남이 알아주지 않는 은사일 수도 있습니다. 아무리 땀 흘리며 노력해도 사람이 칭찬하지 않는 은사일 수도 있습니다.

그러나 겸손한 사람은 설혹 낮은 자리에서 섬기는 일이라 해도 받아들입니다. 그 은사로 좋은 일, 궂은일 가리지 않고 충성합니다. 진정한 겸손이란 내가 할 수 있는 일은 언제든지 "하겠습니다" 하며 자원하는 것이고, 내가 할 수 없는 일은 "못 합니다" 하고 정직하게 고백하는 것입니다. 정직성의 결여로 교회 안에 얼마나 많은 문제가 발생하는지 모릅니다. 지금 당장 우리가 받은 은사를 정직하게 살펴볼 수 있기를 바랍니다. 그리고 그 은사에 걸맞게 직분을 맡아서 섬기고 있는지를 자문해보기 바랍니다.

교회는 지체의 섬김을 통해 자란다

욕심이 지나쳐 앉아서는 안 될 자리에 앉아 있지는 않습니까? 다른 형제에게 기회를 주었다면 온 교회가 크게 유익을 얻는 일을 자신이 쥐고 있어 문제가 되지는 않았습니까? 교회는 다양한 은사를 가진 다양한 사람들이 모여 주님을 섬기는 곳입니다. 하나님께서 다양한 지체의 기능을 통해 교회를 움직일 수 있게 하신 데는 이유가 있다고 생각합니다. 주님께서는 교회를 다양한 신분, 다양한 은사를 가진 자들이 하나가 되어 섬길 수 있는 공동체로 만들어놓으셨습니다.

미국이 어떻게 세계 강국으로 지난 반세기 동안 군림할 수 있었습니까? 다양한 민족이 모여 힘을 발휘할 수 있었기 때문입니다. 단일민족은 아니지만 통일성을 가진 국민으로 일할 수 있었기 때문입니다. 예전에 민주당 대통령 후보로 나왔던 제시 잭슨 목사는 비록 마이클 듀카키스에게 패했지만 당시 그가 한 연설은 후대에 길이 남을 명연설로 손꼽히고 있습니다.

"마이클 듀카키스의 양친 중 한 분은 의사였고 한 분은 교사였습니다. 나의 부모는 하인이었고 미용사였고 경비원이었습니다. 듀카키스는 법률을, 나는 신학을 공부했습니다. 둘 사이에는 종교, 지역, 인종의 차이, 경험과 관점의 차이가 있습니다. 그러나 미국이란 나라의 진수는 다수가 하나 될 수 있는 힘, 바로 그것입니다. 하나님의 섭리는 그와 나의 오솔길이 한곳에서 만나도록 한 것입니다. 듀카키스의 선친은 이민선을 타고 미국에 왔습니다. 나의 선조는 노예선을 타고 미국에 왔습니다. 그러나 우리의 앞 세대가 무슨 배를 타고 미국에 왔든지 간에 그와 나는 지금 같은 배를 타고 있습니다. 미국은 한 가지 실, 한 가지 색깔, 한 가지 천으로 짠 담요가 아닙니다. 사우스캐롤라이나에서 보냈던 나의 유년 시절, 어머니는 담요 한 장 마련해주지 못하셨지만 슬퍼하지 않으셨고 우리는 춥지 않았습니다. 어머니께서는 털 헝겊, 실크, 방수천, 포대 자루 등 그저 여러분의 구두나 간신히 닦아낼 수 있는 천 조각을 모으셨습니다. 어머니는 기운찬 손놀림과 튼튼한 끈으로 그 천들을 꿰매어 훌륭한 누비이불을 만드셨습니다. 그것은 힘과 아름다움과 교양을 상징했습니다. 이제 우리도 이른바 '누비이불'을 건설해야만 합니다."

오늘날 미국의 힘은 바로 이 '누비이불'과 같은 다양성에서 나온다고 잭슨 목사는 말했습니다. 이 말은 다양한 지체를 가진 교회에 그대로 적용될 수 있습니다. 우리는 모두 배경이 다릅니다. 자라난 환경도 다릅니다. 교육 수준도 다릅니다. 생활 형편도 다릅니다. 재능도 다릅니다.

하나님이 왜 교회에 이렇게 다양한 사람을 모아놓으셨을까요? 이 다양성에서 교회의 능력이 나타나기 때문입니다. 이것을 인정하지 못하면 교만해집니다. 목사라고 다 은사를 받은 것은 아닙니다. 하나님이 그렇게 주시지 않습니다. 제가 생각할 때 목사는 적어도 너덧 가지 은사는 구비해야 합니다. 그런데 그 너덧 가지 중에도 많이 받은 은사가 있는가 하면, 적게 받은 은사도 있습니다.

미국 시카고에서 윌로크릭 교회를 담임하는 빌 하이벨스 목사는 자신의 영적 은사를 정직하게 분석해보았다고 합니다. 교회 일이 너무 많다 보면 목사도 영적으로 침체에 빠질 때가 있습니다. 하이벨스 목사는 이런 침체를 느낄 때마다 그 이유를 놓고 고심했습니다. 그래서 자신의 은사 점검을 하게 됩니다.

"나의 영적 은사를 정직히 분석해보았다. 가장 큰 은사는 리더십, 다음은 복음 전도 설교였다. 그다음이 가르치는 것과 행정이었다. 이것을 깨달은 나는 가르치는 은사를 가진 사역자 두 사람을 구해서 즉시 그 일을 맡겼다."

자신에게 가르치는 은사가 없는 것은 아니지만 출중하지 못해서 강해 설교 한 편을 준비하는 데 20시간 이상 걸렸고, 그 일 때문에 자주 탈진한다는 사실을 발견했습니다. 그에게는 가르치는 일이 그만큼 과중한 부담이 되었던 것입니다. 하나님이 자신에게 주신 큰 은사인 리더십이나 전도 설교가 그렇지 못한 은사 때문에 크게 지장을 받고 있었습니다. 그러나 그는 매우 현명한 사람이었습니다. 자신보다 가르치는 은사를 훨씬 많이 받은 목사를 청빙해 그 일을 맡겼습니다. 그런 다음 자신은 리더십을 발휘하고 전도 설교를 하는 데 더 많은 시간을 투자했습니다. 그의 결단은 교회의 성장에 큰 도움이 되었습니다. 그가 겸손한 사람이었기 때문에 그런 일이 가능했던 것입니다.

저의 경우를 말해볼까 합니다. 저는 가르치는 은사와 훈련하는 은사를 많이 받은 것 같습니다. 이만한 교회를 이끌어가는 것을 보면 리더십도 있는 것 같습니다. 그러나 전도하는 은사는 별로 없다고 생각합니다. 또 제가 약하다고 생각되는 분야는 상담이 아닌가 합니다. 그렇기 때문에 저는 겸손해야 합니다. 몇 년 전부터 전도 사역과 상담 사역의 은사를 받은 교역자들을 모신 이유가 여기 있습니다. 나 혼자 다 할 수 있다는 사람치고 겸손한 이가 없습니다. 겸손해지기를 원합니까? 그렇다면 교회 안에는 다양한 은사를 받은 사람들이 있고, 그 다양한 은사를 통해 하나님의 교회가 자란다는 사실을 반드시 인정해야 합니다.

받은 은사대로 열심을 다하라

우리가 겸손해지기 위해 또 한 가지 알아둘 것이 있습니다. 하나님이 다른 형제에게도 은사를 주셨다는 사실을 믿어야 합니다. 하나님이 주셨기 때문에 우리는 받은 은사가 어떠하든 불평하지 않고 순종할 수 있는 것입니다. 내 은사가 빛나는가 그렇지 않은가는 중요하지 않습니다. 은사를 잘 관리하고 사용하라고 주신 분이 하나님이라는 사실이 매우 중요합니다. 하나님이 분수에 맞게 주셨다는 것을 믿으면 겸손할 수 있습니다. 우리는 이렇게 겸손한 봉사자가 되어 교회 일에 열심을 다해야 합니다.

제가 시무하는 사랑의교회에는 약 2,500명의 교우들이 평신도 지도자로서 받은 은사대로 일하고 있습니다. 주일학교 교사, 찬양대원, 차량 관리, 주방 일, 루디아회, 마리아회, 순장, 대학부와 청년부 리더 그리고 현재 제자훈련 또는 사역훈련을 받고 있는 사람들이 다 여기 속합니다. 전체 성도의 4분의 1에 해당하는 숫자입니다. 그러면 나머지 성도들은 무엇을 합니까? 주일에 교회 나와서 예배만

드리고 갑니다. 물론 그럴 수도 있지요. 그러나 너무 아깝다는 생각이 듭니다. 하나님이 개인에게 주신 은사가 있는데 그 은사를 사용할 생각은 안 하고 교회만 드나드니까 아깝다는 말입니다. 그 은사로 조금만 봉사한다면 다른 형제들이 그만큼 활기차게 영적으로 자랄 수 있고, 교회가 하나님 앞에 큰 몫을 감당할 수 있습니다. 너무 몸을 사리고 봉사를 안 하니까 주님이 손해를 보시고, 우리 자신도 손해를 보는 것입니다.

우리가 지금까지 겸손히 섬기는 문제를 다룬 이유를 정리해보자면, 사회에 나가 소금과 빛이 되기 위해서는 먼저 교회 안에서 내 지체인 형제들을 겸손하게 섬기는 법을 몸으로 체득해야 하기 때문입니다. 자기 몸인 교회에서 겸손하게 봉사하지 못하는 사람이 어떻게 바깥세상에서 잘할 수 있겠습니까?

그렇다고 날마다 교회에 와서 교회 일만 하라는 말이 아닙니다. 그런 오해는 하지 마십시오. 가끔 그런 오해를 하는 사람이 있습니다. 하루 중에 집에 있는 시간은 다섯 시간 정도이고, 나머지 열아홉 시간은 교회에 와서 사는 사람이 있습니다. 그런 사람의 가정이 정상적으로 유지될 수 있을까요? 분명히 균형이 깨어져 있을 것입니다. 교회 안에서 하는 일도 주의 일이요, 교회 밖에서 하는 일도 모두 주의 일입니다.

우리는 이 둘을 균형 있게 영위해나가야 합니다. 결코 균형을 깨뜨려서는 안 됩니다. 그리고 균형과 우선순위를 혼동해서도 안 됩니다. 우리는 균형을 잡아서 교회 일도 하고, 집안일도 하고, 회사 일도 해야 합니다. 그러나 우선순위는 교회 봉사에 있음을 잊지 말아야 합니다. 교회 안에서 겸손하게 섬기는 것을 훈련받지 못한 사람이 어떻게 회사에서 제대로 섬길 수 있겠습니까? 그렇게 못합니다.

우리가 우선순위를 분명히 할 때 바른 봉사를 할 수 있습니다.

주일마다 차량 안내를 하는 분들은 정말 고생이 많습니다. 저는 그분들의 수고를 늘 마음에 담고 유심히 살펴봅니다. 차량 안내를 잘하는 것을 놓고 특별한 은사를 받았다고 말할 수 있을까요? 저는 그렇다고 확신합니다. 교통정리를 하는 형제들 중에는 특별히 순발력이 뛰어나고 센스가 있는 분들이 있습니다. 차 한 대를 주차할 때 안내자가 몇 번 손을 흔드는가 세어본 적이 있습니다. 고분고분 잘 따라와서 주차하는 차량은 너덧 번으로 족했습니다.

그러나 나갈 때 빨리 빠져나갈 자리를 확보하고자 안내자의 말을 따르지 않고 왔다 갔다 하는 차량은 안내자가 열다섯 번 정도 손을 들어야 겨우 제자리에 주차할 수 있었습니다. 그런데도 안내하는 분들은 환한 얼굴로 기쁘게 봉사하고 있었습니다. 그중에는 사시사철 한 주도 빠지지 않고 봉사하는 분도 있습니다. 여름에는 뙤약볕에 얼굴이 새까맣게 타고, 겨울에는 발을 동동 구르면서도 기쁘게 그 일을 감당합니다. 대체 그 힘이 어디서 나옵니까? 하나님께 특별한 은사를 받았기 때문입니다.

교회에서 차량 안내를 맡아 봉사를 잘하는 사람이 직장에 가면 얼마나 잘하겠습니까? 또 이웃에게는 얼마나 다정하게 대하겠습니까? 교회에서 겸손하게 섬기는 법을 배웠으니까 누구보다 잘할 수 있을 것입니다.

어떤 사람은 차에서 내리면서 "어이, 이 차 좀 대줘요" 하고 마치 자기 운전기사에게 명령하듯 말하고는 성경책을 들고 예배당으로 들어가버린다고 합니다. 그의 눈에는 봉사자가 자기 집에서 일하는 하인쯤으로 보였는지 모릅니다. 그러나 안내하는 형제들은 싫은 기색 하나 없이 봉사합니다. 교회가 아니면 이런 훈련을 어디서 할 수 있겠습니까?

  사랑하는 형제자매 여러분, 우리 모두는 받은 은사대로 하나님을 섬기고 이웃을 섬기는 주의 자녀가 되어야 하겠습니다. 어디에서 시작할까요? 주님의 몸이요, 나의 몸인 교회에서부터 해야 합니다. 그러면 가정에서나 직장에서 얼마든지 잘할 수 있을 것입니다. 당신은 그렇게 할 준비가 되어 있습니까?

38

교회 안에서는 이렇게 봉사하라

로마서 12장 9-13절

9 사랑에는 거짓이 없나니 악을 미워하고 선에 속하라 10 형제를 사랑하여 서로 우애하고 존경하기를 서로 먼저 하며 11 부지런하여 게으르지 말고 열심을 품고 주를 섬기라 12 소망 중에 즐거워하며 환난 중에 참으며 기도에 항상 힘쓰며 13 성도들의 쓸 것을 공급하며 손 대접하기를 힘쓰라

믿음으로 구원을 얻은 사람은 주님의 은혜에 보답하기 위해 자기 몸을 하나님이 기뻐하시는 거룩한 산 제물로 드려야 합니다. 하나님 앞에 산 제물로 드린다는 것은 이웃을 위하고 하나님을 위해 봉사하는 것을 말합니다. 그러면 어디서부터 봉사를 해야 합니까? 교회 안에서부터 시작해야 합니다. 교회는 주님의 몸인 동시에 우리의 몸입니다. 우리는 교회 안에서 형제를 섬기며 주를 위해 헌신하는 생활을 해야 합니다. 이 일을 하도록 성령께서는 사람마다 다양한 은사를 주셨습니다. 형제를 섬기고 교회에서 봉사하는 데 필요한 재능을 주신 것입니다. 그러므로 우리는 각자 받은 은사대로 겸손하게 서로 봉사해야 합니다. 형제를 섬기는 것은 곧 하나님을 섬기는 것입니다. 이것이 바로 앞에서 살펴본 말씀의 핵심입니다.

  이 장에서는 교회 안에서 봉사하는 사람이 반드시 알아야 할 네 가지 기본 원리를 다루려고 합니다. 우리가 알다시피 봉사라고 해서 무조건 다 좋은 것은 아닙니다. 공동체에 아무런 유익을 주지 못하는 봉사도 있습니다. 운동장을 열심히 뛴다고 해서 다 경주는 아니지 않습니까? 마찬가지로 교회 안에서 아침부터 저녁까지 봉사한다고 해서 그것이 다 형제를 섬기고 교회를 위하는 일은 아니라는 말입니다. 정해진 규칙대로 뛰어야 경주가 되듯이 교회 안에서 봉사할 때도 하나님이 성경을 통해 가르쳐주신 원칙대로 해야 비로소 올바른 봉사가 됩니다.

현실적으로 보면 교회마다 크고 작은 시험이 많습니다. 어떤 교회는 사람의 힘으로 수습할 수 없을 만큼 어려운 일을 자주 당합니다. 그런 교회는 충성스럽게 봉사하는 사람이 없어서 시험을 당할까요? 꼭 그런 것은 아닙니다. 어떤 교회라도 봉사하는 사람은 있습니다. 수가 적고 많고의 차이는 있을지 모르지만 교회마다 물질과 시간을 드리고, 전력을 다해 봉사하는 사람들이 있습니다.

그런데 왜 교회가 어려움을 당합니까? 하나님이 가르쳐주신 원리대로 봉사하지 않기 때문입니다. 그래서 문제가 일어나는 것입니다. 어떤 교회에는 열심히 봉사하는 사람이 많기는 하지만 그들의 텃세 때문에 심한 진통을 겪습니다. 텃세가 너무 심해서 성도뿐만 아니라 교역자까지도 견뎌내지 못합니다. 교역자가 새로 부임해와도 몇 년 되지 않아 텃세에 밀려 자꾸 쫓겨나갑니다. 새가족이 등록해도 자기들 눈에 들지 않으면 따돌리거나 정착하지 못하게 합니다. 그래서 성도 수는 더 이상 늘지 않고 교역자는 자꾸 바뀌는 안타까운 현상이 반복됩니다.

그런 사람들이 교회 안에서 열심히 일한다 해도 그것은 봉사라고 할 수 없습니다. 그런 사람들이 열심히 하면 뭐합니까? 쓴 뿌리 노릇을 하려고 부지런을 떠는 것과 무엇이 다릅니까? 교회에서 자기 혼자 잘났다고 하는 사람은 하나님 앞에서 용납될 수 없습니다. 우리는 성경이 가르치는 원리를 따라 봉사해야 합니다. 그렇게 해야만 하나님이 받으시는 제물이 되고 형제에게 유익을 주는 아름다운 봉사가 되기 때문입니다.

본문은 우리가 교회 안에서 봉사하기 위해 꼭 명심하고 지켜야 할 원리를 가르쳐줍니다. 모두 열두 가지 원리가 나오는데, 그것을 크게 묶어 네 가지로 요약할 수 있습니다. 첫째, 사랑으로 봉사하라. 둘째, 열심히 봉사하라. 셋째, 어려워도 봉사하라. 넷째, 나누면서 봉사하라. 이 원리를 한 가지씩 공부하면서 자신의 모습을 되돌아볼 수 있기를 바랍니다. 아울러 자신의 부족한 부분을 발견하고 보완하여 하나님 앞에 바른 봉사를 할 수 있도록 다짐하는 계기가 되었으면 좋겠습니다.

사랑으로 봉사하라

첫째, 사랑으로 봉사하라는 원리를 살펴봅시다. 9절은 대단히 중요한 말씀입니다.

사랑에는 거짓이 없나니 악을 미워하고 선에 속하라.

이 말씀 속에는 사랑의 중요한 요소가 들어 있습니다. 먼저 사랑은 진실해야 합니다. 사랑에 거짓이 숨어 있으면 안 됩니다. 사랑은 연극을 하듯 할 수 없습니다. 혹시 '선반 사랑'이라는 말을 들어보았습니까? 선반 위에 뭔가 귀한 것이 얹혀 있을 때, 그것을 어떻게 하면 내 것으로 만들 수 있을까 하고 갖은 아양을 떨며 마음에도 없는 행동을 하는 것을 빗대어 '선반 사랑'이라고 합니다. 자기 눈에 드는 것을 어떻게 해서라도 손에 넣겠다는 얄팍한 계산에서 '선반 사랑'을 하는 사람이 있습니다. 얻을 유익을 미리 따져보고 사랑하는 사람은 위선자입니다. 그것은 거짓된 사랑입니다. 결코 진실한 사랑이라 할 수 없습니다.

진실한 사랑은 악을 미워합니다. 왜 악한 것을 미워합니까? 악한 마음은 형제를 해하는 데 사용됩니다. 마음에 악을 가지고 형제를 대하면 그는 반드시 형제를 해하게 되어 있습니다. 마음에 악을 품고 있으면서 형제를 사랑하는 것처럼 행동한다면 겉으로는 표가 나지 않을지 모르지만 결국에는 형제를 해치게 되고 잘못된 곳으로 끌고 가게 됩니다.

그러므로 진정한 사랑은 마음에 악을 갖고 있으면 안 됩니다. 악을 미워해야 합니다. 형제를 해칠 수 있는 것은 무엇이든지 미워해야 합니다. 대신 선을 추구해야 합니다. 형제에게 유익이 될 수 있는 선이라면 자신을 희생해서라도 그 선을 따르겠다고 결심해야 합니다. 여기에서 "선에 속하라"는 말은 '선에 매달리라'는 의미입니다. 그러므로 선한 의도, 선한 감정, 선한 목적, 선한 동기가 없이는 진실한 사랑을 할 수 없습니다.

그리고 10절을 보면 형제를 사랑하며 서로 우애하라고 합니다.

> 형제를 사랑하여 서로 우애하고 존경하기를 서로 먼저 하며.

교회 안에서 모든 사람은 한 형제 의식을 가져야 합니다. 교회를 오래 다닌 사람이나 갓 들어온 사람이나 일단 예수 믿는 사람으로 교회에 소속되었으면 믿음 안에서 서로 형제라는 뜨거운 마음을 가져야 합니다. 그래야만 사랑할 수 있습니다. 형제를 대할 때 인간적인 조건을 보며 조금이라도 멸시해서는 안 됩니다. 주님은 우리에게 서로 존경하기를 먼저 하라고 하셨습니다. 우리가 이 말씀대로 살지 못하기 때문에 문제가 일어나는 것입니다.

우리에게는 인간적인 조건으로 사람을 구별하려는 악한 면이 있습니다. 서로 비교해서 조금 못하다고 생각되면 얕잡아보려고 하는 악한 습성이 있습니다. 뭐가 잘났다고 그렇게 악한 생각을 품는지 정말 끔찍합니다. 비교는 남을 나보다 낫게 여기기 위해서 해야 합니다. 이것이 진실한 사랑입니다. 그리스도인은 사랑 없이는 아무것도 할 수 없는 자들이 되어야 합니다. 또 그리스도인은 사랑 없이는 아무것도 하지 말아야 합니다. 사랑이 빠지면 하나님 앞에 남을 것이 하나도 없기 때문입니다.

고린도전서 13장 말씀을 마음 깊이 새기기 바랍니다. 굉장한 은사를 받아 천사의 말을 하고, 굉장한 은사를 받아 많은 사람에게 성경을 풀어 가르치고, 굉장한 은사를 받아 자기 재물로 수많은 사람을 구제해도 사랑이 없으면 아무것도 아니라고 했습니다. 사랑이 없으면 남는 것이 하나도 없다고 했습니다. 예수 믿는 사람은 사랑이 없으면 아무것도 할 생각을 말아야 합니다. 아무리 해봐야 소용이 없고, 아무리 해봐야 가치도 없고, 아무리 해봐야 하나님이 받지 않으시기 때문입니다. 사랑은 그만큼 중요합니다. 사랑은 주님이 주신 새 계명입니다.

> 새 계명을 너희에게 주노니 서로 사랑하라 내가 너희를 사랑한 것같이 너희도 서로 사랑하라(요 13:34).

이것이 새 계명이라면 옛 계명은 무엇입니까?

> … 네 이웃을 네 자신과 같이 사랑하라…(마 19:19).

그러면 새 계명과 옛 계명의 차이점은 무엇입니까? 이 세상에 태어난 사람치고 본능적으로 자기 몸을 사랑하지 않는 사람은 없습니다. 한 사람도 예외가 없습니다. 그러므로 "네 이웃을 네 자신과 같이 사랑하라"는 계명은 그 사랑의 뿌리가 다분히 본능에 있는 것처럼 보입니다. 이는 우리가 본능적으로 자기 자신을 사랑하는 것처럼 우리 이웃도 그렇게 사랑해야 한다는 말입니다. 세상 사람 모두를 사랑하지는 못한다 해도 교회 안에서 가까이 있는 이웃만이라도 그렇게 사랑해야 한다는 것이 옛 계명입니다.

한 걸음 더 나아가 주님은 "내가 너희를 사랑한 것같이 너희도 서로 사랑하라"는 새 계명을 주셨습니다. 새 계명의 뿌리는 하나님 사랑에 있음을 알 수 있습니다. 이 계명은 옛 계명과 얼마나 다릅니까? 새 계명은 본능에 뿌리를 둔 사랑이 아닙니다. 하나님의 사랑에 뿌리를 둔 사랑입니다. 예수님을 믿고 하나님의 자녀가 되었다면 예수님이 우리를 사랑하신 것처럼 그 사랑으로 이웃을 사랑하라는 말입니다. 이것이 새 계명입니다. 이와 같은 주님의 명령 앞에서 가슴이 찔리지 않을 사람이 얼마나 될까요? 그런 사랑은 상상조차 할 수 없을 만큼 우리는 연약한 존재이기 때문입니다.

그러나 연약하다는 구실로 주님의 명령을 피할 수는 없습니다. 우리 기준은 내 몸처럼 사랑하는 것이 아님을 반드시 기억해야 합니다. 하나님이 나를 사랑하신 것같이 사랑하는 것입니다. 이처럼 높은 차원의 사랑을 하나님이 요구하고 계신다는 사실을 한시도 잊어서는 안 됩니다. 아무리 열심히 봉사해도 이 사랑이 빠져 있다면 하나님은 점수를 주지 않으십니다. 우리는 하나님의 사랑에 뿌리를 내린 봉사를 해야 합니다.

사랑은 구원받은 증거다

또 하나 중요한 문제가 있습니다. 사랑하지 못하는 사람을 놓고 과연 구원받았다고 할 수 있을까 하는 의문을 제기할 수도 있다는 것입니다. 제가 이런 말씀을 드리면 '무슨 소리를 하는 거야? 구원이라는 것은 예수를 믿음으로 받는 것이지 사랑하는 것과 무슨 관계가 있어?' 하고 마음속에 의문을 품는 분이 있을지 모릅니다. 물론 그렇게 생각할 수도 있습니다. 하지만 그 생각이 전적으로 옳다고 할 수는 없습니다. 주변에서 가끔 이런 대화를 들을 때가 있을 것입니다.

"당신은 구원받았습니까?"

"네."

"어떻게 구원받았습니까?"

"믿음으로요."

"믿음으로 구원받았다고 자신 있게 말할 수 있는 이유는 무엇입니까?"

"예수를 믿으면 구원받는다고 성경이 가르쳐주었습니다."

"그러면 또 하나 질문하겠습니다. 당신이 구원받았다는 확실한 증거를 무엇으로 보여주시겠습니까?"

"제 믿음을 가지고 보여줄 수 있습니다."

"왜 믿음을 가지고 보여줄 수 있다고 생각합니까?"

"성경이 믿음으로 구원받는다고 말씀했기 때문입니다."

이 두 사람의 대화를 어떻게 생각하십니까? 구구절절 옳은 말입니다. 질문에 답하는 사람의 말에는 틀린 데가 없습니다. 그렇지만 완전한 대답은 될 수 없습니다. 거짓 신자도 얼마든지 그런 식으로 대답할 수 있음을 알아야 합니다.

성경은 구원받았다고 하는 확신을 표현할 때 '사망에서 생명으로 옮겼다'고 합니다. 이 표현은 성경에 두 번 나옵니다. 그중 하나가 요한복음 5장 24절입니다.

> 내가 진실로 진실로 너희에게 이르노니 내 말을 듣고 또 나 보내신 이를 믿는 자는 영생을 얻었고 심판에 이르지 아니하나니 사망에서 생명으로 옮겼느니라.

이 말씀의 골자는 "믿으면 구원받는다"입니다. 믿는 자는 사망이 지배하는 영역에서 하나님이 지배하는 생명의 영역으로 옮겨졌다고 말씀합니다. 이것은 틀림없는 사실입니다. 믿기만 하면 구원받습니다. 그리고 "사망에서 생명으로 옮겼느니라"라는 표현은 다른 곳에 한 번 더 나옵니다. 바로 요한일서 3장 14절입니다.

> 우리는 형제를 사랑함으로 사망에서 옮겨 생명으로 들어간 줄을 알거니와 사랑하지 아니하는 자는 사망에 머물러 있느니라.

무슨 뜻입니까? 사랑하지 않는다면 구원받은 사람이 아니고 아직도 사망의 자리에 그대로 있다는 말입니다. 구원받았다는 사실을 증거하고 싶으면 사랑해야 합니다. 사랑을 하는 사람이라야 사망에서 생명으로 옮겼다는 말을 할 수 있습니다. 그러므로 우리가 구원을 논할 때에는 요한복음 5장 24절과 요한일서 3장 14절을 한데 묶어놓고 검토해야 합니다. 예수님을 믿는 사람은 분명히 사망에서 생명으로 옮겼습니다. 동시에 그와 같이 사망에서 생명으로 옮긴 사람은 구원받은 증거로 사랑을 실천합니다. 따라서 예수님을 믿는다고 하면서 사랑하지 아니하면 "그 사람이 구원받았을까?" 하는 의문을 제기할 수 있는 것입니다. 그만큼 사랑이 중요합니다.

구원 이야기를 하면 영원히 사는 것이라고 이해하는 사람이 많습니다. 그러나 영원히 사는 것만을 구원이라고 한다면 이상한 이야기가 됩니다. 예수 믿는 사람만 영원히 사는 것이 아니기 때문입니다. 예수님이 재림하실 때 이 땅에서 살았던 모든 사람이 무덤을 깨고 부활하게 됩니다. 그들은 그때로부터 영원히 삽니다. 믿고 안 믿고를 떠나서 모든 사람은 영원히 사는 것입니다. 시간으로만 따지면 둘 다 영원합니다. 천국에서 영원히 살든지 지옥에서 영원히 살든지, 둘 다 영원합니다. 그렇기 때문에 시간을 가지고 영원을 논하면 의미가 없어집니다.

그러면 무엇을 가지고 논해야 합니까? 영원의 질을 가지고 논해야 합니다. 다시 말해 어떤 질을 가진 영원이냐 하는 점이 문제가 됩니다. 성경은 영원의 질을 결정하는 것이 사랑이라고 합니다. 예수 믿는 사람이 천국에서 영원히 산다고 할 때 그것이 복이 되는 이유는 하나님의 말할 수 없는 사랑과 형제들의 따뜻한 사랑에 둘러싸여서 영원토록 살 수 있기 때문입니다. 그것이 복이요 영광이라고 말하는 것입니다.

반면에 지옥은 영원히 사는 곳이면서, 또한 사랑이 없는 곳이기도 합니다. 사랑 없는 곳에서 영원토록 살아야 한다니, 얼마나 무서운 저주입니까? 교회도 마찬가지입니다. 사랑이 없는 교회에서 신앙생활을 하는 것은 결코 복이 될 수 없습니다. 그러므로 우리도 스스로를 향해 이렇게 물어야 합니다. 나에게 진실하지 못한 사랑은 없는가? 나에게 형제 의식이 빠진 사랑은 없는가? 나에게 악을 미워하지 못하는 사랑은 없는가? 나에게 남을 멸시하는 사랑은 없는가? "당신은 정말 구원받았습니까? 그렇다면 그 증거를 무엇으로 보여줄 수 있습니까?"라는 질문을 받는다면 "저는 형제를 사랑합니다. 교회를 사랑합니다" 이렇게 자신 있게 대답하는 우리 모두가 되어야 하겠습니다.

열심히 봉사하라

교회에서 봉사하기 위해 꼭 지켜야 할 원리 중 두 번째인 열심히 봉사하라는 원리를 살펴봅시다.

부지런하여 게으르지 말고 열심을 품고 주를 섬기라(11절).

여기서 "열심을 품고"라는 말은 '가슴에 불을 안고'라는 뜻입니다. 신학적으로 표현하자면 '성령이 충만하여', '가슴이 뜨거워서'라는 의미를 담고 있습니다. 그리스도인은 '자기 안에 불을 가진 자'라는 표현도 있습니다. 뜨거운 열정은 은혜받은 사람의 특징입니다.

뜨거운 열심은 그리스도인의 빼놓을 수 없는 공통된 특성이라고 할 수 있습니다. 교회를 미지근하게 다니다가 갑자기 열심을 내는 사람이 있다면 그는 은혜받은 사람임이 분명합니다. 열심을 내면 은혜받은 사람이요, 열심이 식어지면 은혜에서 떨어진 사람입니다. 그만큼 기독교 신앙과 열심은 떼어놓을 수 없습니다.

저명한 신학자인 한철하 박사는 "기독교는 열심의 종교다"라고 정의했습니다. 그리고 "나의 신학은 열심의 신학이다"라고 했습니다. 그분의 말은 일리가 있습니다. 열심을 빼버리면 우리 신앙은 설 자리를 잃어버릴지도 모릅니다. 열심이 없으면 건물이 아무리 아름답다고 해도 이미 죽어버린 교회입니다. 그만큼 열심은 중요합니다.

예수님은 미지근한 것을 지독하게 싫어하십니다. 요한계시록 3장 15-16절에서 이 점을 잘 가르쳐주고 있습니다.

> 내가 네 행위를 아노니 네가 차지도 아니하고 뜨겁지도 아니하도다 네가 찬든지 뜨겁든지 하기를 원하노라 네가 이같이 미지근하여 뜨겁지도 아니하고 차지도 아니하니 내 입에서 너를 토하여 버리리라.

열심이 없이 교회 다니는 것을 용납할 수 없다는 말씀입니다. 열정이 담겨 있지 않은 찬송이나 기도는 하지 말라는 말씀입니다. 열심이 없어 봉사를 제대로 하지 않는 사람은 가까이 오는 것조차 싫다는 말씀입니다. 열심이 없는 사람을 주님이 얼마나 싫어하십니까? 성경에서 이 구절만큼 우리에게 충격을 주는 말씀이 또 있는지 모르겠습니다.

그런데 불행히도 기독교 역사에는 남다른 열심을 가지고 주를 섬기고 봉사하려는 사람을 멸시하는 경향이 많았습니다. 지금이라고 다르지 않습니다. 다 그런 것은 아니지만 유식하다고 자부하는 사람일수록 열심을 내는 사람을 은근히 멸시합니다. 그들은 오히려 미지근한 것을 좋아하는 듯한 인상을 풍깁니다. 그들 표현대로 한다면 '광신자 티'를 내지 않을수록 신사적인 그리스도인입니다. 하지만 그들은 무언가 크게 착각하고 있습니다. 주님은 이런 생각을 가진 사람을 싫어하십니다. 한편 '병든 열심'이라는 것이 있습니다. 가정이나 사회에서 손가락질을 당할 만큼 언동에 문제가 있는 사람이 교회 일에는 남보다 열을 올리는 경우가 있는데 이런 열심은 분명히 병들었다고 할 수 있습니다. 주님이 기뻐하시는 '열심'은 사람들한테도 칭찬 듣는 열심을 의미합니다.

교회 안에서 형제를 섬기는 일에 열심을 내지 못하는 사람이 교회 밖에서 그런 봉사를 하리라 기대하기는 어렵습니다. 교회 일에 열심을 내지 못하는 분들은 나중에 주님 앞에 섰을 때 악하고 게으른 종이라는 주님의 질책을 면하기 어려울 것입니다. 여기에 대해 자신을 변명하거나 합리화할 근거가 있는지 한번 돌아보십시오. 아마 한마디 변명도 하지 못할 것입니다.

교회 안에는 남이 알아주든지 알아주지 않든지 구석구석에서 혼신의 힘을 쏟아 충성하는 형제자매가 참 많습니다. 저는 그들을 늘 자랑스럽게 생각합니다. 저는 성도 수가 많다는 것을 자랑하고 싶지 않습니다. 오히려 뜨거운 열정을 가지고 교회를 위해 열심히 봉사하는 형제자매들을 자랑하고 싶습니다. 사람들이 알아주지 않아도 주님만 바라보고 기쁨으로 헌신하는 형제자매가 많기 때문에 저는 목회자로서 무한한 긍지를 느낍니다.

각 부서마다 수고하는 분들이 많지만 주일학교에서 다음세대를 위해 땀 흘리는 교사들의 이야기를 듣고 싶어서, 제가 시무하는 교회의 교육 전담 목사님에게 자랑할 만한 교사 한 분을 추천해달라고 했습니다. 그랬더니 초등 4학년을 맡고 있는 김경임 집사님을 소개해주었습니다. 이분은 나이가 45세인 평범한 주부입니다. 사랑의교회에서 먼 거리에 있는 노원구 상계동에 살고 있습니다. 남편도 함께 주일학교에서 봉사하며 슬하에 자녀가 둘 있습니다.

이들이 주일을 어떻게 보내는지 살펴보겠습니다. 아침 7시에 집에서 출발합니다. 한 시간 반 걸려 교회에 도착합니다. 9시 30분까지 교사 준비 기도회에 참석합니다. 기도회가 끝나면 11시 10분까지 1시간 40분 동안 초등학교 4학년 아이들을 데리고 말씀을 가르치며 함께 예배드리면서 씨름합니다.

11시 30분부터는 주일예배를 드립니다. 예배가 끝나면 1시부터 2시까지 점심식사를 하고 2시부터 3시까지는 교사 기도회에 참석합니다. 그리고 기도회가 끝나면 4시부터 6시까지 2시간 동안 어린이 제자훈련을 지도합니다. 그러면 집으로 돌아가는 시각은 언제입니까? 남편은 애들 때문에 조금 일찍 돌아가고 부인은 저녁 8시쯤에 귀가한다고 합니다.

왜 이 부부가 이런 수고를 합니까? 돈벌이를 위한 것입니까? 자기 자식 교육을 위해 그렇습니까? 진급을 위해서입니까? 대체 누구를 위해서 수고의 땀을 흘리고 있습니까? 예수님을 위해서입니까? 물론 그렇습니다. 그러나 더 솔직히 말하면 우리가 맡긴 자녀를 위해 그토록 시간 바치고, 힘을 쏟아서 지치도록 봉사하는 것입니다. 그들이 저녁에 집에 가면 얼마나 피곤하겠습니까? 분명 주님이 그들을 각별히 사랑하실 것입니다. 우리 모두가 이와 같은 아름다운 열심을 본받아야 하겠습니다.

어려워도 봉사하라

교회에서 봉사하기 위해 꼭 지켜야 할 원리 중 세 번째는 어려워도 봉사하라는 원리입니다.

소망 중에 즐거워하며 환난 중에 참으며 기도에 항상 힘쓰며(12절).

현실적으로 보면 이 말씀이 우리에게 직접 와닿지 않을 수도 있습니다. 세상에서 마음을 떼고 오직 하늘에 있는 영광만을 소망하는 일이 하루에 기대할 수 있는 낙의 전부라면, 평범한 삶이 아닙니다. 문을 꽝꽝 두드리듯 다급하게 부르짖어야 하는 상황이라면, 굉장히 어려운 처지에 빠졌음을 의미합니다. 이것은 바로 환난의 때를 가리킵니다. 그러므로 12절은 환난의 때를 만난 시절을 전제하고 말하는 것입니다.

교회에서 우리가 형제를 위해서 봉사하고 주님을 위해서 뛰는 것이 얼마나 아름답습니까? 그렇게 봉사하면 주님께서 매일 평안함을 주시고 어려운 일 없이 형통하게 하실 것 같지만 반드시 그런 것만은 아닙니다. 꼭 커다란 환난이나 핍박을 이야기하지 않아도 됩니다. 우리는 육신의 몸을 입고 봉사하기 때문에 자주 어려운 일을 만납니다. 건강이 상할 때도 있습니다. 시간에 쫓겨서 하던 일에 지장을 줄 수도 있습니다. 가정에 우환이 생길 수도 있습니다. 심지어 남에게 욕을 먹기도 합니다. 이렇게 되면 주의 일에 열심히 봉사하기가 어려워집니다.

그런데 주님은 무엇이라고 하십니까? 그런 때일수록 기뻐하면서 봉사하고, 인내하면서 봉사하고, 기도에 더 힘쓰면서 봉사하라고 말씀하십니다. 봉사를 중단하면 안 된다고 하십니다. 물론 건강이 나빠지면 쉬어야 합니다. 가정에 특별히 어려운 일이 생기면 하던 일을 멈추어야 합니다. 그러나 얼마든지 이겨낼 수 있는 작은 어려움을 핑계로 봉사를 그만두는 어리석은 짓은 하지 말라는 말입니다. 우리는 어려워도 봉사해야 합니다.

어떤 핑계를 대고 봉사를 그만둔 분들이 있을 것입니다. 은사가 없다고 생각해서 그만둔 분이 있다면 자기가 받은 은사에 맞는 봉사 영역을 찾아 다시 시작해야 합니다. 그러나 은사도 있는데 이런 저런 핑계를 대면서 그만두었다면 그는 주님의 명령을 어긴 것입니다. 그런 핑계로 봉사를 그만두는 것은 주님 앞에 용납될 수 없습니다. 회개하는 마음으로 다시 시작하기를 바랍니다. 그리고 아직도 이와 같은 봉사에 직접 동참하지 못한 분들은 마냥 이런 식으로 교회생활을 이어나갈 것인가를 곰곰이 생각해보기 바랍니다. 주님은 당신에게 "아니야, 너는 그래서는 안 돼. 교회를 위해 봉사해. 세월을 그렇게 보내서는 안 돼" 하고 말씀하실 것입니다.

당신이 관심을 갖는 영역이 어디입니까? 그 영역을 찾아가십시오. 없으면 일을 만들어서라도, 놀고 지내는 사람이 되지 않도록 해야 합니다.

나누면서 봉사하라

교회에서 봉사하기 위해 꼭 지켜야 할 원리 중 마지막은, 나누면서 봉사하라는 원리입니다.

성도들의 쓸 것을 공급하며 손 대접하기를 힘쓰라(13절).

바울이 로마서를 쓸 당시만 해도 예수 믿는 사람은 대부분 극빈자였습니다. 얼마나 생활이 어려웠는지 모릅니다. 제가 초등학교에 다닐 때도 예수 믿는 사람 대부분이 가난했습니다. 생활에 여유가 없었습니다. 그 시절, 예수 믿는 사람이 여행을 하면 찾아갈 곳은 뻔했습니다. 성도의 가정이었습니다. 전혀 모르는 사이라도 이름만 듣고 찾아가는 것입니다. 교회 다니는 사람들의 집밖에 갈 곳이 없었습니다. 돈이 없으니 여관에서 묵을 수 없었습니다.

로마교회도 마찬가지였습니다. 더욱이 로마는 당시 가장 화려한 국제도시였습니다. 사방에서 손님들이 찾아들었습니다. 예수 믿는다고 하면서 찾아오는 손님을 거절하기란 대단히 어려웠을 것입니다. 너무 자주 찾아오는 손님들 때문에 시험에 든 사람도 적지 않았으리라 생각됩니다. 자기 식구가 먹을 식량도 부족한데 손님을 대접해야 했고, 가뜩이나 집도 좁은데 손님을 위해 방을 내주어야 했으니 얼마나 어려웠겠습니까? 그것도 한두 번이 아니라 사흘이 멀다 하고 찾아오는 상황에서는 정말 사랑으로 봉사하기가 쉽지 않았을 것입니다.

그러나 주님은 무엇이라고 교훈하십니까? 불평하지 말고 가진 것을 나누면서 봉사하라고 말씀하십니다. 요즘은 시대가 바뀌어서 믿는다는 이유로 찾아가 남의 집 신세를 지려는 사람은 별로 없습니다. 그렇다고 봉사의 원칙이 달라진 것은 아닙니다. 우리가 진정으로 교회 안에서 형제를 섬기려면 가진 것을 나누고 경우에 따라서는 손해를 보면서도 봉사해야 합니다. 입에 발린 말로만 봉사하지 마십시오. 빛 좋은 개살구입니다. 주님은 우리에게 각자가 가진 귀한 것을 나누어 주면서 봉사하라고 말씀하십니다. 원래 봉사는 희생을 의미하는 말입니다.

제가 시무하는 교회의 신문에 "8공주 가정" 이야기가 실린 적이 있습니다. 공주라고 하니까 듣기는 좋지만 막상 딸이 여덟쯤 되고 보면 난감할 때가 한두 번이 아닐 것입니다. 식구가 많으니 좀 넉넉하다고 해도 가계를 이끌어가는 것이 여간 힘들지 않습니다. 그런데 아버지는 아파트 경비원으로, 어머니는 봉제 공장 종업원으로 일을 하니 살림살이가 얼마나 빠듯하겠습니까? 딸 둘은 시집을 가고 이제 여섯이 남았는데, 이 아이들이 똑똑해서 모두 공부를 잘합니다. 그러니 학비 조달도 여간 힘들지 않습니다.

그런데 세상은 이처럼 가난하게 사는 사람들에게 더 가혹하기 짝이 없습니다. 성남의 어느 산동네에서 방 두 칸에 세 들어 사는데 주인이 또 방세를 올려달라고 하는 것입니다. 여덟 식구가 먹고살기도

빠듯한데 또 방세를 올려달라고 하니 막막하기 짝이 없는 노릇입니다. 그 가정을 탐방한 기자가 그 사실을 알고는 본인들에게 물어보지도 않은 채 그들의 딱한 사정을 신문에 실었습니다. 너무나 감사하게도 그 기사를 읽은 몇 성도가 필요한 액수를 마련해서 저를 찾아왔습니다.

이것이 나누면서 섬기는 생활입니다. 손에 있는 것을 꽉 쥐고 내놓지 않으면서 남을 섬긴다는 말은 어불성설입니다. 교회 안에서 그런 식으로 처신한다면 어떻게 세상에서 소금과 빛이 될 수 있겠습니까? 우리는 교회 안에서부터 나누면서 봉사하는 법을 배우고 익혀야 합니다.

반 다이크가 쓴 《저택》(The Mansion)이라는 소설의 내용입니다. 어떤 부자가 천국에 갔습니다. 천사가 인도하는 대로 자기 집을 찾아갔습니다. 아주 작은 오두막이 나타났습니다. 보기에도 민망한 그 오두막이 그가 살아야 할 집이었습니다. 그는 너무나 어이가 없었습니다. 그런데 자기 집 옆에서 천사들이 한창 으리으리한 저택을 짓고 있었습니다. 누구 집이냐고 물었더니 자기와 한 동네에 살던 초라한 의사의 집이라고 했습니다. 자기에 비하면 형편없었던 그가 어떻게 저런 저택에서 살 수 있느냐고 항의 조로 말했더니 천사가 부자에게 말했습니다.

"지금 짓고 있는 건축 자재는 모두 그 집에서 살 본인이 세상에 사는 동안 부지런히 보내온 것들입니다. 당신은 너무 적게 보냈어요. 당신이 평생 보낸 자재만으로는 이 오막살이의 지붕도 제대로 올릴 수 없을 정도였습니다. 그러나 이 저택을 보십시오. 당신이 잘 아는 그 가난한 의사 집인데 그는 평생 동안 남에게 나누어 주는 것을 기쁨으로 알고 살았습니다. 그가 남을 위해 쓴 것은 하나도 빠짐

없이 이곳에 도착했어요. 자재가 너무 많아 저렇게 큰 집을 짓고도 남을 정도가 되었습니다." 뭔가 우리 가슴에 와닿는 이야기입니다.

다시 한번 교회 봉사의 네 가지 원리를 정리해봅시다. 사랑하면서 봉사하라. 열심히 봉사하라. 어려워도 봉사하라. 나누면서 봉사하라. 주님이 우리에게 주신 이 교훈을 잊지 맙시다. 교회 안에서 이와 같은 봉사를 하지 못하면 우리는 세상에서 그리스도인으로서 바른 삶을 살 수 없습니다. 당신의 몸을 주님이 기뻐하시는 거룩한 산 제물로 드리기 원합니까? 교회 안에서부터 주님이 가르쳐주신 원리대로 봉사하십시오. 그리하면 당신의 삶이 매일매일 주님을 기쁘시게 하는 아름다운 제사가 될 수 있습니다. 우리 모두에게 날마다 이와 같은 은혜가 넘치기를 바랍니다.

39

하나님의 자녀다운 인간관계

로마서 12장 14-21절

14 너희를 박해하는 자를 축복하라 축복하고 저주하지 말라 15 즐거워하는 자들과 함께 즐거워하고 우는 자들과 함께 울라 16 서로 마음을 같이하며 높은 데 마음을 두지 말고 도리어 낮은 데 처하며 스스로 지혜 있는 체하지 말라 17 아무에게도 악을 악으로 갚지 말고 모든 사람 앞에서 선한 일을 도모하라 18 할 수 있거든 너희로서는 모든 사람과 더불어 화목하라 19 내 사랑하는 자들아 너희가 친히 원수를 갚지 말고 하나님의 진노하심에 맡기라 기록되었으되 원수 갚는 것이 내게 있으니 내가 갚으리라고 주께서 말씀하시니라 20 네 원수가 주리거든 먹이고 목마르거든 마시게 하라 그리함으로 네가 숯불을 그 머리에 쌓아놓으리라 21 악에게 지지 말고 선으로 악을 이기라

사회생활을 잘하려면 기본적으로 갖추어야 할 요건이 많습니다. 그 중에서도 덕스러운 대인관계를 유지하는 능력만큼 중요한 것은 없다고 생각합니다. 하버드 대학교 경영대학원에서 사용하는 교재에 이런 내용이 있다고 합니다. "두뇌를 갈고닦고 기술을 연마하는 훈련을 잘하면 사회에서 성공할 확률이 10퍼센트인데 비해 대인관계에 뛰어나면 성공할 확률이 85퍼센트에 이른다." 대인관계를 덕스럽게 잘함으로써 성공하는 사람이 머리가 좋고 똑똑해서 성공하는 사람보다 훨씬 많다는 이야기입니다.

어떤 조사 자료를 보면 직장에서 업무 능력이 떨어져 해고당하는 경우보다 대인관계에 문제를 일으켜 해고당하는 경우가 거의 두 배나 된다는 통계가 나와 있습니다. 그만큼 대인관계는 살아가는 데 중요한 요소입니다. 그렇다고 이것을 요즘 유행하는 말처럼 줄을 잘 서야 한다는 뜻으로 오해하지는 마십시오. 절대 그런 의미가 아닙니다. 어떤 인간관계를 가지느냐에 따라 그 사람의 삶이 결정될 수 있음을 말하는 것입니다.

하나님께서는 우리가 읽은 본문에서 중요한 진리를 하나 가르쳐주십니다. 그리스도인은 사회생활을 하면서 불신자들과 덕스러운 인간관계를 유지해야 하고, 그것으로 하나님 아버지께 영광을 돌려야 한다는 것입니다. 우리 대부분은 교회 안에만 갇혀 사는 사람들이 아닙니다. 세상에 흩어져 살아갑니다. 아침에 눈을 뜨면서부터 믿는 사람보다 믿지 않는 사람들을 훨씬 더 많이 만납니다.

영적인 의미에서 볼 때 예수님을 믿지 않는 사람들은 우리와 우호적인 관계라기보다는 적대적인 관계에 있다고 하는 것이 더 솔직한 표현입니다. 사실 그들은 우리를 달갑게 여기지 않습니다. 우리와 사귀려고 하기보다는 피하려고 하는 경향이 더 강합니다. 그들과 우리는 친해지기 쉬운 관계가 아닙니다. 오히려 친해지지 못할 가능성이 더 크다고 할 수 있습니다. 믿지 않는 사람들과 좋은 인간관계를 갖는다는 것이 얼마나 어려운지는 이미 사회생활을 하며 숱하게 경험했을 것입니다.

저는 일전에 휴가를 이용해서 중국에 잠깐 들렀습니다. 한중수교가 되어서 그런 대로 자유롭게 말할 수 있는 분위기였습니다. 길림성에는 연변 조선족 자치주가 있습니다. 그 자치주에 우리 동포가 약 2백만 명 살고 있습니다. 그리고 그 지역의 중심 도시가 연길시입니다. 연길시에 제가 며칠 동안 묵으면서 그 지역의 고위 공산당 간부와 교제할 기회가 있었습니다. 연변 자치주의 공산당 서기장이라면 그곳에서 지위가 제일 높은 사람으로 보아도 틀리지 않습니다. 그 세계에서는 아주 막강한 사람인데 그분이 김진경 박사님과 저를 특별히 초대했습니다. 우리는 그의 안내를 받아 아주 큰 고급 식당에서 점심식사를 하게 되었습니다. 그분 밑에서 일하는 7, 8명의 공산당 간부들도 함께 자리했습니다. 그들은 제가 목사라는 것을 몰랐습니다. 거기서는 목사라는 신분을 밝히기가 곤란하기 때문에 저는

'옥 선생'으로 통했습니다.

지금 제가 말씀드리려는 골자는 안 믿는 사람과 믿는 사람이 좋은 인간관계를 가진다는 것이 얼마나 어려운가에 관한 것입니다. 그들은 술을 즐겨 마셨습니다. 그 독한 술을 옥 선생 앞에도 따라놓는데 초면에 막을 수가 없었습니다. 식사가 시작되면서 "자, 우리가 이렇게 만나게 된 것이 얼마나 기쁜 일입니까? 건배합시다!" 하는데 제가 평소에 술잔을 들고 건배를 해본 일이 있어야지요. 꿔다 놓은 보릿자루마냥 가만히 앉아 있을 수는 없어서 건배 정도는 해주어야 하겠는데 이것도 자주 해봐야 능숙하지 않겠습니까? 건배를 하긴 했지만 그만 술을 주르르 흘리고 말았습니다.

그런데 건배를 한 번만 하고 끝내면 얼마나 좋습니까? 분위기가 무르익어가면서 건배 횟수는 늘어갔습니다. 약 2시간 동안 식사하고 대화하면서 건배를 대여섯 번은 한 것 같아요. 저는 그 일을 겪으면서 교회 안에 있는 형제들을 많이 생각했습니다. 남자 교우들이 세상에서 안 믿는 사람들과 생활하면서 얼마나 어려움을 많이 겪을까 생각하니 가슴이 뭉클해졌습니다. 그때 제가 끝까지 술을 안 마신다고 하니까 서기장이 "옥 선생 같은 분은 어려워서 사귈 수가 없어요"라고 했습니다. 반 농담이지만 뼈가 있는 말이었습니다. 그래서 제가 속으로 그랬습니다. '서기장 양반, 말은 바로 하는군요. 그래요. 우리는 호락호락하게 사귈 수 있는 사이가 아니랍니다.'

선으로 악을 이기자

우리는 불신자와 쉽게 사귈 수 없는 처지입니다. 그럼에도 하나님은 우리에게 불신자와 덕스러운 인간관계를 가지라고 말씀하십니다. 본문은 우리와 불신자의 인간관계에 두 가지 대원리가 있음을 전제합니다.

할 수 있거든 너희로서는 모든 사람과 더불어 화목하라(18절).

이 말씀은 무슨 뜻입니까? 사회생활을 하면서 가급적이면 적을 만들지 말라는 말입니다. 여기서 "할 수 있거든"이라는 단서를 붙인 이유가 있습니다. 아무리 우리가 모든 사람과 좋게 지내려고 해도 뜻대로 안 되는 경우가 있기 때문입니다. 한계가 있다는 말입니다. 잘 지내려고 하는데도 끝내 원수가 되는 사이가 있지 않습니까? 이것은 주님께서도 인정하신 사실입니다.

그래서 비록 한계가 있더라도 최선을 다하라고 말씀하시는 것입니다. 이것이 "할 수 있거든"에 담긴 뜻입니다. 비록 어려움이 따른다 할지라도 가능한 한 사람들과 좋은 관계를 유지해야 합니다. 이것이 세상을 사는 우리에게 무엇보다 중요합니다.

우리 가운데 이 원리대로 살지 않는 분들을 가끔 볼 수 있습니다. 제가 잘 아는 자매가 전도를 하려고 이웃을 찾아갔습니다. 그는 열심히 복음을 증거했습니다. 그런데 한참 이야기를 듣고 있던 분이 불쑥 이런 말을 하더랍니다. "우리 아파트에 사랑의교회 순장이라는 사람이 살고 있어요. 그런데 그 사람은 싸움을 너무 잘해요. 우리 동네에서 그 사람이 싸우는 장면을 여러 번 목격했어요. 그런 사람이 다니는 교회라면 저는 나가고 싶은 마음이 조금도 없어요. 예수 믿는 사람들은 다 그렇게 싸움을 잘합니까?"

전도하러 갔다가 날벼락을 맞아도 유분수지, 그는 너무 속이 상했습니다. 혹시 이 사람이 개인적인 감정이 있어서 모함을 하는 것은 아닐까 하고 주변의 몇몇 분들에게 확인을 해보았습니다. 그랬더니 그 말이 사실이었습니다. 사회에서 그렇게 적을 만들면서 어떻게 하나님께 영광을 돌릴 수 있겠습니까?

또 하나, 우리가 불신자를 대하면서 잊지 말아야 할 중요한 원리가 있습니다.

> 악에게 지지 말고 선으로 악을 이기라(21절).

세상 사람과 똑같이 악해지지 말라는 뜻입니다. 대인관계에서 상대방이 나를 악하게 대한다고 해서 똑같이 악해지면 안 됩니다. 예수 믿는 사람은 불신자들이 설혹 악하게 대한다 해도 선으로 악을 이기는 수준이 되어야 합니다. 상대방이 하는 대로 똑같이 악해지면 하나님의 자녀가 세상 사람과 다를 바 없습니다.

가급적이면 모든 사람과 화평해야 합니다. 그리고 상대방이 악하게 대하더라도 선으로 악을 이겨야 합니다. 이 두 개의 큰 원리가 인간관계를 기둥처럼 떠받치고 있습니다. 우리는 불신자들과 좋은 인간관계를 유지하기 위해 이 두 원리를 유념해야 하겠습니다.

겸손한 이웃이 되라

이 두 원리를 중심으로 실제적인 행동 지침이 나옵니다. 본문은 선으로 악을 이기는 행동 지침을 네 가지로 나누어 말씀합니다. 다시 말해, 덕스러운 인간관계를 유지하기 위한 네 가지 지침입니다. 그런데 그 내용은 논리적인 순서를 갖고 있지 않다는 것이 성경학자들의 공통적인 견해입니다. 따라서 지켜야 할 행동 지침을 내용상 쉬운 것부터 살펴보는 것이 좋겠습니다. 처음부터 너무 어려운 말씀을 대하면 기가 죽기 때문입니다.

첫째, 겸손한 이웃이 되라고 말씀합니다.

서로 마음을 같이하며 높은 데 마음을 두지 말고 도리어 낮은 데 처하며 스스로 지혜 있는 체하지 말라(16절).

즉, 잘난 체하지 말라는 의미입니다. 이웃을 보고 '난 너하고는 달라' 하는 식으로 행동하거나 말하지 말라는 이야기입니다. 예수를 믿고 안 믿고를 떠나서 인간은 누구나 다 으스대고 싶어 하는 기질이 있습니다. 기가 꺾이지 않으려는 본능이 누구에게나 있습니다. 남에게 짓밟히는 것 같은 기분을 느끼면 견디지 못하는 본성이 누구에게나 있습니다. 세상 사람은 누구나 '난 너보다 낫지' 하는 우월의식을 갖고 살기를 원하고, 또 다른 사람이 그렇게 인정해주기를 바라는 마음이 있습니다.

예수 믿는 사람이라고 해서 다릅니까? 저는 그렇지 않다고 봅니다. 우리가 날마다 하나님 앞에서 말씀을 읽고 기도하지만 실제로 "너는 겸손한 이웃이냐?" 하고 하나님이 물어보신다면 양심의 가책을 받지 않을 수 없습니다. 진짜 겸손한 사람은 교만한 자 앞에서 상처를 받지 않습니다.

우리 대부분이 부끄럽게 여기는 문제는 겸손하지 못한 사람 앞에서 겸손하기가 어렵다는 것입니다. 예수를 믿어도 별수 없습니다. 목사가 되어도 별수 없습니다. 저도 겸손한 사람 앞에서는 겸손합니다. 그러나 거만하게 거드름을 피우는 사람을 보면 속에서 뭔가 치밀어 올라오는 것을 느낍니다. 저는 목사지만 하나님 앞에서 제 자신이 겸손한 이웃이라고 자신 있게 말할 수 없습니다.

얼마 전에 백두산을 관광할 기회가 있었습니다. 연길시에서 백두

산까지 가려면 장장 네다섯 시간을 자동차로 달려야 합니다. 비포장 도로여서 편안한 여행도 아니었습니다. 일행 중에는 미국에서 온 어떤 목사님과 한국과학기술원에서 일하는 박사 두 분이 있었습니다. 우리는 근사한 밴을 타고 곧 떠날 채비를 하고 있었습니다. 막 출발하려고 하는데 난데없는 불청객 두 명이 나타났습니다. 그들은 택시로 갈 예정이었는데 우리를 발견하고는 자동차에 동승하기를 원했습니다. 택시로 가면 참 고생스럽거든요.

밴은 운전자 옆자리가 특별석입니다. 그 좋은 자리에 제가 앉아 가기로 되어 있었습니다. 그런데 그 사람들이 오길래 제가 인사를 하려고 내렸는데 둘 중 한 사람이, 그것도 젊은 사람이 "이 자리에는 내가 타겠습니다" 하고는 거기 털썩 앉아버리는 것이었습니다. 그리고 거기에 있던 제 짐을 뒷자리로 넘겼습니다. 그때 제가 어떻게 합니까? 그 자리에서 싸울 수도 없고···. 그래서 "타십시오" 하고는 뒤로 밀려났습니다.

얼마나 속이 상하던지요. 제가 진짜 겸손한 사람이라면 안 믿는 사람이니까 그럴 수도 있지 하고 넘어갔을 텐데, 그게 아니었습니다. 4시간 동안 계속 제 마음에서 갈등이 일어나는 거예요. 한쪽에서는 '저런 고약한 사람이 어디 있어? 정말 얌체족이야'라고 그를 욕합니다. 다른 쪽에서는 '그러고도 네가 목사냐?' 하고 자책합니다. 이 둘이 계속 싸우는 것입니다. 목사가 이 꼴이라면 성도들은 얼마나 더 힘들겠는가 하는 것을 저는 그때 많이 느꼈습니다.

겸손한 사람 앞에서는 겸손할 수 있습니다. 그러나 교만한 이웃 앞에서는 겸손하기가 대단히 어렵습니다. 하나님께서는 무엇이라고 하십니까? 교만하지 말라, 잘난 체하지 말라, 이웃을 위해 겸손하라고 말씀하십니다. 아무리 힘들다고 해도 그것이 하나님의 명령이기 때문에 우리 모두는 순종해야 하겠습니다.

마음을 주는 이웃이 되라

덕스러운 인간관계를 유지하기 위한 두 번째 지침은 마음을 주는 이웃이 되는 것입니다.

즐거워하는 자들과 함께 즐거워하고 우는 자들과 함께 울라(15절).

우리가 누구에게 마음을 주는가, 안 주는가를 테스트하는 방법이 있습니다. 이웃이 몹시 슬픈 일을 당했을 때 함께 울어줄 수 있는가, 또 이웃이 참 좋은 일을 만났을 때 함께 기뻐할 수 있는가를 점검해 보면 마음을 주는 이웃인지 아닌지를 정확하게 알 수 있습니다.

그러나 이것도 상대가 어떤 이웃이냐에 따라 달라집니다. 평소에 좋아하던 이웃이 슬픈 일을 당하면 우리는 함께 눈물을 흘리며 슬퍼할 수 있습니다. 그러나 별로 감정이 좋지 않았던 이웃이 비극적인 일을 당했을 때에도 진정으로 슬퍼하며 위로할 수 있느냐는 양심적으로 대답해야 할 문제라고 생각합니다.

일반적으로 볼 때 슬픔을 당한 이웃에게 동정을 표하는 것은 그다지 어렵지 않습니다. 그러나 이것에 비해 아주 어려운 일이 하나 있는데, 이웃이 기쁜 일을 만났을 때 진정으로 축하해주며 기뻐하는 일입니다. 4세기의 교부들 중 한 사람이었던 크리소스톰은 우리의 정곡을 찌르는 말을 했습니다. "우는 자와 함께 우는 것은 웃는 자와 함께 웃는 것보다는 쉽다. 우리가 웃는 자와 함께 웃기 위해서는 훨씬 더 고매한 인격을 필요로 한다."

그의 말이 옳습니다. 이웃의 슬픔보다 이웃의 기쁨에 동참하는 것이 더 어렵습니다. 우리나라 속담에도 "사촌이 땅을 사면 배가 아프다"라는 말이 있습니다. 친척이 땅을 사서 부자가 되면 진심으로 기뻐해야 하는데 그렇지 않다는 것입니다. 잘 모르는 사람보다 오히려 가까운 사람이 잘되는 것을 은근히 싫어하고 견제하는 심리가 인간에게 있습니다.

제가 알고 있는 어떤 형제를 보아도 그런 것 같습니다. 그들 형제는 두 분 다 목사입니다. 그러나 동생이 시무하는 교회는 부흥이 잘되는 편이고 형님 교회는 그렇지 못합니다. 그런데 형님이 동생 교회가 잘되고 은혜스럽다는 말을 들으면 별로 안 좋아한다는 것입니다. 형제끼리도 이런데 남이야 말해 무엇하겠습니까? 사랑은 "다른 사람이 진정 잘되기를 바라는 것"이라고 정의한 사람이 있습니다. 다른 사람이 잘되기를 바라고 참으로 기뻐할 수 있다면 그는 정말 사랑하는 사람이라고 할 수 있습니다.

인류 최초의 비극은 형제가 예배드리는 자리에서 일어났습니다. 동생이 하나님께 사랑받는 것을 시기한 나머지 형이 동생을 죽인 데서 인류의 비극이 시작된 것입니다. 서로 모르는 사이가 아닙니다. 가인과 아벨, 그들은 형제였습니다. 그것도 오늘날처럼 사람이 많아 발에 치이는 시대가 아니라 인구가 극히 희소한 시대에 그러했습니다. 사람 하나가 너무 귀하고 소중한 시기였는데 가인은 자기보다 동생이 하나님의 사랑을 더 많이 받는 것을 참지 못하여 결국 그를 해치고 말았습니다. 인류 역사의 비극이 여기서부터 시작되었다는 것을 알아야 합니다.

우리 모두는 본능적으로 남이 잘되는 것을 그다지 좋아하지 않습니다. 그런데 주님은 우리에게 어떻게 하라고 명령하십니까? 기뻐하는 자와 함께 기뻐하고 슬퍼하는 자와 함께 슬퍼하라고 하십니다.

주님은 우리가 마음을 주는 이웃이 되기를 바라십니다. 사이가 좋고 나쁘고를 떠나서 이웃에 우는 자가 있으면 진정으로 함께 슬퍼하는 자가 되고, 기뻐하는 자가 있으면 진정 그 기쁨을 함께 나누는 자가 되라고 하시는 것입니다. 우리 가운데 이웃이 잘되는 것 때문에 은근히 마음속에 고통을 당하고 상처 입은 사람이 있다면, 주님께서 그의 상처를 고쳐주시기를 바랍니다. 그리고 자기보다 형통하게 보이는 이웃을 볼 때마다 질투가 생기고 마음이 불편해지는 사람이 있다면, 성령께서 그의 마음을 다스려주시고 깨끗하게 해주시기를 바랍니다.

축복하는 이웃이 되라

덕스러운 인간관계를 유지하기 위한 세 번째 지침은 축복하는 이웃이 되는 것입니다.

너희를 박해하는 자를 축복하라 축복하고 저주하지 말라(14절).

박해는 원래 신앙을 지키기 위해 애쓰는 과정에서 받는 고난을 가리킵니다. 그러나 넓은 의미로 보면 아무 이유 없이 믿는 우리를 괴롭히고 암암리에 손해를 입히는 외부의 온갖 압박을 일컬어 박해라고 할 수 있습니다. 우리에게 이러한 박해를 가하는 사람을 과연 축복할 수 있을까요? 이런 질문 앞에서는 정말 가슴이 답답합니다. 저는 사실 그런 일을 당한 경험이 없습니다. 예수 믿는다는 것 때문에 좋은 물건을 빼앗긴 적도 없고, 예수 믿는다는 것 때문에 가족이 뿔뿔이 흩어진 적도 없고, 예수 믿는다는 것 때문에 뺨 한 대 맞아본 적이 없습니다. 견디기 어려운 박해를 당할 때 저주하지 않고 축복하는 것은 인간의 힘으로 불가능합니다.

제가 아는 어느 전도사님은 유신 정권 시절에 붙잡혀 가서 모진 고문을 받은 적이 있습니다. 손톱이 뽑히는 고통을 당했다고 하는데 그 소리를 듣고 몸서리가 절로 쳐졌습니다. 고문을 당할 때 너무 고통스러운 나머지 저주를 했다고 합니다. 얼마나 고통스러웠으면 그렇게 했겠습니까? 전도사를 떠나 한 명의 인간입니다. 그분 말에 따르면 자기도 모르게 계속 저주가 터져 나왔다고 합니다. 고문하는 사람들을 향해 속으로 "내가 너희를, 네 처를, 네 자식을 가만둘 줄 아느냐?" 하고 저주했다는 것입니다. 이것이 인간입니다. 그런데 하나님께서는 우리에게 저주하지 말고 축복하라고 하십니다. 우리가 어떻게 하면 그 말씀대로 순종할 수 있겠습니까?

우리는 예수님이 세상에 계실 때 어떻게 하셨는지를 살펴볼 필요가 있습니다. 예수님이 박해를 당하실 때 어떻게 하셨는지 베드로전서 2장 23절 말씀이 가르쳐줍니다.

> 욕을 당하시되 맞대어 욕하지 아니하시고 고난을 당하시되 위협하지 아니하시고 오직 공의로 심판하시는 이에게 부탁하시며.

예수님은 박해를 당하실 때 결코 저주하지 아니하셨습니다. 오히려 돌아가시기 전에 그들을 위해 기도하시고, 죄를 용서하시고, 축복해주셨습니다. 주님은 오늘도 우리를 향해 말씀하십니다.

> 악을 악으로, 욕을 욕으로 갚지 말고 도리어 복을 빌라 이를 위하여 너희가 부르심을 받았으니 이는 복을 이어받게 하려 하심이라(벧전 3:9).

우리를 핍박하는 자를 축복하게 하시려고 주님이 우리의 모든 죄를 다 용서하시고 하나님 앞에 부름받도록 길을 열어주셨다는 의미입니다. 얼마나 대단한 말씀입니까? 그러므로 상대가 어떤 사람이든 우리는 복을 빌어야지 저주해서는 안 됩니다. 우리 신분에 저주는 어울리지 않습니다. 그러나 실상은 말대로 쉽게 잘 안 되지 않습니까? 주님의 은혜를 구하면서 이 말씀 앞에 두려운 마음을 가지고 귀를 기울여야 합니다.

당신의 입에는 저주가 많습니까, 축복이 많습니까? 야고보가 탄식한 것처럼 우리는 저주를 할 때가 많습니다.

> 이것으로 우리가 주 아버지를 찬송하고 또 이것으로 하나님의 형상대로 지음을 받은 사람을 저주하나니 한 입에서 찬송과 저주가 나오는도다 내 형제들아 이것이 마땅하지 아니하니라(약 3:9-10).

우리 자신을 위해서라도 마땅하지 않은 짓은 안 하는 것이 복입니다. 여러분은 입에서 나오는 축복과 저주가 그대로 된다고 믿습니까? 내가 축복하면 상대방이 복을 받고 내가 저주하면 상대방이 저주를 받게 되나요? 누가복음 10장 5-6절을 보십시오.

> 어느 집에 들어가든지 먼저 말하되 이 집이 평안할지어다 하라 만일 평안을 받을 사람이 거기 있으면 너희의 평안이 그에게 머물 것이요 그렇지 않으면 너희에게로 돌아오리라.

평안을 빌 때 평안을 받을 사람이 그 집에 있으면 그 집에 복이 임하고, 만약 그 집에 있는 사람이 평안을 받을 자격이 없으면 복을 비는 사람에게 복이 돌아온다고 주님은 분명히 말씀하셨습니다. 이처럼 우리가 축복하면 상대방이 복을 받을 수 있습니다. 그리고 상대방이 복을 받을 자격이 없으면 대신 복을 비는 사람이 그 복을 받습니다. 이를 통해 축복은 하면 할수록 좋다는 것을 알 수 있습니다.

이제 이것을 저주로 바꾸어 생각해봅시다. 우리가 저주를 하면 상대방이 저주를 받을 수 있습니다. 하지만 하나님 보시기에 저주를 받을 만한 사람이 아닐 때는 그 저주가 저주하는 사람에게 돌아올 수 있습니다. 저주는 하면 할수록 저주하는 사람이 손해를 보는 것입니다. 그러니까 저주는 안 하는 것이 훨씬 낫습니다. 우리 자신을 위해서라도 축복을 많이 해야지 저주를 하면 안 됩니다.

원수라도 먹이고 마시게 하는 이웃이 되라

덕스러운 인간관계를 유지하려면 넷째, 원수라도 먹이고 마시게 하는 이웃이 되라고 말씀합니다.

> 내 사랑하는 자들아 너희가 친히 원수를 갚지 말고 하나님의 진노하심에 맡기라 기록되었으되 원수 갚는 것이 내게 있으니 내가 갚으리라고 주께서 말씀하시니라 네 원수가 주리거든 먹이고 목마르거든 마시게 하라 그리함으로 네가 숯불을 그 머리에 쌓아놓으리라(19-20절).

세상을 살다 보면 때로는 원수가 생깁니다. 누군가 술에 취해서 함부로 운전하다가 내 사랑하는 아들을 평생 불구자로 만들어놓았다면 심적으로 벌써 원수가 되어버립니다. 아무리 사랑하려고 해도 어렵습니다. 중상모략을 해서 아버지의 정치 생명을 끊어놓은 모리

배가 있다고 하면 그 사람을 멀리서 보기만 해도 얼굴을 돌려버립니다. 벌써 심적으로 원수가 된 것입니다. 세상을 살다 보면 누군가와 도저히 가까이할 수 없는 관계가 되기도 합니다. 이것을 남의 이야기로만 듣지 마십시오. 나에게는 절대 원수가 없다고 말하면 안 됩니다. 우리에게는 다 원수가 있을 수 있고, 생길 수 있습니다.

사람의 본능에는 강한 보복 심리가 있다고 합니다. 눈은 눈으로, 이는 이로, 생명은 생명으로 복수하고 싶은 마음이 누구에게나 있습니다. 그러나 하나님께서는 절대 복수하지 말라고 하십니다. 원수가 생길 수는 있지만, 원수에게 보복하려는 마음을 가지면 안 된다는 것입니다. 우리는 똑같은 지체이기 때문입니다.

원수 갚는 것은 하나님께 속한 권한입니다. 우리에게는 그런 권한이 없습니다. 우리는 원수를 갚으려다가 잘못하여 더 큰 화를 불러들일 수 있습니다. 우리에게는 "눈은 눈으로, 이는 이로" 공정하게 원수 갚을 수 있는 능력이 없습니다. 우리는 원수를 더 갚았으면 갚았지, 덜 갚지는 않습니다. 공정하게 원수 갚을 능력이 있는 분은 하나님 한 분밖에 없습니다. 그러므로 억울한 일을 당해도 하나님께 맡겨야지 스스로 칼을 들고 나서면 안 됩니다.

우리가 직접 원수 갚지 말라고 하시는 또 다른 이유를 주님의 말씀에서 찾아볼 수 있습니다.

… 칼에 죽을 자는 마땅히 칼에 죽을 것이니…(계 13:10).

칼을 가지고 복수를 한 사람은 반드시 칼로 망합니다. 설령 원수를 갚았다고 합시다. 복수는 또 다른 복수를 불러들입니다. 결국은 서로 죽이고 해치는 일을 반복하는 악순환이 계속될 뿐입니다. 그럴 때 우리 마음이 평안할 수 있겠습니까? 절대 평안할 수 없습니다. 원수를 갚으려고 하지 말고 억울한 일 모두를 하나님께 맡겨버리십시오. 하나님이 대신 갚아주십니다. 이것이 우리가 좋은 이웃으로, 이 세상을 행복하게 살아갈 수 있는 방법입니다.

구약성경을 보면 야곱 이야기가 나옵니다. 야곱이 재산을 꽤 모아서 한때 세겜성 앞에 거주한 일이 있었습니다. 야곱의 외동딸인 디나가 세겜성을 구경하려고 그 안으로 들어갔습니다. 그런데 관광하는 중에 좋지 못한 일이 일어났습니다. 세겜 추장에게 성폭행을 당한 것입니다. 자존심이 누구보다도 강한 이스라엘 사람이 할례도 받지 못한 이방 사람에게 욕을 당했으니 그 충격이 대단했을 것입니다. 소식을 들은 야곱의 열한 아들 가운데 레위와 시므온이 분을 참지 못해서 결국은 복수를 단행합니다. 그들은 밤에 성안으로 들어가서 남자들을 다 죽여버렸습니다.

아마 우리 같으면 속이 후련했을 텐데 야곱은 그렇지 않았습니다. 구약시대에 하나님을 두려워하며 살았던 경건한 족장들은 복수하는 것을 대단히 경계했습니다. 야곱은 가문의 명예를 걸고 복수한 두 아들을 장하다고 칭찬하지 않았습니다. 오히려 그 사건은 그에게 한시도 잊을 수 없는 마음의 고통으로 남았습니다.

무엇을 보고 그렇게 말할 수 있습니까? 그 사건이 터진 지 70년이 지난 다음의 일입니다. 야곱의 나이 147세, 이제 그는 임종을 앞두고 있었습니다. 그런데 그때까지도 그는 복수의 피를 흘린 두 아들을 용서하지 못했습니다. 창세기 49장 6-7절에서 그 사실을 잘 알 수 있습니다.

내 혼아 그들의 모의에 상관하지 말지어다 내 영광아 그들의 집회에 참여하지 말지어다 그들이 그들의 분노대로 사람을 죽이고 그들의 혈기대로 소의 발목 힘줄을 끊었음이로다 그 노여움이 혹독하니 저주를 받을 것이요 분기가 맹렬하니 저주를 받을 것이라 내가 그들을 야곱 중에서 나누며 이스라엘 중에서 흩으리로다.

후손의 복을 비는 자리에서 야곱은 두 아들을 저주했습니다. 그만큼 사적인 복수를 죄악시했던 것입니다. 구약시대의 위대한 믿음의 사람들은 원수 갚는 것을 하나님께만 맡겼습니다. 이것은 요셉도 마찬가지였습니다. 그는 자기를 팔아먹은 형제들을 앞에 놓고 이렇게 말했습니다.

그런즉 나를 이리로 보낸 이는 당신들이 아니요 하나님이시라 하나님이 나를 바로에게 아버지로 삼으시고 그 온 집의 주로 삼으시며 애굽 온 땅의 통치자로 삼으셨나이다(창 45:8).

형제들이 자기를 노예로 팔았지만 요셉은 하나님을 향한 철두철미한 신앙으로, 복수하고 싶은 유혹을 뿌리치고 승리할 수 있었습니다. 예수 믿는 사람은 예나 지금이나 그렇게 살아야 합니다. 다시 한번 20절을 보기 바랍니다.

네 원수가 주리거든 먹이고 목마르거든 마시게 하라 그리함으로 네가 숯불을 그 머리에 쌓아놓으리라.

원수에게 복수하지 않고 오히려 그들이 어려울 때 먹을 것과 마실 것을 가져다주면 그들의 머리에 숯불을 얹는 것과 같다고 합니다. 뜨거운 화로를 머리에 얹은 사람이 있다고 상상해봅시다. 얼마나 화들짝 놀라며 길길이 뛰겠습니까?

머리에 숯불을 얹는다는 비유가 무엇을 의미하는지에 대해서는 여러 해석이 있습니다. 그중에서 제가 공감하는 견해는 이렇습니다. 원수인 줄 알면서도 그가 어려울 때 먹을 것과 마실 것을 주면 그 사람은 머리에서부터 발끝까지 온몸이 뜨거운 감동에 사로잡히게 된다는 뜻입니다. 사랑의 불에 녹아버린 마음에는 복수의 칼이 남아 있을 수 없습니다.

우리가 사랑을 공급하면 원수의 마음을 녹일 수 있으며, 원수가 하나님 앞에 회개하고 돌아오게 할 수 있습니다. 그러므로 하나님께서는 우리에게 원수를 갚지 말라고 말씀하시는 것입니다.

성령 충만하면 할 수 있다

저는 이 설교를 위해 본문을 묵상하면서 하나님 앞에 이렇게 털어놓았습니다. "주님, 저는 못해요. 이 말씀대로 못 살아요. 저는 안 됩니다. 제가 안 되는데 어떻게 설교합니까? 겸손한 이웃이 되라고요? 그것은 조금 할 수 있습니다. 마음을 주는 이웃이 되라고요? 그것도 조금은 할 수 있습니다. 그러나 축복하는 이웃이 되라고요? 안 당해봐서 모르겠지만 참 힘들다고 생각합니다. 원수에게 먹이고 마시게 하라고요? 아직 안 당해봐서 모르겠지만 제가 과연 그렇게 할 수 있을까요? 목사인 저도 못하는데 제가 이 설교를 해야 합니까?"

하나님이 왜 이처럼 엄청난 명령을 하시는지 곰곰이 생각해보았습니다. 이제 그 이유를 조금 알 것 같습니다. 하나님은 우리가 잘되기를 바라시기 때문입니다. 우리 모두는 자식들이 잘되기를 바랍니다. 그 마음은 누구나 동일합니다. 이것은 한결같은 부모의 바람입니다. 하나님도 우리를 자기 자녀 삼으시고 대단히 많은 것을 바라십니다. 그분은 우리가 불신자들과 덕스러운 인간관계를 유지하며 자기 자녀답게 살기를 원하십니다.

> 나는 너희에게 이르노니 너희 원수를 사랑하며 너희를 박해하는 자를 위하여 기도하라 이같이 한즉 하늘에 계신 너희 아버지의 아들이 되리니 이는 하나님이 그 해를 악인과 선인에게 비추시며 비를 의로운 자와 불의한 자에게 내려주심이라(마 5:44-45).

> 그러므로 하늘에 계신 너희 아버지의 온전하심과 같이 너희도 온전하라(마 5:48).

하나님은 우리가 자기의 모습을 본받아 온전하게 되기를 바라십니다. 우리가 하나님처럼 온전하게 되는 것을 원하시기 때문에 이토록 어려운 명령을 하시는 것입니다.

하나님이 우리에게 어려운 명령을 하시는 이유가 또 있습니다. 성령의 사람은 그 명령이 어려워도 순종할 능력이 있기 때문입니다. 스데반은 돌에 맞아 억울하게 죽으면서도 자기에게 돌을 던지는 사람을 보고 이를 갈며 저주하지 않았습니다. 오히려 "주여, 이 죄를 그들에게 돌리지 마옵소서"(행 7:60) 하고 원수를 축복했습니다. 그는 성령 충만한 사람이었기 때문입니다. 성령이 우리의 중심을 다스리면 우리는 마음을 주는 이웃이 되고, 축복하는 이웃이 되고, 원수에게 먹을 것을 가져다주는 이웃이 될 수 있습니다. 그러므로 하나님이 이 말씀에 순종하라고 하시는 것입니다. 하나님은 우리가 할 수 없는 것을 억지로 시키시는 분이 아닙니다.

　하나님이 이토록 어려운 명령을 하시는 이유가 또 있습니다. 우리의 행복과 평안을 위해서 그렇게 하시는 것입니다. 우리가 날마다 한을 품고 사는 사람이라면 평안할 수 없다는 것을 하나님은 너무나 잘 아십니다. 미운 마음을 품고 사는 사람은 결코 건강할 수 없습니다. 악을 악으로 대하면 결국 둘 다 망한다는 것을 하나님이 잘 알고 계시기 때문에 우리의 행복과 평안을 위해서 그렇게 말씀하시는 것입니다. 얼마나 좋은 하나님입니까? 그러므로 우리는 순종해야 합니다. 할 수 없다고 체념하지 마십시오. 반드시 할 수 있다는 믿음을 갖기 바랍니다. 만약 순종하지 않는다면 여러분은 자신의 행복을 스스로 깨뜨리는 불행한 자가 되고 말 것입니다.

40

그리스도인과 정치적 책임

로마서 13장 1-7절

1 각 사람은 위에 있는 권세들에게 복종하라 권세는 하나님으로부터 나지 않음이 없나니 모든 권세는 다 하나님께서 정하신 바라 2 그러므로 권세를 거스르는 자는 하나님의 명을 거스름이니 거스르는 자들은 심판을 자취하리라 3 다스리는 자들은 선한 일에 대하여 두려움이 되지 않고 악한 일에 대하여 되나니 네가 권세를 두려워하지 아니하려느냐 선을 행하라 그리하면 그에게 칭찬을 받으리라 4 그는 하나님의 사역자가 되어 네게 선을 베푸는 자니라 그러나 네가 악을 행하거든 두려워하라 그가 공연히 칼을 가지지 아니하였으니 곧 하나님의 사역자가 되어 악을 행하는 자에게 진노하심을 따라 보응하는 자니라 5 그러므로 복종하지 아니할 수 없으니 진노 때문에 할 것이 아니라 양심을 따라 할 것이라 6 너희가 조세를 바치는 것도 이로 말미암음이라 그들이 하나님의 일꾼이 되어 바로 이 일에 항상 힘쓰느니라 7 모든 자에게 줄 것을 주되 조세를 받을 자에게 조세를 바치고 관세를 받을 자에게 관세를 바치고 두려워할 자를 두려워하며 존경할 자를 존경하라

본문을 읽으면서 전체 내용에 대해서는 감을 잡았으리라고 생각합니다. 13장 1절에서 하나님은 일종의 정치적인 말씀을 하십니다. "각 사람은 위에 있는 권세들에게 복종하라." 바로 앞까지만 해도 겸손한 자가 되고, 마음을 주는 자가 되고, 축복하는 자가 되고, 원수에게 먹을 것과 마실 것을 가져다주는 사랑의 이웃이 되라고 말씀하지 않으셨습니까? 앞의 내용과 이 말씀이 무슨 상관이 있는지 의아해할 수 있습니다.

어떤 성경학자는 "로마서 13장 1절부터 7절까지의 말씀은 바울이 쓴 것이 아니라 누가 갖다 붙인 것이다. 그러므로 이 부분은 성경이라고 할 수 없다"라고 악평했습니다. 그의 논리대로 하자면 12장 21절 뒤에 13장 8절이 이어져야 합니다. 이웃에게 원수 갚지 말고 사랑해야 한다는 12장 말씀은 13장 8절의 "피차 사랑의 빚 외에는 아무에게든지 아무 빚도 지지 말라"는 말씀과 직접 연결된다는 것입니다. 그렇다면 그 사이에 끼어 있는 일곱 절은 무시하고 지나가도 될까요? 아닙니다. 일점일획도 거짓이 없는 하나님의 말씀을 가지고 그렇게 함부로 말하면 안 됩니다. 이 말씀을 놓고 누가 후대에 갖다 붙였다느니, 각색을 했다느니 주장하는 것은 성경을 모독하는 짓입니다.

그렇다면 여기서 왜 갑자기 정치적인 이야기가 나올까요? 두 가지 초점으로 이해할 수 있다고 봅니다. 당시에 바울로부터 이 서신을 받아 읽게 될 로마 성도들은 대부분 유대인이었습니다. 유대인들은 로마 정부의 지배 아래 놓여 있었습니다. 식민지 백성으로 어렵게 살고 있었기 때문에 항시 로마 정부에 대해 반감이 많았습니다. 그중에는 극단적인 행동을 서슴지 않는 극렬분자도 있었습니다. 그들은 로마 황제를 지도자로 인정하지 않았습니다. 유대인의 왕은 오직 하나님밖에 없다고 믿었기 때문에 세상 왕은 아예 인정하려 들지 않았습니다.

그들은 더 나아가 로마 정부에 세금 바치는 일을 거부했습니다. 고분고분 세금을 바치는 자가 있으면 암암리에 그의 집에 불을 지르거나 아니면 당사자를 죽이는 일까지 서슴지 않았습니다. 그들은 로마 정부를 뒤집어엎겠다는 일념으로 온갖 폭력을 행사했습니다. 이런 독특한 분위기 때문에 로마의 유대 그리스도인은 애매한 처지에 빠질 수밖에 없었습니다. 로마 정부에 대해 어떤 태도를 취해야 하나님이 기뻐하실지, 이러지도 못하고 저러지도 못하는 매우 난감한 상황에 놓여 있었던 것입니다.

이 같은 그들의 처지를 염두에 두고 바울은 13장을 시작합니다. 국가가 필요한 이상, 국가를 이루는 국민이 감당해야 할 책임이 있다는 것을 가르칩니다. 이웃에게 원수 갚지 말라는 원리는 국가에 대해서도 마찬가지라고 지적합니다. 원수 갚지 말라는 원칙은 개인과 개인의 관계에만 적용되는 것이 아니라 국가에 대해서도 똑같이 적용된다는 것입니다. 유대의 원수를 갚기 위해 로마 정부를 뒤집어

엎으려는 생각도 잘못된 것이라고 가르칩니다.

한편 우리는 또 다른 면을 생각할 수 있습니다. 12장에서 가르쳐 주는 말씀대로만 살면 우리 모두는 성자가 됩니다. 이웃을 향해 겸손하고, 축복하고, 늘 마음을 기울이고, 원수를 선대한다면 우리 모두는 법 없이도 사는 사람이 됩니다. 그렇게 되면 국가 지도자는 필요 없습니다. 이처럼 선한 사람들이 사는데 통치자가 왜 필요하겠습니까? 이상주의적인 신앙생활을 추구하다 보면 세상 나라를 하찮게 여길 수 있습니다. "오직 예수만이 우리 왕이다. 우리 시민권은 하늘에 있다. 우리는 하늘에 속한 백성이지 세상에 속한 사람들이 아니다" 하고 마치 세상의 지도자는 전혀 필요없다는 듯한 태도를 보이기 쉽다는 것입니다. 과거에 이런 이상론자들이 가끔 있었습니다. 이것은 분명히 잘못된 행태입니다.

본문은 우리의 시민권이 하늘에 있는 것처럼 지상 국가에도 있다는 것을 가르쳐줍니다. 비록 중생한 하나님의 자녀라 할지라도 이 세상 국가에 대한 책임과 의무가 있다는 것을 가르쳐주는 것입니다. 그러므로 우리는 이 본문의 흐름을 먼저 이해해야 합니다. 사도 바울은 이 말씀에서 복잡한 현실 정치에 대해 백과사전적인 설명을 하려는 것이 아닙니다. 그의 의도는 대원칙을 알리는 데 있습니다.

원칙이 왜 중요합니까? 무엇이나 원칙에서 벗어나면 다 잘못되기 때문입니다. 가령 부모를 모시기 싫어하는 사람이 있다고 합시다. 그는 이런저런 구실을 늘어놓으면서 부모 모시기를 거부합니다. 그러나 그에게 꼭 필요한 것은 부모 공경이 자식의 도리라는 기본 원칙입니다. 지도자에 대해서도 마찬가지입니다. 아무리 정치에 염증을 느끼는 사람이 많아도 지도자를 대하는 원칙이라는 것은 분명히 있습니다. 본문이 그 원칙을 가르쳐줍니다. 그러면 본문이 말씀하는 진리의 골자는 무엇입니까?

> 각 사람은 위에 있는 권세들에게 복종하라…(1절).

바로 이것입니다. 나머지는 이 구절을 해석하는 내용에 불과합니다. 그러면 위에 있는 권세들에게 복종하라는 의미가 무엇입니까? 대략 네 가지로 정리할 수 있습니다. 세 가지는 이미 본문에서 가르치는 내용이고 다른 하나는 본문을 중심으로 얻은 결론입니다. 그 내용을 한 가지씩 검토해보겠습니다.

통치자의 권위를 존중하라

위에 있는 권세들에게 복종하라는 말씀의 첫 번째 의미는 통치자의 권위를 존중하라는 것입니다.

> 각 사람은 위에 있는 권세들에게 복종하라 권세는 하나님으로부터 나지 않음이 없나니 모든 권세는 다 하나님께서 정하신 바라 그러므로 권세를 거스르는 자는 하나님의 명을 거스름이니 거스르는 자들은 심판을 자취하리라(1-2절).

이 말씀에는 통치자들의 권위를 존중하고 높여야 할 두 가지 이유가 언급되어 있습니다. 하나는 권세가 하나님으로부터 왔기 때문입니다. 다시 말하면 권력의 원천이 하나님께 있기 때문에 존경하라는 것입니다. 다른 하나는 통치자의 권력을 존중하지 않으면 권력을 주신 하나님을 멸시하는 것이나 다름이 없기 때문입니다. 하나님을 멸시하는 것은 큰 죄악입니다. 이런 의미에서 우리는 성경의 가르침을 따라 통치자의 권위를 반드시 존중해야 합니다.

성경 여러 곳에서 이와 비슷한 내용이 나옵니다. 대표적인 예로 다니엘 4장 32절을 들 수 있습니다.

> … 지극히 높으신 이가 사람의 나라를 다스리시며 자기의 뜻대로 그 것을 누구에게든지 주시는 줄을 알기까지 이르리라…

하나님은 자기의 뜻대로 누구에게든지 나라를 주신다고 말씀하십니다. 또 베드로전서 2장 13-14절을 들 수 있습니다.

> 인간의 모든 제도를 주를 위하여 순종하되 혹은 위에 있는 왕이나 혹은 그가 악행하는 자를 징벌하고 선행하는 자를 포상하기 위하여 보낸 총독에게 하라.

우리 하나님은 온 우주의 하나님이십니다. 우리가 하나님을 하나님으로 받들어 섬기려면 그분을 교회 안의 하나님으로만 여기면 안 됩니다. 이 세상 국가의 주권자로 인정하며 믿고 고백해야 합니다. 하나님이 허락하시지 않으면 어떤 사람이라도 권세를 얻을 수 없습니다. 어떤 통치자든지 그를 세우신 분은 하나님이심을 믿고 고백해야 하는 것입니다.

대한민국 정부가 수립된 이후 그동안 여러 명의 대통령이 배출되었습니다. 역대 대통령 한 분 한 분을 생각해보면 흐뭇한 일보다는 가슴 아픈 일들이 더 많습니다. 당시에는 감추어져 있던 사건들이 세월이 흐르면서 적나라하게 드러나는 것을 보며 우리는 고통을 느낍니다. 그럼에도 저는 분명한 확신이 있습니다. 그들에게 권세를 주신 이가 하나님이라는 사실입니다. 우리나라 역대 대통령 중 한 명도 하나님이 세우지 않은 분이 없습니다. 심지어 저 북쪽에 있는 악랄한 그 사람도 하나님이 세우셨다고 저는 믿습니다. 좋은 지도자든 나쁜 지도자든 일단 권좌에 앉은 사람은 하나님께서 뜻이 있어 세우셨다는 것을 인정해야 합니다. 이것이 하나님을 바로 섬기는 자의 자세입니다.

백성을 사랑하는 지도자, 정직한 지도자, 겸손한 지도자라면 사람들에게 굳이 존경하라는 말을 하지 않아도 다 존경합니다. 그러나 무능한 지도자, 포악한 지도자, 부패한 지도자, 교회를 탄압하는 지도자를 존경하라고 하면 어떻게 그럴 수 있습니까? 바울이 로마서를 쓸 당시에는 네로 황제가 로마제국을 통치하고 있었습니다. 그는 마귀의 화신이나 다름없을 만큼 포악하기가 이를 데 없는 왕이었습니다. 그럼에도 바울은 위에 있는 권세를 존중하라고 말씀합니다. 좋은 지도자는 존경하고 나쁜 지도자는 존경하지 말라는 말은 한마디도 없습니다. 전혀 구별하지 않습니다. 그러니 악한 지도자라도 일단 통치권을 가지고 그 나라를 다스릴 때에는 그 권세를 하나님이 주신 줄 알고 존중하라는 이야기입니다.

여기서 유명한 종교 개혁자 칼빈의 말을 소개하는 것이 더 설득력 있을 것 같습니다. 칼빈은 이런 이야기를 했습니다. "존경할 만한 일말의 가치도 없는 악랄한 사람이라도 공적인 권력을 장악하면 하나님이 주신 정의와 심판의 사자로서 갖는 찬란하고 거룩한 권세가 그에게 주어진다. 그러므로 백성은 가장 훌륭한 왕에게 바치는 것과 똑같은 존경을 그에게도 바쳐야 한다." 이것은 칼빈의 개인적인 견해입니까? 아닙니다. 그는 하나님의 말씀에 근거해서 이런 이야기를 하는 것입니다.

우리는 예수님의 태도에서 이와 관련된 중요한 사실을 배울 수 있습니다. 예수님은 당시 로마 총독이었던 빌라도에게 끌려가서 재판을 받으셨습니다. 그분이 받은 재판은 전형적인 불법 재판이었음을 우리 모두는 잘 알고 있습니다. 죄 없는 사람을 죽이려고 서둘러서 처리했기 때문입니다.

그러나 재판정에 서신 예수님은 어떤 입장을 취하셨습니까? 주님이 끝까지 자기 권리를 주장하시고 빌라도의 권세를 인정하지 않으셨더라면 끝내 재판을 거부할 수도 있었을 것입니다. 그러나 주님은 그렇게 하지 않으셨습니다. 빌라도가 예수님을 향해 "네가 유대인의 왕이냐"(요 18:33) 물었을 때 주님은 답을 하셨습니다. 그러나 다른 질문에는 답을 안 하셨습니다. 주님이 가만히 계시니까 빌라도가 이상하게 생각했는지 이런 말을 했습니다.

> … 내가 너를 놓을 권한도 있고 십자가에 못 박을 권한도 있는 줄 알지 못하느냐(요 19:10).

예수님을 석방할 권한도, 죽일 권한도 자기 손에 있다고 말하는 것입니다. 그때 예수님이 유명한 말씀을 하셨습니다.

> … 위에서 주지 아니하셨더라면 나를 해할 권한이 없었으리니…(요 19:11).

이 말씀을 액면 그대로 들으면 무슨 의미인지 이해하기 어렵습니다. 현대어성경은 이 구절을 잘 번역한 것 같이 인용합니다.

… 네가 하나님께 총독의 권한을 받지 않았던들 나를 어떻게 할 수 없었을 것이다…(요 19:11, 현대어성경).

예수님의 말씀은 우리에게 무엇을 가르쳐줍니까? 비록 불법 재판을 하는 빌라도지만 그가 가진 권력이 하나님의 손으로부터 왔음을 인정하신 것입니다. 하나님의 뜻이 있었기 때문에 빌라도가 하나님의 아들을 심판하는 자리에 서 있습니다. 그것은 이미 성경이 예언한 사실입니다. 그 예언을 이루기 위해 빌라도와 같이 무도한 사람에게 하나님이 권력을 주신 것입니다. 예수님은 빌라도를 인정한 것이 아니라 그에게 권력을 주신 하나님을 인정하신 것입니다. 우리는 예수님의 자세를 통하여 국가의 통치권을 가진 자에게 어떤 태도를 취해야 하는지 배워야 합니다.

요즈음 민주화라는 이름으로 권위를 경멸하는 풍조가 만연하고 있음을 저는 탄식합니다. 심지어 예수를 믿는 많은 사람도 대통령이 마음에 안 든다느니, 정치가 마음에 안 든다느니 하면서 국가의 권력이 아무것도 아닌 것처럼 조소하고 조롱하며 풍자거리로 이용하는 행태를 자주 봅니다.

이것은 성경적인 태도가 아닙니다. 그 권세가 하나님으로부터 왔음을 인정하는 사람은 그렇게 함부로 말할 수 없습니다. 통치자의 권위를 존중하지 않고 우습게 보니까 그것이 다른 데에도 나쁜 영향을 미치는 것입니다. 요즘 아이들이 부모의 권위를 인정합니까? 스승의 권위를 인정합니까? 우리 사회에서 깨끗하게 살아보겠다고 하는 사람의 권위를 인정합니까? 도대체 이 땅 위에 권위가 어디 있습니까? 누가 그렇게 만들었을까요? 우리의 잘못된 태도가 그런 결과를 낳은 것입니다.

사람 자체를 논한다면 요즈음 정치하는 사람들을 존중하고 싶은 마음이 안 생기는 것은 사실입니다. 어떤 글을 보니까 진정한 정치가와 직업적인 정치가를 구분하는 아주 쉬운 방법이 있다고 합니다. "진정한 정치인은 정치를 위해서 살고, 직업적인 정치인은 정치로 먹고산다." 주변을 보면 정치를 위해서 정치를 하는 것이 아니라 정치로 먹고사는 사람이 참 많습니다.

물론 전부 다 그런 것은 아닙니다. 개중에 그래도 존경심이 드는 분들이 있습니다. 정치를 위해 한생을 바친 사람들입니다. 그러나 우리에게는 좋지 않은 기질이 있습니다. 지도자에게 뭔가 실망을 느끼면 과거에 잘했던 것은 깡그리 무시해버리고 무조건 비난을 하는 버릇 말입니다. 그것은 무책임한 짓입니다.

사람은 누구나 실수를 하게 마련입니다. 몇 가지 실수 때문에 그 사람의 모든 부분까지 먹칠을 해버리는 것은 지성인이 해서는 안 될 일이라고 생각합니다. 어떤 면에서, 도덕적으로 너무 고상한 사람은 정치인이 될 수 없는지도 모릅니다. 어쩌면 하나님은 당신이 정말 아끼시는 거룩한 사람은 왕이나 대통령을 시키지 않을지도 모릅니다. 그리고 만일 도덕적으로 완전을 추구하는 사람이 대통령이 된다면 나라를 제대로 통치할 수 없을지도 모릅니다. 이것은 어디까지나 세상 나라이기 때문입니다. 하나님은 어느 정도 흠이 있더라도 사용하기로 작정한 사람이라면 지도자로 세우십니다. 그러므로 약간의 결점이 있다고 해도 그가 통치자의 권한을 가졌을 때는 존중할 수 있어야 합니다. 그렇다고 맹종하라는 말은 아닙니다. 자유민주주의 국가에서는 얼마든지 시민불복종 운동을 전개할 수 있습니다.

워터게이트 사건의 주범이었던 찰스 콜슨이 예수 믿고 변화된 다음에 시민불복종을 할 수 있는 네 가지 경우를 이야기했습니다. 정부가 교회의 역할을 대신하려고 하거나 하나님께만 드려야 하는 충성을 빼앗으려고 할 때 우리는 불복종할 수 있다고 했습니다. 국가가 양심의 자유를 제한할 때 우리는 불복종할 수 있다고 했습니다. 그리고 하나님께서 명하신, 생명을 지키고 질서와 정의를 보존해야 하는 국가의 책임을 기만하고 무시할 때 우리는 불복종할 수 있다고 했습니다. 마지막으로 그렇게 불복종한 결과에 책임을 질 수 있을 때 우리는 불복종할 수 있다고 했습니다.

명심해야 할 것은 우리가 불복종할 수는 있지만 불복종을 먼저 앞세우면 안 된다는 것입니다. 하나님이 그렇게 말씀하셨기 때문입니다. 권위에 대한 존경 없이 불복종만 외치는 사람은 나라를 망치려는 사람이요, 하나님의 거룩한 주권을 침해하는 사람입니다.

국가의 법에 순종하라

위에 있는 권세들에게 복종하라는 두 번째 의미는 국가의 법에 순종하라는 것입니다.

> 다스리는 자들은 선한 일에 대하여 두려움이 되지 않고 악한 일에 대하여 되나니 네가 권세를 두려워하지 아니하려느냐 선을 행하라 그리하면 그에게 칭찬을 받으리라(3절).

"다스리는 자들"은 법을 집행하는 공직자들을 가리킵니다. "선을 행하라"는 말은 법을 지키라는 의미입니다. 법을 지키기만 하면 공직자를 두려워할 필요가 없고 도리어 칭찬을 받을 수 있다는 뜻입니다. 국가의 통치자와 공직자들은 국민의 안녕과 평화를 지키고 공평과 정의를 시행하기 위해 세움받은 하나님의 일꾼들입니다. 나라마다 백성이 안전하게 살 수 있도록 그들을 보호하는 법이 있습니다. 악한 자들의 행동을 억제하고 그들의 죄를 징계하고 다스리는 내용입니다. 통치자와 공직자들은 이 법을 올바로 보호하고 집행해야 할 책임을 지고 있습니다.

그래서 칼빈은 "법은 강력한 힘줄이며 나라의 혼이다. 법은 말없는 공직자요, 공직자는 살아 있는 법이다"라고 말했습니다. 이 말은 진리라고 생각합니다. 법이 있는 국민은 법을 지켜야 할 의무가 있습니다. 국가란 원래 서로 법을 준수하기로 서약하고 결속한 사람들의 집단입니다. 그러므로 법을 지키겠다는 상호 간의 약속이 무너지면 무질서만 남습니다. 이 약속이 무너지면 악하고 이기적인 사람만이 살아남는, 그야말로 정글의 법칙만이 통하는 무서운 사회가 되어 버립니다. 이것을 막기 위해 하나님은 국가를 주셨고, 통치자를 주셨고, 법을 주셨습니다. 그러므로 우리는 마땅히 법을 지켜야 하는 것입니다.

질서는 참으로 중요합니다. 우리 인간은 악하고 공격적이고 파괴적인 본능을 갖고 있기 때문에 하나님은 이 본능을 통제하고자 우리 스스로 질서를 세우게 하셨습니다. 그리고 질서를 세우는 것은 법을 통해 가능합니다.

> 그는 하나님의 사역자가 되어 네게 선을 베푸는 자니라 그러나 네가 악을 행하거든 두려워하라 그가 공연히 칼을 가지지 아니하였으니 곧 하나님의 사역자가 되어 악을 행하는 자에게 진노하심을 따라 보응하는 자니라(4절).

공직자는 하나님의 사역자입니다. 공무원은 하나님의 일꾼으로서 나라를 위해 봉사하고 있다는 사실을 명심해야 합니다. 이 사실을 모르는 사람들이 가끔 못된 짓을 하는 것입니다. 하나님은 공직자들에게 법을 집행할 수 있는 권리를 주셨습니다. 바울은 이것을 칼에 비유했습니다.

그런데 통치자가 마음에 안 드는 마당에 법이 무슨 소용이냐는 생각을 가진 사람이 간혹 있습니다. 아예 교통 법규조차도 무시하는 사람이 있습니다. 오히려 그렇게 하는 것을 용감한 행동으로 착각하는 사람이 있습니다. 담배꽁초를 길가의 재떨이에 버리든지 아니면 주머니에 넣고 가야 하는데 지하철 환기통에 탁 던져 넣는 사람이 있습니다. 가끔씩 환기통 청소를 하면 꽁초가 몇십 포대나 나온다고 합니다. 그만큼 이상한 사람이 많다는 증거입니다.

사소한 법 하나도 안 지키면서 오히려 자기가 영웅이 된 것처럼 생각한다면 얼마나 그릇된 사고방식입니까? 우리에게는 이렇게 비뚤어진 국민정신을 바로잡아야 할 책임이 있습니다. 우리가 하나님의 말씀대로 행동하고 가르침으로써, 법은 반드시 지켜야 한다는 것을 그들에게 보여주어야 합니다.

국민의 의무를 다하라

위에 있는 권세들에게 복종하라는 세 번째 의미는 국민의 의무를 다하라는 것입니다.

> 너희가 조세를 바치는 것도 이로 말미암음이라 그들이 하나님의 일꾼이 되어 바로 이 일에 항상 힘쓰느니라 모든 자에게 줄 것을 주되 조세를 받을 자에게 조세를 바치고 관세를 받을 자에게 관세를 바치고 두려워할 자를 두려워하며 존경할 자를 존경하라(6-7절).

한마디로 세금을 꼬박꼬박 납부하라는 이야기입니다. 납세는 국민의 의무입니다. 대통령이 마음에 들고 안 들고를 떠나서, 정치가 잘되고 안되고를 떠나서 우리의 안녕과 행복을 위해 세금을 내야 합니다. 이것이 하나님의 명령입니다.

솔직히 이야기해서 우리가 국가에 얼마나 많은 빚을 지고 있습니까? 국가가 없다면 우리가 존재할 수 있습니까? 국가가 없이 내 가정이 안전할 수 있습니까? 무질서가 판을 치는 세상이라면 우리가 어떻게 살아남을 수 있습니까? 범죄가 판을 치는 세상이라면 우리가 어떻게 살아남을 수 있습니까? 폭력 때문에 문을 열고 나오지 못하는 세상이라면 우리가 어떻게 살아남을 수 있습니까? 외부로부터 침입자가 쳐들어올 때 누가 우리를 보호해줄 수 있습니까? 이 나라가 없다면 우리 행복은 보장되지 않습니다. 이렇게 국가에 빚을 지고 살면서도 세금 내기를 싫어한다면 그는 이 땅에 살 자격이 없는 사람인지도 모릅니다.

제가 시무하는 교회 당회원 중에 서울과 수도권의 치안 담당자로서는 제일 높은 지위에 계신 분이 있는데, 제가 그의 사무실을 들러본 적이 있습니다. 그는 그 자리에 취임한 후 연일 야간 근무를 했다고 합니다. 치안을 담당하는 총수가 왜 그렇게 신경을 곤두세운 채 밤을 지새워야 합니까? 우리 사회가 그만큼 타락했다는 이야기입니다. 어디서 무슨 일이 벌어질지 모르기 때문입니다. 조금만 긴장을 풀면 시민들이 안심하고 살 수 없는 지경이 될 가능성이 충분히 있습니다. 그러므로 치안을 잘하려면 그와 같은 희생이 필요합니다. 그렇게 수고하는 공직자가 있기에 우리가 이만큼 안전하게 살고 있음을 잊어서는 안 됩니다.

우리 모두는 나라에 빚진 사람들입니다. 개인의 힘으로는 도무지 누릴 수 없는 공공 서비스를 얼마나 많이 받고 있습니까? 교육이라든지 수도시설이라든지 도로라든지 정화조 청소나 쓰레기 버리는 것까지, 우리는 국가의 도움을 받지 아니하면 아무것도 못한다는 것을 너무나 잘 알고 있지 않습니까? 그럼에도 가급적이면 세금을 내지 않으려고 이 궁리 저 궁리하는 것은 비성경적인 태도입니다. 이는 하나님이 원하시는 일이 아닙니다. 납세자는 정직해야 합니다. 비록 우리 사회에 구조적인 악이 있다 할지라도 우리는 성실하게 국민의 의무를 다해야 합니다.

몇 년 전에 로스앤젤레스에서 흑인들이 폭동을 일으켰습니다. 그 폭동으로 많은 교포가 수십 년 동안 힘들게 쌓은 공든 탑이 하루아침에 무너지는 비극을 당했습니다. 정신적으로나 물질적으로 막대한 손해를 입었습니다. 다행히 미국 정부가 피해자들에게 보상을 해 주기로 했습니다. 상세한 피해 상황을 보고서로 제출하면 보상을 해 준다는 것입니다. 그런데 우리나라 사람들이 보고서를 정직하게 작성하느냐가 문제였습니다. 부끄럽게도 그렇지 못한 사람들이 많았습니다. 이것은 자타가 다 아는 사실입니다. 더욱이 보상을 받아낼 목적으로 쓰는 보고서라면 더 말할 나위도 없을 것입니다.

그래서 그런지 미국 정부는 피해자들이 내놓은 보고서만 믿고 돈을 내주는 것이 아니라 지금까지 낸 세금 실적을 참고로 하여 보상을 했다고 합니다. 그동안 세금을 정직하게 낸 사람들은 이 같은 정책을 환영했을 것입니다. 그만큼 보상을 많이 받을 수 있으니까요. 그러나 불행하게도 교포 피해자 가운데 상당수가 매우 난감한 처지에 빠졌습니다. 평소에 수입을 속여서 세금을 적게 냈기 때문입니다. 아무리 피해가 대단해도 그동안 세금을 적게 냈다면 보상을 제대로 받을 수 없었을 것입니다.

이것이 우리에게 좋은 교훈이 된다고 생각합니다. 예수 믿는 사람은 정직해야 합니다. 그리고 세금은 반드시 내야 합니다. 세금을 안 내려고 속임수를 쓰지 마십시오. 우리 중에 세무 공무원이 있습니까? 정직하게 납부하는 사람을 알아보는 눈을 갖기 바랍니다. 정직하게 세금 내는 사람을 도리어 의심하는 비뚤어진 시각을 고치기를 바랍니다. 우리 중에 공인회계사가 있습니까? 세금을 적게 내려고 재주 피우는 사람에게 동조하지 마십시오. 그것은 하나님의 명령을 거역하는 행동입니다.

**국민의 권리를
책임 있게 행사하라**

위에 있는 권세들에게 복종하라는 네 번째 의미는 국민의 권리를 책임 있게 행사하라는 것입니다. 이것은 본문이 우리에게 주는 결론입니다. 바울이 살던 시대에는 국민이 자기 권리를 행사한다는 것은 상상도 할 수 없는 일이었습니다. 왕위를 세습하던 시절이었기 때문에 평민 계급에서 정치 지도자가 나올 수 없었습니다.

그러나 복이 많게도 오늘날 우리는 자유민주주의 사회에 살고 있습니다. 이 자유민주주의도 하나님이 주신 제도라고 생각합니다. 이 사회에서는 통치자의 권리가 국민에게서 나옵니다. 다시 말하면 하나님이 원하시는 지도자를 세울 때 국민의 손으로 뽑는다는 것입니다. 대한민국의 국정을 맡은 지도자를 세우는 데 하나님은 우리가 행사하는 선거권을 이용하십니다. 그러므로 하나님이 도구로 사용하시는 선거권을 어떻게 이행할 것이냐는 우리에게 주어진 대단히 중요한 과제입니다.

잘 아는 것처럼 지금까지 우리는 지도자 복이 별로 없었습니다. 그동안 너무 많은 피해를 당해왔습니다. 지역 간 대립이 일어난 이유도, 계층 간 갈등이 생긴 것도 지도자들의 잘못에서 비롯되었습니다. 왜 정치 불신이 생겼습니까? 왜 사회가 도덕적으로 문란해지며 정신적으로 해이해집니까? 정치 지도자의 책임이 크다고 생각합니다. 어느 지역 사람들은 너무 오랫동안 피해를 당한 나머지 지금은 감정밖에 남지 않은 것 같습니다. 누가 그렇게 만들었습니까? 지도자가 그렇게 했다고 해도 과언이 아닙니다.

강단에서 이런 정치적인 이야기를 한다는 것이 대단히 조심스럽습니다. 공정하게 말씀드려야 하겠지만, 어느 정도 공정할 수 있을지도 사실은 의문입니다. 그렇지만 성경을 가르쳐야 할 책임이 있는 사람으로서 나라가 될 대로 되라는 식으로 가만히 있는 것은 책임 회피라고 생각하기 때문에 말씀을 드립니다.

우리는 지금까지 권세가 하나님에게서 온다고 배웠습니다. 또한 지도자를 그 자리에 세우신 분은 하나님이라고 배웠습니다. 우리는 이것을 믿어야 합니다. 그러므로 누가 대통령이 되든 일단 통치권을 잡으면 그 사람에게 존경을 표해야 하고 의무를 다해야 하고 법을 지켜야 합니다. 하나님의 마음이나 우리 마음이나 좋은 지도자를 세워야 한다는 점에서는 똑같을 것입니다. 잠언 14장 34절을 봅시다.

공의는 나라를 영화롭게 하고 죄는 백성을 욕되게 하느니라.

의로운 통치자가 세워져서 의롭게 정치하면 우리 모두가 영화로운 백성이 되지만, 죄를 함부로 짓는 통치자가 세워지면 백성이 욕을 당하기 때문에 하나님은 좋은 지도자를 세우길 원하십니다. 그러므로 우리도 좋은 지도자를 세우는 데 정성을 기울여서 하나님의 뜻에 협력해야 합니다.

이런 의미에서 우리는 그리스도인으로서 대단히 무거운 책임을 느낍니다. 우리 국민의 4분의 1이 예수 믿는 사람이라고 합니다. 신교나 구교를 망라해서 네 명 중 한 명이 예수를 믿는다는 말입니다. 4분의 1이 그리스도인이라는 말은 당선과 패배를 좌우할 힘을 교회가 갖고 있다는 이야기입니다. 이를 바꿔 말하면, 우리가 잘 뽑아도 책임을 져야 하고 잘못 뽑아도 책임을 져야 한다는 말입니다.

이런 의미에서 정치학 박사인 충북대학교 안 모 교수의 말은 대단히 설득력 있는 이야기로 들립니다. 그분의 견해를 따른다면 그리스도인이 그렇게 많았지만 지난 반세기 동안 정치적인 변수가 되지 못했다고 합니다. 정치를 좌우할 만한 세력이 못 되었다는 말입니다. 천만 기독교 신자가 똘똘 뭉쳐서 한 후보자를 밀었더라면 나라가 달라졌을 것이라고 합니다. 예수 믿는 사람들이 신뢰하는 지도자가 대통령이 되었다면 그 사람은 틀림없이 기독교적인 정치관, 기독교적인 윤리관을 가지고 이 나라를 다스리려고 했을 것입니다.

그러나 기독교가 정치적인 변수로 힘을 발휘하지 못했기 때문에 대통령이 된 사람도 그리스도인을 오합지졸로 보고 무시해도 된다는 생각을 한다는 것입니다. 그러니 어떻게 성경적인 정치 이론과 윤리 이론이 통할 수 있느냐는 말입니다. 계속해서 정치인들이 우리를 무시하게 내버려둘 것입니까? 안 됩니다. 누가 대통령이 되든지 좋은 정치, 깨끗한 정치, 정직한 정치를 하도록 하려면 우리의 권리를 바로 행사하는 믿음의 자세를 가져야 합니다.

정치적 책임은
신앙 양심의 문제다

> 그러므로 복종하지 아니할 수 없으니 진노 때문에 할 것이 아니라 양심을 따라 할 것이라(5절).

정치적인 책임은 신앙 양심에 관한 문제라고 할 수 있습니다. 하나님과 나의 관계에서 양심에 가책이 없도록 해야 합니다. 투표도 신앙 양심의 문제라고 생각합니다. 피는 물보다 진하다고 하지만 피보다 더 진한 것이 있으니 그것은 신앙입니다. 예수님 때문에 부부 사이도 끊어질 수 있고, 처자도 떠날 수 있고, 혈연관계를 끊고 목숨을 바칠 수도 있는 것이 신앙입니다. 그런데 대통령 후보로 나온 사람이 자기의 친척이기 때문에 그를 찍었다고 합시다. 그렇다면 그는 양심을 팔아먹은 사람입니다. 신앙 양심이 잘못된 사람입니다. 그것이 얼마나 중요한 일인데 친척이라는 이유로 그렇게 쉽게 결정합니까? 그러고는 지도자를 위해서 기도하라고 하면 기도가 나오겠습니까?

앞에서 소개했던 안 교수의 글 중에 재미있는 말이 있었습니다. 그리스도인은 대권 후보자들에게 이렇게 편지를 띄우는 것이 좋겠다고 했습니다. "나는 오늘날 이 시점에서 이 나라를 이끌어갈 훌륭한 지도자가 없다고 생각합니다. 그러나 어쩔 수 없이 부족한 지도자 중에서 선택해야만 하는 상황이라면 신앙을 가진 지도자에게 기대할 수밖에 없다고 생각합니다. 연말에 있을 대통령 선거 때까지 다음 몇 가지에서 가시적 변화나 구체적인 정책을 보여주신다면 대선에서 한 분을 지지할 생각입니다. '지역감정을 어떻게 해소하겠습니까? 지방자치 단체장 선거를 어떻게 하려고 합니까? 정치 자금에 대해 솔직한 입장을 말하십시오. 금융실명제는 어떻게 실시하려고 합니까? 공명선거에 대한 귀하의 의견은 무엇입니까?' 이런 질문에 관해 분명한 대답을 해주십시오."

통치자가 되려는 사람에게 이와 같이 일치단결한 마음으로 결단을 요구해야 합니다. 그리고는 정정당당하게 투표해야 합니다. 저는 우리나라 정치를 보고 절망하지 않습니다. 경제가 아무리 힘들어도 우리에게는 희망이 있습니다. 지금까지 흑자만 계속되는 나라였다면 사랑의교회가 위치한 서초동 유흥가는 더욱 요지경이 되었을지 모릅니다.

경제가 어려우니까 술집으로 향하는 발걸음이 점점 줄어들어서 요즘에는 노래방밖에 안 보이는 것이 오히려 다행스럽다고 생각합니다. 정치나 경제나 사회의 여러 면에서 실망스러운 점이 많지만 절망하지는 맙시다. 이 나라의 권세는 하나님께서 주신 것임을 믿기 때문입니다. 누가 지도자가 되든지 간에 그를 세우신 분은 하나님입니다. 그러므로 하나님이 우리에게 맡겨주신 정치적 책임을 다하도록 노력합시다. 우리나라 천만 기독교인이 나라를 위해 기도한다면 하나님이 그 기도를 안 들어주실 리가 없습니다. 통일을 위해 이 나라를 준비시키실 것입니다. 세계 선교를 위해 이 나라 교회를 준비시키실 것입니다. 이 나라의 미래가 하나님의 손에 있고, 믿는 우리에게 달려 있다는 것을 믿기 바랍니다.

41

평생 갚을 수 없는 사랑의 빚

로마서 13장 8-10절

8 피차 사랑의 빚 외에는 아무에게든지 아무 빚도 지지 말라 남을 사랑하는 자는 율법을 다 이루었느니라 9 간음하지 말라, 살인하지 말라, 도둑질하지 말라, 탐내지 말라 한 것과 그 외에 다른 계명이 있을지라도 네 이웃을 네 자신과 같이 사랑하라 하신 그 말씀 가운데 다 들었느니라 10 사랑은 이웃에게 악을 행하지 아니하나니 그러므로 사랑은 율법의 완성이니라

이 장의 제목만 보고는 '또 사랑 이야기를 하는구나' 짐작한 분이 있을지 모르겠습니다. 이미 로마서 후반부에 들어와서 사랑에 관한 이야기를 한두 번 다루었기 때문입니다. 그렇지만 사랑 이야기는 해도 해도 끝이 없다고 생각합니다. 값없이 은혜로 구원받은 우리에게 하나님이 원하시는 삶은 산 제물이요, 거룩한 예배가 될 만큼 높은 수준입니다. 그 가운데 특별히 사랑을 실천하는 문제에서 하나님은 온전함을 요구하십니다.

> … 너희 아버지의 온전하심과 같이 너희도 온전하라(마 5:48).

그렇다면 우리가 사랑에 관한 설교를 한두 번만 들어서 되겠습니까? 백 번 천 번이라도 지킬 때까지 들어야 하고 배워야 한다고 생각합니다. 가르침의 목적은 실천하는 데 있습니다. 마찬가지로 설교를 하는 목적도 말씀대로 살도록 하는 데 있는 것입니다. 만약에 말씀을 매번 듣고 잊어버리는 것으로 끝난다면 그것은 그 사람에게는 설교가 아니요 허공을 치는 소리가 될 뿐입니다.

우리는 1년에 주일 낮만 해도 52개나 되는 주제로 설교를 듣습니다. 수요예배 때 듣는 말씀을 더하면 100번이 넘는 설교를 듣는 셈입니다. 거기다가 다락방에서 배우는 말씀, 금요철야기도에 와서 듣는 설교를 모두 합하면 1년에 200번 이상 설교를 듣습니다. 그런데 말씀을 듣기만 하면 무엇합니까? 배운 말씀대로 얼마나 순종하며 사느냐가 우리 인생의 큰 과제입니다. 설교자는 동일한 주제를 짧은 기간 안에 반복해서 설교하는 것을 가급적 피하려고 합니다. 저도 마찬가지입니다. 평생을 두고 설교해도 다 가르칠 수 없을 만큼 하나님의 말씀이 너무나 광대하고 풍성하기 때문입니다. 그러다 보니 꼭 반복해서 가르쳐야 할 필요성이 있는 말씀도 너무 오랜 기간 묻어두는 경우가 생깁니다. 이것이 설교자가 느끼는 어려움 가운데 하나입니다.

남미에서 지금 막강한 영향력을 끼치고 있는 후안 카를로스 오르티즈라는 목사님이 있습니다. 그의 저서를 보았더니 공감이 가는 이야기가 하나 있었습니다. 그가 매주 다른 주제로 설교를 했더니 배운 말씀을 기억하고 그대로 실천하는 성도가 별로 없었다고 합니다. 그래서 그는 설교 방침을 바꾸었습니다. 한 가지 제목을 놓고 성도들이 실천할 때까지 설교하기로 한 것입니다. 그렇게 해서 1년에 네 가지 정도의 메시지만 전한다고 합니다. 예를 들어 사랑을 주제로 다룬다면 사랑에 대해 3개월쯤 설교하는 것입니다. 동시에 성도들이 그 말씀대로 사는지 확인할 때까지 한다고 합니다. 만약 그들이 들은 대로 순종하지 못하고 있다면 다음 주에 다시 같은 말씀으로 설교합니다. 참 놀라운 이야기가 아닐 수 없습니다. 설교자 입장에서는 그렇게 실천하기가 결코 쉽지 않기 때문입니다.

저도 가끔 그렇게 해볼까 생각할 때도 있습니다. 그만큼 배운 대로 실천한다는 것은 어렵고 중요한 문제입니다. 이 시간, 자신을 향해 질문해봅시다. '이웃을 사랑하라는 설교를 더 듣지 않아도 될 만큼 나는 이웃을 사랑하고 있는가?' 만약 이 질문에 신앙 양심이 부정적으로 대답한다면 "하나님, 말씀하옵소서. 순종할 때까지 듣겠나이다" 하는 자세를 가져야 합니다.

사랑은 율법을 완성한다

먼저, 사랑하는 자는 율법을 다 이룬다는 말씀부터 생각해봅시다. 본문에는 세 번이나 반복해서 이 말씀이 나옵니다. 8절 중간부터 봅시다.

… 남을 사랑하는 자는 율법을 다 이루었느니라(8절).

… 네 이웃을 네 자신과 같이 사랑하라 하신 그 말씀 가운데 다 들었느니라(9절).

… 그러므로 사랑은 율법의 완성이니라(10절).

표현이 다를 뿐이지 내용은 전부 동일한 의미입니다. 율법은 하나님이 자기 자녀 된 우리에게 거룩하게 살라고 주신 규범입니다. 율법의 핵심은 십계명입니다. 십계명은 하나님과의 관계에서 지켜야 할 법이 네 가지, 이웃에게 지켜야 할 법이 여섯 가지로 구성되어 있습니다. 예수님은 이 십계명을 하나님 사랑, 이웃 사랑이라는 두 계명으로 압축해서 말씀하셨습니다. 하나님을 사랑하고 이웃을 사랑하면 십계명을 다 지킨 것과 같기 때문입니다. 마음을 다하고 뜻을 다하고 성품을 다하고 목숨을 다하여 하나님을 사랑하는 자에게는 다른 신을 섬기지 말라, 우상을 만들지 말라는 계명이 필요 없을 것입니다. 하나님을 사랑하는 자는 그런 짓을 할 리가 만무하기 때문입니다.

본문에서는 하나님의 사랑에 관해 언급하고 있지 않습니다. 이 말씀의 목적이 이웃 사랑에 있기 때문입니다. 이웃을 자신처럼 사랑하는 자라면 계명에서 금하는 죄를 범하지 않을 것입니다. 정말 이웃을 사랑하는 사람은 자기 부모를 거역할 리가 없고 간음할 리가 없습니다. 사랑하면 이런 법이 필요 없어집니다. 사랑하면 이런 법을 다 지키며 사는 것과 같기 때문입니다. 다시 말해서 사랑에 성공하면 계명대로 산 사람이 되고, 사랑에 실패하면 계명을 다 범한 사람이 됩니다.

사랑이 없으면, 성적으로 타락한다

사랑과 계명의 관계가 얼마만큼 밀접한지 예를 들어 살펴보겠습니다. 본문에는 네 가지 계명을 예로 들지만 그 가운데 두 가지만 설명하겠습니다. 먼저 간음하지 말라는 제7계명을 봅시다. 간음이 무엇입니까? 마음으로 부정한 음욕을 품는 것부터 시작해 남녀 간에 허용되지 아니한 성관계를 하는 것까지 모든 행위를 다 포함해서 간음이라고 합니다. 지금 우리 사회는 성도덕이 문란하고 퇴폐풍조가 만연합니다. 이 문제를 새삼스럽게 거론한다는 것이 우습게 보일 정도로 성적 타락이 생활 구석구석을 더럽히고 있습니다.

우리 사회는 이미 막가는 세상이 되어버렸습니다. 무엇으로 그렇게 진단할 수 있습니까? 인류 문명의 변천사를 보면 지금까지 여든여덟 개의 문명이 생기고, 번성하고, 쇠퇴하고, 몰락하는 과정을 거쳐 오늘에 이르렀다고 합니다. 이와 같은 흥망성쇠의 과정을 연구 분석한 역사학자들에 따르면 어느 문명이든지 쇠퇴기에 접어들면 비슷한 현상이 나타난다고 합니다. 가장 먼저 가정생활이 붕괴됩니다. 자연히 이혼이 다반사가 되고, 성 개방으로 몹시 문란한 사회가 됩니다. 이것이 인류 역사에서 여든여덟 개의 문명이 몰락할 때 공통적으로 나타난 말기 현상입니다. 오늘날 현대 문명도 과거에 몰락한 문명이 걸어왔던 길을 그대로 답습하는 것 같습니다. 우리나라도 마찬가지입니다. 성 문란과 퇴폐풍조로 날이 갈수록 성범죄가 증가하고 있습니다.

언젠가 급한 용무로 부산행 비행기를 탔을 때였습니다. 공항에 도착해서 잠깐 화장실을 이용했습니다. 저는 화장실에 들어가면서 주변을 자세히 살펴보는 버릇이 있습니다. 국내든 외국이든 낙서가 있는지, 깨끗한지, 변기 상태는 어떤지, 화장지는 어떤 것을 쓰는지 봅니다. 화장실은 그 나라 문명의 거울이라고 할 수 있기 때문입니다. 그날 제가 들어간 화장실에는 어떤 표어가 붙어 있었습니다. 공항 당국에서 붙인 스티커였습니다. 글귀가 한눈에 들어왔습니다. "에이즈 추방을 위해 ○○을 사용합시다." 저는 깜짝 놀랐습니다. '우리나라가 어쩌다가 이 지경이 되었나' 하고 한탄했습니다. 왜 그러한가 하면 에이즈라는 병에 걸리지만 않으면 어떤 도구를 사용해서 무슨 짓을 해도 좋다는 간접적인 메시지가 그 말 속에 담겨 있기 때문입니다.

"인간 본능 속에 숨어 있는 성적 충동은 화약과 같다"라는 표현을 본 일이 있습니다. 잘 쓰면 유용하지만 잘못 쓰면 대단히 위험하다는 의미가 아닌가 합니다. 너무 위험하기 때문에 하나님은 성을 결혼이라는 탄피 속에 넣어서 뚜껑을 봉해놓으신 것입니다. 그러나 어떤 사람들은 그 뚜껑을 뜯어서 폭발시켜야 속이 시원하다고 생각하는 것 같습니다. 적지 않은 이들이 자기의 성적 욕망을 통제하는 능력을 점점 잃어가고 있습니다. 또한 사랑에 대한 개념조차 자꾸 변질되어가는 것 같습니다. 이제는 가정에서, 아내는 주부로 남편은 가장으로서 각자의 책임을 다하고 자녀를 키우며 고된 삶을 서로 위로해가면서 사는 것을 사랑이라고 생각하지 않습니다. 사랑을 쾌락과 혼동한 채 '어떻게 하면 황홀하게 즐길까' 하는 생각에 붙들린 일부 젊은이를 봅니다.

이런 사회 풍조를 보고 어떤 사람이 이런 말을 했습니다. "사랑, 그것은 전에는 결코 느껴본 일이 없는 느낌을 느끼고 있다는 것을 느낄 때 느끼는 느낌이다." 도대체 무슨 소리인지 이해가 되지 않지요? 이렇게 황홀하게 그려지는 어떤 느낌을 사랑으로 생각하고 그 극대화된 느낌을 충족시키는 수단으로 성을 이용하려고 합니다. 다른 사람의 성을 자기만족의 도구로 이용하는 것입니다. 이것이 이웃 사랑입니까?

그러나 이것보다도 더 무서운 것은 성을 자기의 울분, 고통, 원한을 푸는 수단으로 악용하는 자들이 있다는 것입니다. 이런 사람들이 오늘날 자꾸만 늘어나고 있습니다. 성적 범죄는 한 사람의 인격을 파괴할 뿐만 아니라 그 사람의 가족에게도 말할 수 없는 상처와 고통을 안겨줍니다. 이웃을 자기처럼 사랑한다면 도저히 간음할 수 없을 것입니다. 이웃을 자기처럼 사랑하는 사람은 상대방을 성의 희롱거리로 보지 않습니다. 우리 중에 특히 젊은 형제들에게 말씀드립니다. 가끔 마음이 공허해지고 무엇인가 자극적인 것을 찾고 싶은 유혹이 생길 때가 있습니까? 만약 그렇다면 주의하십시오. 사회에 아무리 성적 범죄가 만연할지라도 나만은 그런 사람이 되어서는 안 된다는 결심으로 이 세상을 살아야 합니다. 이것이 바로 이웃 사랑의 자세입니다.

사랑이 없으면, 형제를 살인한다

다음으로 살인하지 말라는 계명을 한번 생각해봅시다. 살인하지 말라는 계명이 이웃 사랑과 무슨 관계가 있습니까? 살인은 인간의 가장 귀중한 소유인 생명을 빼앗는 행위입니다. 다시 돌려받을 수 없는 손해를 입히는 일입니다. 하나님의 형상을 파손하는 행위입니다. 살인은 마음으로 미워하는 데서부터 생명을 해하려는 음모 그리고 죽이는 행위까지 다 포함합니다.

> 나는 너희에게 이르노니 형제에게 노하는 자마다 심판을 받게 되고 형제를 대하여 라가라 하는 자는 공회에 잡혀가게 되고 미련한 놈이라 하는 자는 지옥 불에 들어가게 되리라(마 5:22).

왜 이런 말씀을 하십니까? 형제를 마음으로 살인했기 때문입니다. '노하다'는 헬라어로 '오르게'인데 뿌리 깊은 분노를 가슴에 품고 있는 것을 말합니다. 그러므로 '오르게'는 마음의 살인이 됩니다. '라가'는 형제를 깔보고 멸시하는 욕설입니다. 즉, 인격을 모독하는 것입니다. '미련한 놈'은 원어로 '모레'인데 이는 영어의 'moron'과 통하는 말입니다. 성인이 되었지만 지능이 불과 몇 살 정도밖에 되지 않는 사람을 보고 멸시하면서 내뱉는 말입니다. 무슨 말로 욕을 하든지 형제를 인격적으로 모독하고 깔보면 벌써 마음으로 그 형제를 죽인 것과 같습니다. 이웃을 사랑하는 자는 형제에게 모욕적인 말을 할 수 없습니다. 형제를 모욕하는 것은 마음으로 살인하는 것이나 다름없습니다.

가슴에 아무리 분노를 가득 담고 있어도 자신을 살인자라고 생각하는 사람은 없습니다. 남의 인격을 모독하는 욕을 좀 했다고 해서 스스로 살인죄를 범했다고 생각한다면 신경쇠약증에 걸린 사람으로 취급받을지도 모릅니다. 그리고 우리 주변에는 분노의 감정을 풀지 못해 마음에 칼을 품고 다니는 자들이 예상 외로 많다고 합니다. 그들은 단지 행동에 옮길 만한 용기가 없고 여건이 안 되어서 사고를 내지 못할 뿐입니다. 악한 감정을 끝까지 풀지 않으면 생각을 행동으로 옮기는 날이 올 것입니다.

언젠가 신문지상에서 참 가슴 아픈 기사를 보았습니다. 경기도 구리시에서 일어난 일입니다. 17세인 배 모 군이 밤중에 주택가에서 소란을 피웠습니다. 친구들과 시끄럽게 떠드니까 동네 주민이 나와서 "이 밤중에 웬 소동이냐? 잠 좀 자게 빨리 다른 곳으로 가라" 하고 충고했습니다. 그 말이 어디 잘못입니까? 그런데 배 군은 칼을 꺼내서 순식간에 그를 찔러 죽였습니다. 경찰에 붙잡힌 배 군의 대답은 너무 충격적입니다. 밤에 여자친구와 같이 있기로 했는데 그녀가 나타나지 않아 술을 먹고 홧김에 사람을 찔렀다는 것입니다. 얼마나 이기적이고 잔인한 행동입니까? 생명을 그처럼 경시하는 경우가 어디 있습니까? 그의 혈관에 이웃을 사랑하는 피가 한 방울이라도 있었다면 그처럼 무참한 짓은 하지 않았을 것입니다. 그 소년만 살인한 것이 아닙니다. 그에게 술을 판 사람도 간접 살인을 한 셈입니다. 그를 낳아 무책임하게 내버려둔 부모도 공범자라고 할 수 있습니다.

우리가 사는 이 세상에는 도저히 있을 수 없는 끔찍한 일들이 빈번하게 일어나고 있습니다. 범죄하는 사람이 정해져 있는 게 아닙니다. 우리도 자칫 잘못하면 얼마든지 무서운 일을 저지를 가능성이 있습니다. 이웃을 아끼고 사랑하는 마음이 부족하면 언제 어디서 사람을 해칠지 아무도 모릅니다.

난폭운전을 예로 들어봅시다. 남편들은 아침에 일어날 때 자주 피곤을 느낍니다. 밤늦게까지 일하고 집에 돌아와서 제대로 쉬지 못한 채 잠자리에 들고 또 아침에 일찍 일어나 나가야 하니 피곤할 수밖에 없습니다. 그럴 때 부인은 남편의 눈치를 봐서 잘 대해 주어야 합니다. 그런데 열 번 잘하다가도 어쩌다 한 번 정도는 바가지를 긁을 때가 있습니다. 그렇게 출근길에 아내가 던진 불쾌한 말 한마디로 남편은 몹시 언짢은 마음이 되어 현관문을 나섭니다. 스트레스를 받습니다. 자기도 모르게 난폭운전을 하게 됩니다. 비록 사고를 내지 않았다 해도 남의 생명을 위협하는 간접적인 살인 방조 행위가 될 수 있습니다. 부인은 남편이 출근길에 기분 상하지 않도록 조심하고, 남편은 아무리 기분이 나빠도 이웃에게 피해를 주지 말아야 한다는 의무감으로 핸들을 잡아야 합니다. 술 마시고 운전대에 앉습니까? 간접 살인자가 된 것입니다. 자연을 함부로 훼손합니까? 이것도 다른 사람을 간접적으로 죽이는 살인 행위입니다. 이웃을 진정으로 사랑하는 사람은 난폭운전을 하지 않고 빈 깡통 하나라도 함부로 버리지 않습니다.

오늘날 우리는 비인간화의 거센 물결에 밀려서 사람대접을 제대로 받지 못하는 현실에서 살고 있습니다. 이제 한두 사람이 죽는 것은 별로 뉴스거리가 되지 않는 세상입니다. 생명에 대한 경외감이 점점 사라지고 있습니다. 생명의 존엄성에 대한 관심이 줄어들

고 있습니다. 생명경시 풍조가 이웃을 쌀쌀한 눈초리로 쳐다보게
만듭니다. 하나님 말씀에 비추어 보기 바랍니다. 정말 이웃을 나 자
신처럼 사랑한다면 이처럼 생명을 이처럼 천시할 수 없습니다. 참
으로 이웃을 사랑한다면 계명을 지키게 되고 계명을 지키려고 하
는 사람은 이웃을 사랑할 수밖에 없습니다.

사랑의 빚 외에는
어떤 빚도 지지 말라

이제 진짜 중요한 말씀이 나옵니다. 사랑은
평생 갚지 못할 빚과 같은 것이라고 합니다.

> 피차 사랑의 빚 외에는 아무에게든지 아무 빚도 지지 말라…(8절).

이 말씀이 무슨 뜻인지 우리는 이미 잘 알고 있습니다. 하나님은
사랑의 빚이 우리에게 있다는 것을 교훈하시려고 부수적으로 빚을
지는 문제를 거론하십니다. 아무에게든지 빚지지 말라는 말씀은
돈을 빌리는 것이 무조건 죄라는 말이 아닙니다. 빌릴 수는 있지만
일단 돈을 빌리면 반드시 갚으라는 교훈이 이 말씀 속에 담겨 있다
고 보아야 할 것입니다. 가끔 보면 성도들끼리 돈 거래를 합니다.
그런데 개중에는 빌린 돈을 갚지 않는 사례가 있나 봅니다. 형편이
좋아졌음에도 안 갚는 것입니다. 당신은 그 돈 없어도 잘사는데, 꼭
갚아야 할 이유가 뭐냐는 식으로 행동하기도 합니다. 결국 빌려준
사람 처지에서는 사람 잃고 돈 잃는 격이 되고 맙니다. 주님께서는
이웃끼리 이런 짓을 하지 말라고 말씀하셨습니다. 다음과 같은 영
국 속담이 있습니다. "꾸어갈 때는 천사요 갚을 때는 악마다." 요즘

세태에 잘 어울리는 말이라고 생각합니다.

  1986년 부산에서 있었던 사건입니다. 하 모 여인이 경찰에 구속되었는데, 구속된 이유를 보면 기가 막힙니다. 그는 친구에게 385만 원을 빌렸습니다. 그런데 돈을 갚지 않았습니다. 약속한 날짜가 훨씬 지났는데도 갚을 생각을 안 하니까 돈을 빌려준 친구가 찾아와서 따졌습니다. 하 여인은 언제 돈을 빌렸느냐고 오리발을 내밀었습니다. 빌려주었으면 증거를 내놓으라며 도리어 큰소리를 쳤습니다. 아마 기간이 꽤 지났던 것 같습니다. 돈을 빌려준 친구가 얼마나 어이가 없었겠습니까? 그는 오랫동안 보관해둔 차용증서를 내놓았습니다. 그 순간 하 여인은 그것을 빼앗아 갈기갈기 찢어 입에 넣고 꿀꺽 삼켜버렸습니다. 그러고는 무슨 증거로 독촉을 하느냐고 소리를 질렀습니다. 그래서 구속되었던 것입니다.

  우리 그리스도인은 하나님의 말씀대로 살아야 합니다. 우리는 사랑의 빚 외에는 빚을 지지 말아야 합니다. 다시 말해 갚지 않을 빚을 지고 살아서는 안 됩니다. 돈을 빌려준 사람이 잘산다는 것이 안 갚아도 되는 이유가 될 수는 없습니다. 빌려간 사람이 못산다는 것이 안 갚아도 되는 이유가 될 수 없는 것처럼 말입니다. 우리는 이 점을 기억해야 합니다.

  빚 가운데 가장 큰 빚은 사랑이라고 합니다. 사랑을 빚이라고 하니까 사랑의 행위를 의무적으로만 생각하는 사람이 있습니다. 그것은 잘못된 생각입니다. 그렇다면 왜 사랑에 대해서는 빚을 진다고 말합니까? 이는 우리가 이미 많은 사람에게서 사랑의 빚을 지고 있음을 전제하고 하는 말입니다. 우리는 세상에 태어날 때부터 다른 사람의 신세를 지고 태어납니다. 한평생 살면서 스스로 완전히 독립해서 살아가는 독불장군은 없습니다. 인간은 다른 사람의 도움 없이는 살 수 없는 존재입니다.

우리는 죽을 때에도 많은 빚을 지고 갑니다. 성도 한 사람이 죽으면 많은 사람이 밤잠을 설쳐가며 사랑의 봉사를 합니다. 어느 누구도 무덤에 가는 날까지 자기는 사랑을 받은 적이 없다고 말하지 못할 것입니다. 그럼에도 우리 중에는 사랑을 받지 못했으니, 사랑을 베풀 필요도 없다는 식으로 행세하는 사람이 많습니다. 얼마나 빡빡하고 피곤한 인생입니까? 우리가 많은 사람에게 사랑의 빚을 지고 있다는 사실을 잊어서는 안 됩니다.

우리가 이웃에게만 사랑의 빚을 졌습니까? 더 큰 것이 있습니다. 하나님의 사랑은 또 얼마나 많이 받았습니까?

> 보라 아버지께서 어떠한 사랑을 우리에게 베푸사 하나님의 자녀라 일컬음을 받게 하셨는가, 우리가 그러하도다…(요일 3:1).

우리는 사랑으로 하나님의 자녀가 되었습니다. 하늘을 두루마리 삼고 바다를 먹물 삼아서 하나님의 사랑을 기록한다 해도 한량없는 사랑을 다 표현할 수 없다고 노래한 시인이 있습니다. 그만큼 하나님의 사랑에 빚을 지고 있기 때문에 자연히 다른 사람을 사랑해야 될 빚도 지게 된 것입니다.

저는 빚을 져본 일이 별로 없어서 빚진 사람의 심정을 실감 나게 느끼지는 못합니다. 과거에 돈을 조금 빌린 적이 있지만 그것은 아주 적은 액수였습니다. 큰 부채를 안고 사는 사람이 밤낮없이 빚 걱정하는 것을 보면 얼마나 괴로울까 하는 생각이 듭니다. 빚을 많이 진 사람 이야기를 들은 적이 있는데, 눈만 뜨면 언제 갚을까 하는 생각에 사로잡히고, 눈만 감으면 빚쟁이에게 쫓겨다니는 꿈을 꾼다고 합니다.

우리 모두는 사랑의 채무자입니다. 그러면 우리가 어떤 생각을 가지고 살아야 합니까? 눈만 뜨면 "사랑해야 하는데. 어떻게 사랑할까?" 하고, 눈만 감으면 사랑하지 못한 사람들 얼굴이 눈앞에 아른거려야 합니다. 밤낮없이 사랑해야 한다는 생각이 떠나면 안 된다는 뜻입니다. 설혹 어떤 사람이 나에게 섭섭한 일을 해도 '내가 사랑을 덜 해서 그렇구나. 더 사랑했더라면 저렇게 안 할 텐데' 하고 늘 빚진 사람의 심정으로 이웃을 보아야 합니다. 이것이 사랑의 빚을 진 자의 자세입니다.

하나님이 명하시는 사랑

하나님이 명하시는 사랑은 '아가페'입니다. 이것은 감정의 사랑이 아니라 의지의 사랑입니다. 우리의 이웃은 좁게 말하면 가족이지만 범위를 넓히자면 주변에 사는 모든 사람을 가리킵니다. 주변 이웃은 가끔 만나는 사람들입니다. 그들은 대개 나와 가까운 사이가 아닐 수 있습니다. 기껏해야 서로를 필요로 할 때 만나는 관계도 많습니다. 그들을 향해 사랑의 감정이 생긴다는 것은 쉬운 일이 아닙니다. 한마디로, 사랑하고픈 느낌을 갖기에는 너무 멀리 있다고 할 수 있습니다.

그러나 하나님께서는 우리를 향해서 너희 이웃을 네 몸, 네 자신과 같이 사랑하라고 말씀하십니다. 그 이유가 무엇입니까? 하나님이 명하시는 사랑은 감정적인 사랑이라기보다 의지적인 사랑이기 때문입니다. 우리의 사랑은 감정적인 것이기 이전에 의지적인 것이라야 합니다. 하나님이 우리에게 사랑하라고 명령하시는 이유가 여기에 있습니다.

우리는 느낌이 없어도 사랑해야 합니다. 느낌이 안 생기지만 사랑해야 한다는 생각을 항상 품고 살아야 합니다. 이런 생각은 우리의 태도를 바꿀 수 있습니다. 태도는 행동으로 옮겨집니다. 사랑해야겠다는 마음의 태도가 사랑하는 행동으로 이어지는 것입니다.

어떤 사람이 이런 말을 했습니다. "사랑이란 돌과 같이 한곳에 가만히 있는 것이 아니다. 빵과 같이 항상 만들고 또 만들며 새로 만들어야 하는 것이다." 옳은 말입니다. '사랑해야지' 하는 생각을 반죽해서 태도를 만들고 그것으로 행동이라는 빵을 구워내야 하는 것입니다. 그다음에 좋은 감정, 사랑하는 느낌이 따라올 수 있습니다. 칸트가 이와 관련해서 적합한 말을 했습니다. "너는 할 수 있다. 왜냐하면 꼭 해야 하니까." 옳습니다. 우리는 생명 걸고 하는 일은 꼭 해내고야 맙니다.

이웃을 내 몸처럼 사랑하라는 것은 하나님의 자녀라면 반드시 실천해야 될 의무입니다. 어떤 희생을 치르더라도 '이웃을 사랑해야 돼. 그것은 내가 진 빚이야. 꼭 사랑해야 돼' 하고 결심하면 그 결심이 사랑하는 태도를 낳습니다. 그러면 반드시 사랑하게 됩니다. 감정이 문제가 아닙니다. 꼭 해야겠다는 의지가 필요합니다. 이것이 빚진 자의 태도입니다. 빚을 반드시 갚겠다고 결단하기만 하면 평생을 두고 얼마를 갚더라도 갚을 수 있습니다. 사랑을 꼭 갚아야 할 빚으로 여기는 사람은 반드시 이웃을 사랑하게 됩니다.

임윤의 교수가 쓴 글을 읽은 적이 있습니다. 그는 현재 혜성병원 원장이요, 연세대 의대 외래 교수입니다. 그가 일본에서 4년 동안 공부를 마치고 돌아온 지 1년도 채 되지 않은 1979년의 일이었습니다. 당시 그는 월급쟁이 의사로 혜성병원에서 근무하고 있었습니다. 무더운 여름날, 그는 퇴근 시간을 30여분 남겨놓고 병원 복도의자에 앉아 커피를 마시고 있었습니다. 그때 난데없이 일흔 살쯤 되어 보이는 남루한 노파가 30대 초반의 여자를 들쳐 업고 허겁지겁 들어오는 것이었습니다.

수납계 간호원이 "무슨 환자죠?" 하고 소리쳤습니다. "폐병 말기인데 제 딸입니다" 하고 노파가 대답했습니다. 그러자 간호원이 딱딱하게 말했습니다. "주민등록증이 없으면 환자를 받을 수 없어요." 그 이야기를 듣는 순간 임 교수는 곧 귀찮은 일이 벌어질 것 같아 자리를 피하려고 일어났다고 합니다. 의사실로 들어가려고 하는데 할머니가 달려와 다짜고짜 그의 가운을 잡고 늘어지면서 "선생님, 우리는 난지도 주민들인데… 아무것도 가진 것이 없어요. 내 딸이 죽어가요. 제발 살려주세요" 하고 애원했습니다. 그는 노파의 손을 뿌리치면서 "돌아가세요"라고 냉정하게 말했습니다. 그리고 막 자리를 떠나려고 하는데 그의 마음속에 할머니의 얼굴과 예수님의 얼굴이 겹쳐지면서 "네 이웃을 네 몸과 같이 사랑하라" 하시는 주님의 음성이 들렸다고 합니다. 그는 마음을 고쳐먹고 환자를 정성껏 돌봐주었습니다. 그 일이 계기가 되어 지난 10년 동안 그는 난지도 주민들을 위해 일해왔습니다. 지금은 시간이 날 때마다 방글라데시에 가서 의료 선교 활동을 한다고 합니다.

그가 환자에게 무슨 정이 있어서 사랑을 실천했겠습니까? 이웃을 네 몸처럼 사랑하라는 하나님의 말씀 때문에 그렇게 할 수 있었던 것입니다. 오늘 우리에게도 이와 같은 의지적인 결단이 있어야 합니다.

사랑하는 형제자매 여러분, 우리 모두 사랑에 빚진 심정을 다시 회복합시다. "내 탓이야, 내가 사랑하지 못한 탓이야"라고 자신을 먼저 탓하는 빚쟁이가 됩시다. 그러면 우리는 계명에서 자유로워질 수 있습니다. 사랑한다는 것은 곧 자유롭다는 말입니다. 사랑이라는 가장 큰 자유를 누리는 자유인이 됩시다. 사랑하는 사람은 승자입니다. 이웃 사랑은 우리 본성으로 할 수 없습니다. 성령의 능력을 의지해야 합니다. 이 시간에 성령께서 우리에게 큰 사랑의 능력을 허락해주시기를 바랍니다. 이웃을 네 몸처럼 사랑하라는 말씀 앞에 무조건 무릎 꿇는 사람이 되게 해주시기를 바랍니다.

누가 이 병들고 비틀어진 사회를 고칠 수 있습니까? 누가 이 음탕하고 잔인한 사회를 고칠 수 있습니까? 바로 예수 믿는 우리입니다. 사랑에 빚진 심정으로 안 믿는 이웃을 찾아갑시다. 말씀의 등불을 들고 찾아가서 하나님의 사랑을 전해줍시다. 그리하여 삭막하게 얼어붙은 그들의 마음을 따뜻하게 녹여줍시다.

마음속에 아직도 미워하는 사람이 있습니까? 아직도 사랑하지 못하는 사람이 있습니까? 먼저 사랑에 빚진 심정을 회복하기를 바랍니다. 그리고 이웃을 향해 밤낮없이 사랑하자는 결단을 새롭게 하기를 바랍니다. 이웃의 마음을 예수님의 사랑으로 녹이고, 세상 모든 사람을 그리스도의 제자로 만드는 것이 우리의 의무입니다. 이것은 우리가 반드시 해야 할 일입니다. 우리 모두 이웃 사랑에 실패하는 사람이 되지 않도록 주께서 우리에게 복 주시기를 바랍니다.

42
단정하게 생활하라

로마서 13장 11-14절

11 또한 너희가 이 시기를 알거니와 자다가 깰 때가 벌써 되었으니 이는 이제 우리의 구원이 처음 믿을 때보다 가까웠음이라 12 밤이 깊고 낮이 가까웠으니 그러므로 우리가 어둠의 일을 벗고 빛의 갑옷을 입자 13 낮에와 같이 단정히 행하고 방탕하거나 술 취하지 말며 음란하거나 호색하지 말며 다투거나 시기하지 말고 14 오직 주 예수 그리스도로 옷 입고 정욕을 위하여 육신의 일을 도모하지 말라

성령을 모신 사람은 2천 년 전에 살던 초대교회 성도들이나 지금 여기 사는 우리나 닮은 점이 하나 있습니다. 예수님이 오실 날이 멀지 않았다는 종말 의식을 갖고 산다는 것입니다. 좀 다른 표현을 빌린다면 위기의식이 있다는 말입니다. 성령은 어느 시대를 막론하고 성도들의 마음에 '마지막이 가까이 왔구나. 준비해야겠다' 하는 위기의식을 갖게 하십니다.

본문은 1,900여 년 전에 바울 사도가 쓴 편지입니다. 글을 읽어 보면 바울도 독특한 위기의식을 갖고 있었음을 알 수 있습니다.

> 또한 너희가 이 시기를 알거니와 자다가 깰 때가 벌써 되었으니 이는 이제 우리의 구원이 처음 믿을 때보다 가까웠음이라(11절).

그가 얼마나 종말을 긴박하게 의식하며 살았는가를 쉽게 발견할 수 있습니다. 바울뿐만 아닙니다. 지난 수십 세기 동안 성령을 모시고 산 사람들은 하나도 예외 없이 자기 시대를 종말로 생각하면서 살았습니다.

바울이 이처럼 세상 종말을 경고하며 살았지만 그가 사는 동안 주님은 오시지 않았습니다. 그가 세상을 떠난 후 이미 1,900년이 넘는 세월이 흘렀지만 지금도 언제 주님이 오실지 그날과 그때를 정확하게 알지 못합니다. 그때나 지금이나 똑같이 마지막을 의식하며 살아야 한다는 것은 논리적 모순으로 보일 수 있습니다. 그러나 처음이요 나중이신 하나님, 어제나 오늘이나 영원토록 동일하신 하나님의 세계에서는 결코 모순이 아닙니다. 중요한 것은, 하나님이 마지막 때로 정해놓으신 시간이 있다는 사실입니다. 마지막 때가 정해지면 그 순간부터 모든 시간은 종말의 성격을 띠게 됩니다. 그래서 성경은 여기저기서 말세를 자주 언급하고 있습니다.

예를 들면, 여러 가정에서 대학입시를 준비하는 자녀가 있을 것입니다. 입시를 앞두고 교육부는 올해 시험 날짜가 12월 1일이라고 발표합니다. 그러면 발표가 나자마자 입시생과 가족들은 위기의식에 사로잡힙니다. 시험을 보는 날까지 얼마나 남았는지는 상관없습니다. 날짜가 정해지는 그 자체가 입시생에게는 일종의 위기로 받아들여집니다. 그래서 매일 밤잠을 줄여가며 공부합니다. 자녀가 고생하는 것을 보고 딱해서 "애야, 1년이나 남았는데 벌써부터 왜 그러니? 한 달 정도 남겨놓고 공부하렴" 하고 말리는 부모가 있나요? 논리적으로 따지면 부모의 말이 합당하게 들릴지 모릅니다. 그러나 사실은 그렇지 않습니다. 남아 있는 12개월을 마치 2~3일처럼 여기고 열심히 준비해야 합니다.

하나님께서는 역사의 종말을 정해놓으셨습니다. 마치 자명종을 맞춘 것과 같습니다. 그것을 무엇으로 알 수 있습니까? 성령의 사람은 성경을 통해 그 사실을 깨닫습니다. 그리고 종말이 멀지 않았다는 사실을 깨닫는 순간부터 위기의식을 갖습니다. 그러므로 성령 받은 사람은 1세기에 살았든 21세기에 살고 있든 늘 종말 의식을 갖고 신앙생활을 합니다. 본문은 우리가 종말 의식을 갖는 것을 기정사실로 인정하고 있습니다.

> 또한 너희가 이 시기를 알거니와…(11절).

마지막 때가 가까웠다는 것을 이미 알고 있다는 말입니다. 예수 믿고 죄 사함을 받은 성도로서 성령을 모시고 있다면 이 세상이 현재 어느 시점에 와 있는가를 설명하지 않아도 다 알게 됩니다. 우리가 성령의 사람이냐 아니냐를 테스트할 수 있는 방법이 있습니다. 다음 질문에 정직하게 대답해보기 바랍니다. "당신은 오늘이 마지막일지도 모른다는 종말 의식을 가지고 경건하게 살고자 노력합니까?" 그렇다면 당신은 성령 받은 사람입니다. "당신은 아무 걱정 없이 세월이 흐르는 대로 마냥 즐기며 살고 있습니까?" 그렇다면 당신은 성령 받은 사람이 아닙니다. 교회 마당이 닳도록 드나들어도 성령 받은 사람은 아닌 것입니다.

집에 화재가 날 조짐이 보이면 집 안에 있는 쥐들이 먼저 소란을 피우며 빠져나간다고 합니다. 집에 불이 붙었는데 꼼짝도 안 하는 쥐라면 쥐가 아닙니다. 태풍이 불어와서 배가 침몰할 위기에 처하면 배 안의 쥐들이 먼저 알고 소란을 피운다고 합니다. 배가 가라앉는데도 먹기만 하고 움직일 생각을 안 하는 쥐라면 쥐가 아닙니다. 위기 본능이 예민해야 진짜 쥐라는 말입니다. 이처럼 위기의식이 예민한 사람만이 진짜 성령 받은 사람이라고 할 수 있습니다. 성령의 사람은 세상 사람과 비교할 때 분명히 위기를 보는 눈이 다르고 느낌이 다릅니다. 오늘 이 시간에 자신을 성령의 사람이라고 확신할 수 있는지 이 문제에 비추어 각자 돌아볼 수 있기를 바랍니다.

항상 깨어 있으라

사도 바울이 오래전부터 그렇게 위기의식을 가지고 살았다면 오늘날 우리는 말해 무엇하겠습니까? 다시 한 번 11절을 보기 바랍니다.

… 이는 이제 우리의 구원이 처음 믿을 때보다 가까웠음이라.

지금으로부터 1,900여 년 전에 살았던 바울이 이처럼 긴장하고 살았다면 오늘 우리는 어떤 자세로 살아야 하겠습니까? 초대교회 성도들이 예수님을 처음 믿었을 때보다 더 정신을 바짝 차려야 합니다. 그때에 비해 세월이 많이 흘렀기 때문입니다. 우리는 바울보다 훨씬 강도 높은 종말 의식으로 살아야 합니다. 성령은 우리에게 이런 의식을 깨우쳐주십니다. 그러므로 바울이 알고 있던 사실을 약 2,000년이 흐른 지금에 와서도 깨닫지 못하는 사람은 결코 성령을 모신 성도라고 할 수 없습니다.

11절에 '구원'이라는 말이 나옵니다.

… 구원이 처음 믿을 때보다 가까웠음이라.

여기서 말하는 구원은 주님의 재림과 함께 우리 모두가 체험할 최후의 영화를 가리킵니다. 이것은 로마서 8장 30절에서 말하는 영화와 같습니다.

…의롭다 하신 그들을 또한 영화롭게 하셨느니라.

예수님과 함께 영원히 살 새 몸을 입고, 천군 천사들의 호위를 받으며 영원토록 하나님을 찬송하면서 살게 될 그 영화를 가리킵니다. 이 영화가 우리 앞에 약속되어 있습니다. 예수님의 재림과 우리가 영화롭게 되는 것, 이 둘을 같이 놓고 구원이라고 하는 것입니다.

그러면 예수님은 언제 재림하실까요? 하나님이 당신의 절대 주권으로 정해놓으신 바로 그 시간에 다시 오실 것입니다. "그러나 그 날과 그때는 아무도 모르나니 하늘에 있는 천사들도, 아들도 모르고 아버지만 아시느니라"(막 13:32). 하나님이 자기 권한을 가지고 정해놓으신 절대적인 시간이 있습니다. 아무도 앞당길 수 없고 아무도 늦출 수 없습니다. 그것은 자명종을 맞추어놓은 것과 같습니다. 비록 그 시간이 정해져 있지만 그때가 언제인지 정확하게 알려주시지는 않았습니다. 이것은 우리의 죽음과 흡사하다고 할 수 있습니다.

한 번 죽는 것은 사람에게 정해진 것이요…(히 9:27).

우리 각자에게는 죽음이 약속되어 있습니다. 한 번 죽는 것은 모든 사람에게 확정된 운명이기 때문입니다. 그러나 언제 죽을지 정확한 일시는 아무도 모릅니다. 오직 하나님만 아십니다. 그러므로 미지의 약속된 사건인 죽음은 언제든지 닥칠 수 있는 현재의 사건이요, 현재의 위기라고 할 수 있습니다.

더구나 요즘 같은 세상을 산다는 것은 쉽지 않습니다. 예측 불허의 위기가 항상 우리를 위협합니다. 아침에 나간 사람이 저녁에 시체가 되어 돌아오는 일이 적지 않습니다. 날마다 위기의식을 가지고 준비하며 살아야 한다는 말입니다. 예수님의 재림도 마찬가지입니다. 그때는 반드시 정해져 있지만 그 일시를 하나님이 가르쳐주시지 않았기 때문에 우리는 항상 '오늘이 아닐까? 내일이 아닐까?' 하는 위기의식을 가지고 살아야 합니다. 그것은 언제든지 일어날 수 있는 현재의 사건이기 때문입니다.

예수님께서는 마지막 때에 깨어 있어야 한다는 교훈을 자주 하셨습니다. 종말을 경고하는 말씀을 엄밀히 연구해보면, 때가 얼마 남지 않았다는 데 강조점을 두기보다는 마지막 순간의 때와 시를 알지 못한다는 데 더 많이 두었음을 알 수 있습니다.

예수님은 마태복음 24장 14절에서 이렇게 말씀하셨습니다.

> 이 천국 복음이 모든 민족에게 증언되기 위하여 온 세상에 전파되리니 그제야 끝이 오리라.

예수 그리스도의 복음이 전 세계에 전파되어 모든 민족이 예수 그리스도를 알게 될 때 주님이 재림하신다는 말씀입니다. 세계 역사의 종말은 반드시 옵니다. 예수님이 이 말씀을 하실 당시는 세계 복음화가 채 시작되지도 않았습니다. 아직 성령 충만을 받은 사람들이 나오지도 않은 때입니다. 복음이 땅 끝까지 전파되기까지 그 기간이 얼마나 걸릴지 모르는 깜깜한 시점에 주님은 이 말씀을 하신 것입니다.

> 그러므로 깨어 있으라 어느 날에 너희 주가 임할는지 너희가 알지 못함이니라(마 24:42).

그런즉 깨어 있으라 너희는 그날과 그때를 알지 못하느니라(마 25:13).

땅 끝까지 복음이 전해져야 비로소 마지막 때가 온다고 가르치시고는 곧바로 깨어 있으라고 경고하시는 것을 봅니다. 이상하게 생각되지 않습니까? 그러나 조금도 이상하지 않습니다. 우리 입장에서 보면 아직 수천 년의 세월이 남아 있지만, 그 마지막 일시를 모르기 때문에 하루하루를 깨어 있는 사람으로 살아야 한다는 말씀입니다. 다시 말해서 위기의식을 가지고 살아야 한다는 뜻입니다. 정확한 일시를 모를 때 거기에 대처하는 방법은 항상 준비하고 기다리는 것밖에 없습니다. 그것이 실수하지 않는 비결입니다.

제가 미국에 유학 갔을 때 경험한 이야기를 하나 하겠습니다. 빠듯한 장학금을 가지고 공부하는 처지라 처음 4, 5개월 동안은 승용차가 없어 고생을 많이 했습니다. 제가 다니던 학교와 숙소와의 거리는 제법 멀었습니다. 그런데 자동차가 없으니 천생 버스를 타야 했습니다. 미국의 시내버스는 대개가 극빈자나 노약자를 위해 시 당국이 적자를 감수하면서 운행하는 것이어서 젊은 사람이 이용하기에는 퍽 불편한 교통수단입니다. 제가 살던 도시에는 버스가 30분에 한 대씩 다녔습니다. 그마저도 어떤 때는 한 시간 만에 오고, 어떤 때는 40분 만에 오기도 하는 등 종잡을 수가 없습니다. 한번 놓치면 합숙을 하던 저는 여러 가지로 지장을 받았습니다. 그래서 저는 수업이 끝나기만 하면 곧장 정류장으로 뛰어가는 것이 습관이 되었습니다. 눈이 오나 비가 오나 미리 가서 대기하는 것 외에는 별도리가 없었습니다. 언제 버스가 올지 모르니까요.

그런 저를 보고 바보 같다고 말할 수 있습니까? 정확한 때를 모르니까 넉넉하게 시간을 두고 기다릴 수밖에 없었습니다. 그것이 가장 확실한 안전책이었습니다. 종말을 기다리는 우리가 바로 그런 처지에 있습니다. 하나님께서 우리에게 날마다 깨어 있으라고 경고하시는 것은 조금도 이상한 일이 아님을 명심해야 합니다.

단정하게 생활하라

지금이 말세임을 자각하는 성령의 사람은 어떻게 해야 말세를 바로 사는 것일까요?

> 밤이 깊고 낮이 가까웠으니 그러므로 우리가 어둠의 일을 벗고 빛의 갑옷을 입자(12절).

13절에는 "낮에와 같이 단정히 행하고"라는 말이 나옵니다. 또 14절에는 "오직 주 예수 그리스도로 옷 입고"라는 말이 나옵니다. 이 세 구절이 매우 중요합니다. "빛의 갑옷을 입자", "단정히 행하자", "예수 그리스도로 옷 입자"는 다 비슷한 내용입니다. 그러나 그중에 제일 중요한 것은 단정히 행해야 한다는 말입니다. 이것을 빛의 갑옷, 또는 그리스도의 옷으로 비유해서 말하기도 합니다. 종말을 준비하는 우리는 예수님의 옷을 입은 사람처럼 단정히 행해야 한다는 말입니다.

그러면 단정한 생활을 말하기 전에, 먼저 단정치 못한 사람들이 어떻게 사는지 살펴볼 필요가 있습니다. 성경은 그들이 밤중에 깨어나지 못하는 사람과 같다고 말씀합니다. 쉽게 말해 밤거리를 돌아다니는 건달과 비슷합니다. 성경은 이 세상 역사를 밤으로, 세상 사람들은 침상에서 뒹굴며 잠을 자는 사람으로 비유합니다. 그들에게는 위기의식이 없습니다.

평안히 잠들어 있는 사람에게 무슨 위기의식이 있겠습니까? 그러므로 그들의 생활은 매우 난잡합니다. 목적도 없고 의미도 없습니다. 있다고 해도 영원한 목적이 되지 못합니다. 영원한 진리도 되지 못합니다. 나름대로 무엇인가 가진 것처럼 보이지만 사실은 허무하기 짝이 없으며, 결국은 자기 스스로 포기할 수밖에 없는 무가치한 것들을 쥐고 씨름하는 꼴입니다. 이것이 밤의 역사를 사는 사람들의 모습이라고 할 수 있습니다.

단정치 못한 사람들의 생활에 대해 구체적으로 살펴볼까요? 13절을 보면, 그들은 '방탕하다'고 했습니다. 이것은 밤에 골목을 쏘다니면서 소란을 피우는 건달을 가리키는 말입니다. 그들에게 무슨 목적이 있습니까? 의미가 있나요? 기분 내키는 대로 고래고래 소리치면서 먹고 마시고 즐기며 돌아다니는 사람들입니다. 오늘날 많은 사람이 그렇게 살고 있는 것을 봅니다.

또 그들은 '술에 취한다'고 했습니다. 먹고 마시고 취하는 것을 낙으로 삼고 삽니다. 아예 세상 재미에 폭 빠진 사람을 일컬어 술 취했다고 합니다. 우리 가운데 술을 좋아하는 분이 있습니까? 예수님보다 술을 더 좋아합니까? 그렇다면 당신은 잠자는 사람입니다.

또 그들은 '음란하다'고 했습니다. 음란은 원어로 '코이테'라고 하는데 이것은 침대를 말합니다. 침대와 음란이 무슨 상관이 있습니까? 금지된 침상을 향한 그릇된 욕망이 무슨 짓이든 개의치 않고 악을 저지르게 하는 것입니다. 서로 눈만 맞으면 "좋다. 무슨 짓이든 하자"라는 식이 되도록 부추깁니다. 이것이 음란입니다. 오늘날 현대인이 쉽게 빠져들어 가는 무서운 악입니다.

또 그들은 '호색한다'고 했습니다. 호색은 얼굴에 철판을 깐 파렴치를 말합니다. 아무리 고약한 짓을 해도 부끄러워할 줄 모릅니다.

자기의 잘못을 감추려 하지도 않습니다. 죄를 지어도 보란 듯이 짓습니다. 이것이 호색입니다. 제가 알고 있는 어떤 사람은 자기 가정을 파탄 지경으로 만들어놓고는 다른 여자와 보란 듯이 살고 있습니다. 그러면서 가끔 본부인에게 전화를 걸어 부아를 돋우는 소리를 해댄다고 합니다. 그야말로 철면피 같은 인간입니다.

또 그들은 '다툰다'고 했습니다. 이것은 악한 경쟁심을 가지고 언제나 자기만을 내세우는 이기주의를 말합니다. 남을 짓밟고서라도 자기만 잘살겠다는 무서운 욕망이 다툼, 곧 쟁투입니다.

또 그들은 '시기한다'고 했습니다. 자기한테 없는 것이면 무엇이나 탐하고 비판하는 고약한 마음이 시기입니다.

지금까지 우리는 종말 의식이 없는 사람들의 삶을 살펴보았습니다. 그들은 자기 삶에 분명한 목적이 없기 때문에 되는 대로 살아갑니다. 골목길을 마음대로 쏘다니는 건달패처럼 아무렇게나 사는 것이 그들의 삶입니다. 생명을 걸고 추구할 만한 어떤 삶의 의미도, 목적도, 진리도 갖지 못한 자의 생활인 것입니다.

그러면 어떻게 사는 것이 마지막 때를 준비하는 삶이라고 할 수 있습니까? 하나님 나라의 역사는 낮과 같습니다. 낮이 가까이 오면 밤은 점점 물러가게 되어 있습니다. 우리 앞에 하나님 나라가 가까워지고 있습니다. 낮이 점점 다가오고 있습니다. 그러므로 우리는 스스로 졸지 않도록 자신을 흔들어 깨워야 합니다. 성령을 모시고 사는 사람의 영적 상태는 낮이요, 깨어 있는 것입니다.

여기서 중요한 말은 '단정히 행한다'는 것입니다. '단정'이 뭡니까? 사전적인 뜻은 "옷차림새나 몸가짐 따위가 얌전하고 바르다"입니다. 품행이 단정하다는 말이 있습니다. 그러면 벌써 무슨 뜻인지 감이 오지 않습니까? 단정히 앉아 있다는 말도 있지요. 흐트러

짐이 없는 자세를 말합니다. 좀 더 우리에게 와닿는 표현을 붙인다면 '-답다'는 말을 쓸 수 있습니다. "예수 믿는 사람답다. 주님 오실 날을 기다리는 사람답다." 바로 이것이 단정하게 사는 사람의 모습입니다. 다시 말해, 말세를 의식하고 사는 성령의 사람은 주님의 재림을 기다리는 사람답게 살아야 합니다.

세상 사람들은 자기의 정욕을 채우기 위해 육신이 원하는 대로 살아갑니다. 그들은 육신을 앞세우지만 우리는 영혼을 앞세웁니다. 그들은 항상 세상을 의식하고 살지만 우리는 다시 오실 주님을 바라보고 삽니다. 그들은 모든 것을 다 가지고 누릴 것처럼 살고 있지만 우리는 모든 것을 다 놓고 떠날 사람처럼 삽니다. 그들은 자기를 기쁘게 하는 것이 최상의 목표지만 우리는 이 세상에 오실 예수님을 기쁘시게 하는 것을 최상의 목표로 삼고 살아갑니다. 그들과 우리는 색깔이 확연히 다릅니다. 그러므로 우리는 그들과 분명히 구별되는 삶을 살아야 합니다.

예수님은 이와 같이 단정히 사는 사람을 "허리에 띠를 띠고 등불을 켜고 서 있[는]"(눅 12:35) 하인으로 비유하셨습니다. 우리는 주인이 언제 오실지 몰라서 허리에 띠를 두르고 등불을 켠 채로 문 옆에 서 있는 하인의 태도를 지녀야 합니다. 하인이 할 수 있는 최선의 도리는 주인을 기쁘게 영접하기 위해 등불을 켜고 흐트러지지 않는 모습으로 문 옆에 서서 기다리는 것입니다. 이것이 단정히 생활하는 것입니다.

그러므로 우리는 세상 사람처럼 방탕할 수 없습니다. 음란할 수 없습니다. 호색할 수 없습니다. 시기와 다툼을 해서도 안 됩니다. 달라야 합니다. 주님을 만난 사람답게 사는 것입니다. 이런 사람을 일컬어 어떤 분은 "Made in Kingdom of GOD"이라는 표를 달고 살아가는 자의 생활이라고 말했습니다. 그렇습니다. 단정히 행하는 사람은 "Made in 천국" 도장이 찍혀 있습니다. 세상 사람은 뭐라고 써 있나요? "Made in 세상"입니다. 둘은 서로 다를 수밖에 없습니다.

세상에서 도피하지 말라

한 가지 주의해야 할 것이 있습니다. 말세를 대비하여 살아야 한다는 말씀을, 일상생활을 다 포기하고 현실에서 도피해 살아야 하는 것으로 잘못 받아들이면 안 됩니다. 우리 주변에서 이런 사례를 흔하게 볼 수 있습니다. 예수님이 오시는 날을 정확하게 안다고 떠드는 사람들 중 상당수가 일상생활을 포기합니다. 그들은 가정과 직장을 내버리고 더 나아가 세상을 도피하려고 합니다. 어느 은밀한 곳에 모여 기도하며 정신없이 그날만을 기다리는 것입니다. 이것이 단정히 행하는 삶입니까? 아닙니다. 오히려 대단히 잘못된 행동입니다.

어느 부인이 자기 남편을 구해달라고 하소연했습니다. 남편은 시한부 종말론에 빠져서 직장에 사표를 내고 그 집단을 따라갔습니다. 미리 받은 퇴직금도 몽땅 그곳에 바쳐버렸습니다. 그 집단에서는 죄 사함을 받으려면 24시간 기도해야 한다고 가르칩니다. 그래서 그는 산속에서 하루 종일 기도만 하며 앉아 있는 것입니다. 그는 모든 것을 포기한 사람이요, 현실을 도피한 사람입니다. 인간이 정한 말세의 때에 속아 그렇게 잘못된 길로 빠진 것입니다.

솔직히 말해, 마지막 때를 정해놓으시고도 그 일시를 정확하게 알려주시지 않은 하나님이 얼마나 감사한지 모릅니다. 이것은 틀림없이 자비로우신 하나님의 지혜요, 은혜입니다. 만약에 주님이 우리에게 죽는 시기를 알려주신다면 우리가 성실하게 살려고 하겠습니까? 남은 날까지 '어떻게 하면 편안하게 살다 갈까?' 궁리만 하고 있겠지요. 하나님이 우리에게 죽음의 날을 정확하게 알려주시지 않는 이유가 분명히 있습니다.

마찬가지로 예수님이 오시는 날도 정확하게 알려주시지 않는 이유가 분명히 있습니다. 날마다 한결같이 단정하게 생활하도록 하기 위해서입니다. 사람들이 엉터리 일시를 알아도 정신 나간 짓거리를 남 부끄러운 줄 모르고 하는데, 진짜 일시를 안다면 어떻게 되겠습니까? 설혹 앞으로 10년이 남았다 해도 정상적인 생활을 하기는 어려울 것입니다. 우리는 그날과 그때를 알려주지 않으시는 하나님께 깊이 감사드려야 합니다.

그러면 어떻게 해야 재림을 준비하는 사람답게 살 수 있을까요? 대답은 간단합니다. 단정히 생활하는 것입니다. 단정한 생활은 세상을 포기하는 것이 아닙니다. 도피하는 것도 아닙니다. 오히려 더 충실하게 살고자 노력하는 것을 말합니다. 주님이 언제 오실지 모르지만 그분을 만났을 때 부끄럽지 않은 사람이 되려고 자기 일에 충실하게 사는 것이 단정한 삶입니다.

사업을 합니까? 더욱 자신의 일에 충실해야 합니다. 주님 오시는 그날까지 열심히 일해야 합니다. 부모는 자녀 교육을 위해 밤낮없이 신경 써야 합니다. 물론 공부 못하는 자식을 생각하면 입시 하루 전날 주님이 오셨으면 좋겠지만 그렇게는 안 될 것입니다. 머리가 나쁜 아이라도 마지막까지 최선을 다해야 합니다. 자신의 건강을 위해 테니스를 칩니까? 수영을 합니까? 좋습니다. 얼마든지 하세요. 수영을 하다가 팬티 바람으로 주님 맞이해도 괜찮습니다. 우리가 항상 마음으로 오늘이라도 주님이 오실 수 있다는 생각을 가지고 하루하루를 성실히 임한다면 그 삶 자체가 주님을 만나는 생활입니다. 그것이 단정하게 사는 것입니다.

이처럼 단정하게 생활하는 분들이 교회 안에는 참 많습니다. 주머니에 성구 암송 카드를 넣고 다니면서 외우는 사람을 보고 잔다고 할 수 있겠습니까? 그 바쁜 일상 중에도 수요 예배에 나와 은혜를 사모하는 사람이 자는 사람입니까? 밤늦은 시간에 다락방에서 진지하게 말씀을 공부하며 다른 지체의 문제를 놓고 기도해주는 사람이 어떻게 잠자는 사람이라고 할 수 있습니까? 저는 늘 그분들을 기쁘게, 자랑스럽게 생각합니다.

그러나 우리 중에 위기의식이 없이 사는 분이 있을지도 모르겠습니다. "Made in 천국"이라는 표가 없이, 세상 사람과 별 차이가 없는 하루하루를 사는 분이 있다면 얼마나 불행한 일입니까? 저는 그런 분들을 돕고 싶습니다. 아마 그런 분들에게는 먹고 즐기는 것이 최고라고 생각하는 방탕 기질이 남아 있는지 모릅니다. 교회는 다니지만 은밀하게 즐기는 성적인 죄가 있을지 모릅니다. 교회는 다니지만 영적이기보다는 육적인 특징이 더 많을지 모릅니다. 교회는 다니지만 아직도 생각이 영적이라기보다 세상적이라고 하는 편이 더 어울릴 분들이 있을지 모릅니다.

옛 정욕을 떨쳐버리려면

한때 이장림이라는 사람이 주장한 시한부 종말론은 우리 사회를 극도로 어지럽혔습니다. 그는 많은 추종자의 가정을 파괴했으며, 그들이 직장에서 쫓겨나게 하고, 사회에서 더 이상 적응할 수 없는 정신병자로 만든 장본인입니다. 그런데 자기 자신은 휴거를 믿지 않았습니다. 그러니까 몇 억이나 되는 집을 짓고 살았지요. 왜 자기가 예언한 마지막 날짜보다 훨씬 지난 환매

채를 사서 돈을 모을 생각을 했겠습니까? 왜 침대 밑에 달러를 숨겨 놓고 살았겠습니까? 다른 사람에게는 몇 년 몇 월 며칠에 예수님이 오신다고 떠벌려놓고는 자기는 그것을 믿지 않고 돈 벌 궁리만 했던 것입니다. 이런 이단이 등장하는 것을 보면 말세가 바짝 다가온 것은 사실인 것 같습니다.

한편 이장림이 우리에게 주는 교훈이 하나 있습니다. 우리도 잘못하면 그 사람처럼 되기 쉽다는 사실입니다. 예수님이 재림하신다고 날마다 입으로 떠들면 뭐합니까? 그에 합당한 생활을 하지 않으면 침대 밑에 달러를 숨겨놓고 살았던 그 사람과 다를 바가 없습니다. 우리 중에 그런 사람이 있을까 봐 저는 두렵습니다. 혹시나 그런 분이 있다면 이 시간 성령께서 새로운 사람으로 만들어주시기를 바랍니다. 손에 불을 들고 허리띠를 띠고 문 옆에서 기다리는 하인처럼 단정한 생활을 하루빨리 찾기 바랍니다.

마음으로는 "정신 차려야지. 이래서는 안 돼" 하면서도 실제로는 자는 사람처럼 사는 분들을 위해 예화 하나를 소개하겠습니다. 어거스틴 이야기입니다. 방탕아 어거스틴을 성 어거스틴으로 바꾸어놓은 결정적인 말씀이 바로 이 본문이기 때문입니다.

어거스틴은 예수 믿는 집안에서 태어났지만 방탕하게 살았습니다. 배운 것은 많았지만 돌아다니면서 못된 짓을 일삼는 유식한 방탕아였습니다. 그는 무려 20년 동안 그렇게 살았습니다. 그의 어머니는 자나 깨나 그를 위해 눈물로 기도했습니다. 마침내 그는 어머니의 기도 덕분에 회개하고 돌아왔습니다. 교회도 다니고, 성경도 읽고, 바르게 살고자 노력했습니다. 그러나 수년 동안 과거의 잘못된 습관에 익숙해져버린 정신 상태에서 헤어나기가 쉽지 않았습니다. 그는 고민하고 고통스러워했습니다. 어거스틴은 그때의 갈등을

《참회록》에 이렇게 기록합니다.

"주님은 나의 낡은 옛사람에 속한 습관의 밧줄을 당장 끊어주시지 않았습니다. 나는 속으로 '지금 당장 끊어야지. 지금이야말로 이 줄을 벗어버릴 때다'라고 외쳤습니다. 그러나 죄의 뿌리를 뽑지 못한 나는 아직까지도 굳게 옛 자리를 숨가쁘게 지키려 하고 있었습니다. 나는 다시 한번 옛사람을 벗어나기 위해 발버둥을 쳤습니다. 지금까지의 악을 포기하며 옛날의 나 자신을 포기하고 새로운 자신을 향하여 달려가려 하면 할수록 더 큰 불안과 공포가 엄습하여 나를 떨게 했습니다. 어리석고 어리석으며 헛되고 헛되며 아무런 가치도 없고 허무하기 짝이 없는 옛 시절의 여자들이 나를 붙잡고 놓아주지 않았습니다. 내 옷을 벗기고 부드러운 침상에 누이고 달콤한 음성으로 내게 속삭였습니다. '당신이 우리를 버리고 갈 수 있나요? 당신이 없다면 우리가 얼마나 외롭게 지낸다는 것을 모르세요? 정든 우리를 버리고 어떻게 떠날 수 있어요?' 이렇게 그들은 과거의 내 모습을 하나둘 들추어냈습니다."

얼마나 고민하고 갈등하는 사람입니까? 예수를 믿어도 어두움의 일을 벗어버리지 못해 몸부림치는 어거스틴을 봅니다. 드디어 그의 갈등과 고민은 극에 달했습니다. 그때 그는 이런 말을 했습니다. "내 영혼 깊숙이 숨어 있는 인생의 비참함이 그대로 눈앞에 드러났고 강한 폭풍이 영혼을 흔들더니 눈에서는 눈물이 폭우처럼 쏟아지기 시작했습니다. 나는 통곡하고 싶었습니다. 홀로 조용히 통곡하고 싶었습니다. 그래서 내 친구 알리피우스 곁을 떠나 좀 더 호젓한 곳으로 갔고 그곳에서 아무 방해도 받지 않은 채 통곡했습니다. 나는 알지도 못하는 사이에 무화과나무 아래 엎드렸고 내 눈에는 눈물이 폭포처럼 흘렀으니, 나는 진실로 그 죄악 때문에 괴로움과 고통 중에 부르짖었습니다. '오, 주님, 언제까지 내일 내일 할 것입니까? 왜 지금은 안 됩니까? 왜 나의 더러운 생활을 이 순간에 깨끗이 끝내지 못합니까?' 하고 부르짖었습니다."

이와 같이 갈등하고 고통하는 어거스틴에게 하나님이 찾아오셨습니다. 그의 고통을 어루만지시는 하나님의 손길이었습니다. 그 순간을 그는 이렇게 기록했습니다. "그때 갑자기 이웃집에서 한 음성이 내 귀에 들려왔습니다. 소년의 음성인지 소녀의 음성인지 구분할 수 없었지만, 계속해서 반복되는 노래 가사 같았습니다. '집어 들고 읽어라. 집어 들고 읽어라.' 그 순간 나의 얼굴은 변했고 나는 그 노래가 어린아이들이 흔히 부르는 노래인가를 조심스럽게 생각해보았습니다. 그러나 전에 내가 결코 들어본 적이 없는 노래였습니다. 나는 급히 친구가 앉아 있던 장소로 돌아가서 거기에 있던 사도 바울의 서신을 펴들고 제일 먼저 눈길이 닿는 부분을 읽었습니다. 거기에는 이런 말이 기록되어 있었습니다. '낮에와 같이 단정히 행하고 방탕하거나 술 취하지 말며 음란하거나 호색하지 말며 다투거나 시기하지 말고 오직 주 예수 그리스도로 옷 입고 정욕을 위하여 육신의 일을 도모하지 말라.' 나는 더 읽지 않았습니다. 더 읽을 필요가 없었습니다. 이 말씀은 광명한 확신의 빛으로 내 마음을 비추어 내 속에 있는 모든 의심의 어둠을 물리쳐주었기 때문입니다. 이제 나의 얼굴은 완전히 평온을 되찾았습니다." 드디어 속물 어거스틴이 성 어거스틴으로 바뀌는 순간이었습니다.

어거스틴처럼 예수님을 믿어도, 여전히 꿈틀거리는 옛날의 정욕에 사로잡혀 있는 분이 있습니까? 당장 오실 예수님을 만나겠다는 단정한 자세보다도 세상을 즐기면서 살아보고 싶다는 바람기와 방탕기가 남아 있습니까? 그렇다면 어거스틴처럼 고민하십시오. 어거스틴처럼 주님 앞에 매달리십시오. 부르짖으십시오. 도와달라고 하십시오. 그러면 성령께서 은혜의 빛을 잠자는 당신의 심령에 환하게 비추어주시고 낮에와 같이 단정히 행하도록 만드실 것입니다. 주 예수 그리스도로 옷 입고, 정욕을 위하여 육신의 일을 도모하지 않는 경건한 사람으로 만드실 것입니다.

성령의 사람은 세상 사람과 분명히 달라야 합니다. 영으로써 몸의 행실을 죽이고 단정하게 행해야 합니다. 성령께서 우리 모두를, 마지막 때를 준비하는 사람답게 단정하게 생활하는 사람으로 만들어주시기를 기도합니다.

43

교회 안에서 왜 분쟁이 일어나는가

로마서 14장 1-4절

1 믿음이 연약한 자를 너희가 받되 그의 의견을 비판하지 말라 2 어떤 사람은 모든 것을 먹을 만한 믿음이 있고 믿음이 연약한 자는 채소만 먹느니라 3 먹는 자는 먹지 않는 자를 업신여기지 말고 먹지 않는 자는 먹는 자를 비판하지 말라 이는 하나님이 그를 받으셨음이라 4 남의 하인을 비판하는 너는 누구냐 그가 서 있는 것이나 넘어지는 것이 자기 주인에게 있으매 그가 세움을 받으리니 이는 그를 세우시는 권능이 주께 있음이라

교회를 일컬어 그리스도의 몸이라고 말합니다. 거룩한 하나님의 자녀들이 예수님의 몸을 이루는 지체가 되어 아름다운 영적 공동체를 형성한 것이 교회입니다. 그런데 교회 안에서 가끔 심각한 문제가 일어납니다. 대표적인 것이 내적 분열입니다. 성도 간에 분쟁이 일어난다는 말입니다. 교회 안에서 의견 대립이 생긴 후 패가 갈리고 나중에는 교회가 두셋으로 나누어지기까지 합니다.

한국교회사를 연구한 어느 학자는 광복 후 50년밖에 안 되는 한국교회의 역사를 '교회 분열사'라고 요약해 표현했습니다. 한국교회가 왜 분열했느냐를 연구하면 광복 후 반세기의 역사를 거의 다 알 수 있다는 말입니다. 얼마나 수치스러운 일입니까? 지금도 열 교회 중에 다섯, 여섯은 성도끼리 알력과 편당의 낌새를 보입니다. 교회에서 만나면 겉으로는 웃고 서로 인사하지만 마음은 돌아서 있습니다. 왜 우리나라 교회들이 이 모양인지 정말 답답합니다.

신약성경에 기록된 초대교회들을 보아도 여기저기서 분열의 상처를 안고 있습니다. 가장 대표적인 교회가 고린도교회입니다. 고린도교회는 성령의 역사가 두드러지게 나타난 교회였습니다. 방언을 하는 성도가 태반이고, 병 고치는 역사가 일어났으며, 예언하는 사람들이 한두 명이 아니었습니다. 그런데 이상하게도 교회 안에 분쟁이 생겼습니다. 지도자 문제가 발단이 되어 싸우다가 편당이 생기고 결국 서로 고소하는 사태까지 갔습니다. 교회가 크면 지도자가 여러 명이 있는데, 말하자면 이런 식으로 알력이 시작된 것입니다. "나는 베드로한테 세례 받았다. 너는 누구한테 세례 받았냐?", "나는 바울이 시무할 때 전도받고 말씀을 배웠다. 너를 지도한 교역자는 누구냐?" 이렇게 서로의 배경을 확인하다가 편이 갈리게 되고 싸움이 벌어진 것입니다. 얼마나 추태입니까?

한편 갈라디아교회는 신학적인 문제 때문에 내분이 일어났습니다. 율법을 지켜야 되느냐, 안 지켜도 되느냐 하는 문제로 서로 물고 뜯는 사태까지 간 것입니다. 빌립보교회도 마찬가지였습니다. 은혜가 많은 교회로 소문이 나 있던 빌립보교회도 결국 화목이 깨어져 버렸습니다. 유오디아와 순두게라고 하는 똑똑한 여인 둘이 서로 반목하는 바람에 분쟁이 생긴 것입니다. 그 당시 교회가 크면 얼마나 컸겠습니까? 작은 공동체 안에서 영향력 있는 여인 두 명이 반목하니 결국 교회가 두 갈래로 나뉘고 말았습니다. 성경을 보면 골로새교회와 에베소교회에서도 분열의 낌새를 엿볼 수 있습니다.

그러면 로마교회의 상황은 어떠했을까요? 로마교회에도 문제가 있었습니다. 서로 화합하지 못하는 두 부류가 교회 안에 있었습니다. 바울은 이 둘 사이에 분쟁이 생겨 골이 점점 깊어지고 있다는 사실을 이미 전해 들어서 잘 알고 있었습니다. 그래서 이 문제를 은혜롭게 다루기 위해 14-15장을 할애했습니다. 로마교회를 위시해서 초대교회가 화목하지 못한 이유는 무엇일까요? 그 아름다운 초창기 교회들이 왜 반목과 분열의 상처를 주고받는 어려움을 당했습니까?

당시 교회를 구성하고 있던 성도들의 배경을 살펴보면 충분히 이해할 수 있습니다.

유대인 신자와 이방인 신자

당시에는 유대인 신자와 이방인 신자가 함께 모이는 교회가 대부분이었는데, 유대인 신자는 유대교에 몸담고 있다가 바울의 전도를 통해 신자가 된 사람들이었습니다. 그리고 이방인 신자는 유대교의 배경이 전혀 없이 예수님을 믿게 된 사람들이었습니다. 이와 같이 너무나 상이한 두 그룹의 사람들이 한 교회에서 신앙생활을 하다 보니 충돌하게 된 것입니다. 유대인 신자와 이방인 신자는 겉보기에는 별 차이가 없는 것 같지만 내면을 보면 흰색과 검은색이 다르듯 완전히 대조되는 성향이었습니다. 가령 일본 사람들이 예수 믿고 우리 교회에 등록했다고 합시다. 한 교회 안에서 한국인과 일본인처럼 너무나 이질적인 두 부류가 신앙생활을 오래 같이하다 보면 충돌이 일어날 수 있습니다. 서로 조화가 되기 어려운 민족적, 문화적 요소들이 믿는다고 해서 하루아침에 사라지는 것은 아니기 때문입니다. 초대교회가 이와 비슷한 어려움을 겪고 있었던 것입니다.

유대인들은 전통적으로 어릴 때부터 율법을 엄하게 지키면서 성장합니다. 예수를 믿은 다음에도 엄격한 율법주의를 고수하던 옛날 버릇을 버리지 못한 사람들이 로마교회 안에 많았습니다. 예를 들면, 음식을 가리는 습관을 들 수 있습니다. 그들은 정한 음식, 부정한 음식을 어려서부터 가려 먹었기 때문에 예수님을 믿은 다음에도 종교적 관습을 쉽사리 버리지 못했습니다. 더욱이 로마교회 안에는 지나치다 싶을 정도로 이전 관습을 고집하는 유대인이 있었던 것 같습니다. 예를 들면 "고기를 먹는 것은 죄다. 경건하게 살려면 채식을 해야 한다"라는 식의 주장을 내세우는 사람들입니다. 그들은 고기를 먹는 신자들을 노골적으로 비난했습니다.

예수님을 믿고 변화를 받아도 어려서부터 몸에 밴 습관은 하루아침에 버릴 수 없나 봅니다. 위대한 사도 베드로 역시 마찬가지였습니다. 그는 예수님의 수제자라 불렸던 사람이지만 음식 먹는 문제는 옛 습관을 고집했습니다. 사도행전 10장에는 베드로가 본 환상 이야기가 나옵니다. 하나님이 네 발 짐승, 곤충, 날짐승 등을 보자기에 담아 베드로 앞에 내려놓고 그것들을 잡아먹으라고 하셨습니다. 베드로가 보자기 안을 보니 먹어도 되는 것도 있지만 도저히 손댈 수 없는 부정한 것도 있었습니다. 그래서 베드로는 "주여 그럴 수 없나이다 속되고 깨끗하지 아니한 것을 내가 결코 먹지 아니하였나이다"(행 10:14) 하고 거절했습니다. 그때 무슨 소리가 들렸습니까? "하나님께서 깨끗하게 하신 것을 네가 속되다 하지 말라"(행 10:15).

베드로는 복음을 듣고 그리스도인이 되었지만 먹을 수 있는 음식이냐 아니냐를 따지는 옛 습관을 여전히 버리지 못한 것을 볼 수 있습니다. 이와 같이 로마교회 안에 있는 유대인 신자들도 율법에 매여 종살이를 하고 있었던 것입니다. 음식을 가려 먹는 것뿐만이 아닙니다. 그들은 절기를 지키는 문제에서도 율법에 매여 있었습니다. 안식일이나 유월절을 지키지 않으면 불안해서 안절부절못하는 유대인 신자들이 많았습니다.

그러나 로마교회 안에 있는 이방인 신자들은 그들과 완전히 반대되는 행동을 했습니다. "예수 믿는 사람은 자유인이다. 특정 음식을 먹느냐 안 먹느냐를 가지고 구속당할 이유가 없다. 안식일은 유대인 당신들이나 지켜라. 우리는 어떤 날에 매이지 않는다. 오직 예수를 믿음으로 천국에 가는데 왜 안식일에 매여야 하는가?" 자연히 그들은 유대인들과 반목할 수밖에 없었습니다. 이방인 신자들은 유대인 신자들을 멸시하기 시작했습니다. "믿음이 좋은 줄 알았더니 율법에 매여 사는구먼." 한편 유대인들은 이방인 신자들을 보고 "저것들 저래도 경건한 생활을 한다고? 입만 살아서 돌아다니는 것들이…" 하고 비판했습니다. 서로가 물고 뜯는 것입니다.

믿음이 강한 자와
믿음이 약한 자

바울은 이 두 부류의 사람을 놓고 재미있는 별명을 한 가지씩 붙여주었습니다. 1절부터 4절에 걸쳐 뭐라고 했습니까? "믿음이 연약한 자"와 "믿음이 강한 자"입니다. 바울은 '옳은 자', '그른 자'라고 하지 않았습니다. 그들이 다투는 문제는 죄냐, 죄가 아니냐에 해당하는 것이 아니고 단순히 믿음이 강하냐, 믿음이 약하냐에 따라 일어나는 것이라고 보았기 때문입니다. 다시 말하면 진리냐 비진리냐 하고 논할 문젯거리가 안 된다는 말입니다. 성경적으로 볼 때 그들이 다투는 문제들은 본질적인 것이라기보다 부수적인 것들이었습니다.

우리가 잘 알다시피 하나님이 하라고 명령하신 것을 하지 않으면 죄가 되고, 하나님이 하지 말라고 하신 것을 어기면 죄가 됩니다. 그러나 음식이나 절기 문제는 예수님이 오시기 전, 그림자처럼 잠깐 허락되었던 규례이므로 믿음으로 구원 얻는 새로운 길이 열린 지금에는 붙들고 있을 필요가 없는 낡은 관습에 지나지 않습니다. 예수님 때문에 구원받은 하나님의 자녀라면 그림자 같은 제도에서 벗어나 자유로울 수 있어야 하는데, 알면서도 그렇게 하지 못하고 있으니 그런 사람들을 일컬어 '믿음이 약한 자'라고 한 것입니다. 반면에 예수 안에서 날이니 음식이니 하는 것에 구애받지 않는 자유함으로 신앙생활을 즐기는 자들은 분명히 '믿음이 강한 자'라고 해도 지나치지 않을 것입니다.

유대인들은 믿으면서도 과거의 습관을 못 버리고 있으니까 그들의 믿음은 약하다고 할 수 있습니다. 무엇을 지키고 안 지키고가 믿음보다 앞선다고 생각하므로 믿음이 약한 것입니다. 또한 믿음과 행위의 차이를 선명하게 깨닫지 못하고 있으므로 그 믿음은 약한 것입니다. 예수께서 자기 손에 들려주신 자유도 불안해서 잘 누리지 못하므로 그들은 믿음이 약한 사람입니다. 하나님과의 관계도 은혜로 풀지 못하고 자기 노력으로 풀려고 하는 사람들이므로 믿음이 약할 수밖에 없습니다. 하나님이 자기를 위해 무엇을 하셨는가를 앞세우기보다 자기가 하나님을 위해 무엇을 하는가를 앞세우는 사람들이므로 믿음이 약한 것입니다.

그러나 이와는 정반대로 옛날의 규례, 법규, 전통, 습관에서 벗어나 자유로울 수 있는 사람의 믿음은 강합니다. 아무리 오랜 전통이라도, 그리고 나쁘지 않은 종교 행위라도 불필요한 것이면 과감하게 벗어던지고 오직 예수만을 높이는 자들은 분명히 믿음이 강한 사람입니다. 고기를 먹었다고 해서 가책을 받는 것도 없고, 안식일을 지키지 않으면 지옥 가지 않을까 불안해하지도 않고 자유롭게 신앙생활하니까 믿음이 강한 사람입니다. 이처럼 믿음이 강한 사람들이 항상 감사하게 받는 말씀이 있습니다.

> 율법 아래에 있는 자들을 속량하시고 우리로 아들의 명분을 얻게 하려 하심이라(갈 4:5).

> 그러므로 사람이 의롭다 하심을 얻는 것은 율법의 행위에 있지 않고
> 믿음으로 되는 줄 우리가 인정하노라(롬 3:28).

> 그리스도께서 우리를 자유롭게 하려고 자유를 주셨으니 그러므로 굳
> 건하게 서서 다시는 종의 멍에를 메지 말라(갈 5:1).

이와 같은 말씀들이 그들에게 삶의 지침이 되었던 것입니다. 그래서 그들은 하나님의 말씀을 붙들고 어느 것에도 매이지 않았습니다. 그들은 예수 그리스도로 인하여 자유로웠기 때문에 믿음이 강한 사람들입니다.

믿음이 강하냐 약하냐에 따라 일어나는 이 부수적인 문제로 교회가 갈등하는 것은 양쪽 모두에게 슬픈 일입니다. 차라리 죄냐 죄가 아니냐, 진리냐 진리가 아니냐를 놓고 서로 분쟁한다면 싸울 가치가 있을지 모릅니다. 그러나 순전히 믿음이 강하냐, 약하냐에 따라 일어나는 문제를 해결하지 못해서 형제끼리 서로 물고 뜯는다는 것은 답답하고 부끄러운 일이 아닐 수 없습니다. 바울은 지금 이런 문제를 지적하고 있는 것입니다.

회색지대에 속한 문제들

우리에게도 이와 같은 성격의 문제들이 없지 않습니다. 주변에서 흔히 일어나는 여러 가지 논쟁의 양상을 살펴보면, 정확히 옳다고도 말하기 어렵고 잘못되었다고도 말하기 어려운 회색지대의 이야기를 가지고 싸우는 사례가 적지 않습니다. 다시 말해 진리냐, 비진리냐를 따질 만한 문제가 아닌 것을 놓고 싸우며, 죄가 되는 것도 아닌데 마치 죄가 되는 것처럼 싸운다는 말입니

다. 이런 문제들은 서로의 견해 차이에서 생긴 것입니다. 아니면 과거 전통이나 습관에서 굳어진 것입니다. 교회 안에서 이런 회색지대에 속하는 일을 성경의 진리인 것처럼 들고 나오는 자들 때문에 교회가 분열되기도 합니다.

자기가 어떤 환경에서 자랐는가, 어떤 교파, 어떤 교회에서 신앙생활을 했느냐에 따라 똑같은 문제를 놓고도 의견을 달리할 수 있습니다. 이런 견해 차이 때문에 교회 안에 보수파와 진보파 혹은 강경파와 온건파가 생기는 것입니다. 교회 안에서 비교적 강경한 입장을 고수하는 사람들은 목소리를 크게 높이는 편입니다. 보수적이고 외곬으로 믿는 것처럼 보이는 사람들은 믿음이 독실하다는 평을 듣습니다. 그러나 성경 진리를 바탕으로 독실하기보다는 자기 견해, 입장, 오랜 관습 등을 강하게 내세우기 때문에 그렇게 보이는 경우가 많습니다. 한국교회의 과거를 돌아보면 이런 사람들 때문에 교회가 얼마나 큰 상처를 입었는지 모릅니다.

제가 중학교에 다닐 때 보았던 교회 이야기를 하나 하겠습니다. 그 교회 목사님은 성도들에게 이런 식으로 가르쳤습니다. "주일 아침에는 반드시 한 시간 이상 말씀 보고 기도해야 합니다. 그것도 못하는 사람이 무슨 신자입니까?" 자연히 교회 안에서 성도들끼리 모이면 "오늘 몇 시간 성경 보았어요? 몇 시간 기도했어요?" 하고 묻곤 했습니다. 그러면 한 시간 이상 성경 읽고 기도한 사람은 신이 나서 "나는 새벽 다섯 시에 일어나서 일곱 시까지 성경 읽고 기도했는데, 기분이 얼마나 좋은지 몰라요"라고 말하고, 그렇게 못한 사람은 '나는 주일도 제대로 못 지키고 신앙생활도 똑바로 못하는구나' 하며 기가 죽습니다. 그리고 목사님은 계속 강단에서 소리 높여 외칩니다. "거룩한 주일에 한 시간도 성경 안 보고, 한 시간도 기도 못한 사람이 성가대에 앉아서 찬양할 수 있습니까? 주일학교에서 아이들을 가르칠 자격이 있습니까?" 이렇게 혈기를 돋우어 이야기합니다.

그러니 어떻게 됩니까? 교회 안에서 그 목사님의 견해대로 따라 하는 사람은 자연히 잘 믿는 사람으로 부각되고 이런저런 사정으로 못 따라오는 사람은 잘못 믿는 사람으로 낙인찍힙니다. 이것이 결국은 서로 반목하게 만드는 요인이 되었습니다. 소위 잘못 믿는다는 사람은 "두 시간 기도하고 말씀 본다고 천당 가나?" 하면서 상대를 비판하고, 소위 잘 믿는다는 사람은 그렇지 못한 사람을 깔보는 말을 예사로 하면서 서로 헐뜯게 된 것입니다.

우리 한번 생각해봅시다. 성경 어디에 주일 아침마다 한 시간 기도하고 한 시간 성경 읽으라는 내용이 있나요? 그게 성경적입니까? 아닙니다. 그것은 어디까지나 목사의 개인적인 견해입니다. 그래도 합쳐서 두 시간만 성경 읽고 기도하라고 했기에 다행이지 열두 시간 하라고 했으면 큰일 날 뻔하지 않았습니까? 그것은 목사의 견해로, 강조할 수도 있고 안 할 수도 있다는 차원에서 교회가 받아들여야 합수 있습니다. 그런 견해를 하나님의 말씀인 것처럼 내세우면 교회 안에서 분쟁이 일어나기 쉽습니다.

이왕 먹고 마시는 문제가 나왔으니까 술, 담배 이야기를 좀 합시다. 우리 중에 술이라고 하는 것을 냄새만 맡아도 "사탄아 물러가라" 하고 소리치는 분이 있다면, 이 말을 들으면서 옥 목사가 혹시 살짝 돌지는 않았나 생각하지는 마세요. 술 마시고 담배 피우는 것이 좋으냐 나쁘냐 하는 것은 얼마든지 논할 수 있는 문제입니다. 그렇지만 술 마시고 담배 피우는 것이 죄냐 아니냐를 가지고 논하는 것은 성경적이지 않습니다. 술 마시는 사람을 보고 죄를 범한 사람처럼 정죄하지 마세요. 담배를 물고 다니는 사람을 보고 아예 신앙이 없는 사람 대하듯 비판하지 마세요. 만약 그렇게 비판하는 사람이 있다면 스스로 형제를 정죄하는 것과 같습니다. 창세기 1장 1절부터 요한계시록 22장 마지막 절까지 다 뒤져보세요. 담배 피우는 것을 죄라고 규정한 말씀이 어디 있고, 술 마시면 지옥 간다는 말씀이 어디 있습니까? 성경에 없는 이야기입니다. 그러므로 그것은 죄냐 아니냐를 가지고 논할 문제도 아니고 진리냐 비진리냐를 가지고 논쟁할 거리도 못됩니다.

한국교회가 술, 담배를 금하는 이유는 다른 데 있습니다. 그것은 다음 장에서 이야기하겠습니다. 술, 담배를 아직 끊지 못하고 있는 형제를 마치 지옥에 갈 사람처럼 대하지 마십시오. 믿음 좋은 아내들에게 말씀드립니다. 남편이 어쩌다가 술 냄새를 풍기며 집에 들어왔다고 해서 "아이고, 당신 또 죄를 지었군요"라고 말하지 마십시오. 그것은 사람 잡는 소리입니다. 또 피임약을 복용하는 것이 죄냐 아니냐 하는 것도 굉장히 대답하기 어려운 문제입니다. 그것은 회색지대에 속한 문제라고 할 수 있습니다. 우리 교회는 주일 밤 예배를 안 드리는데 그것을 가지고 죄냐 아니냐 따지는 사람이 있을 수 있습니다. 또 예배 시간에 성도들이 박수를 치면서 복음성가를 부르는 것이 옳으냐 그르냐를 따지는 사람이 있습니다. 이런 것들은 옳으냐 그르냐의 기준을 가지고 논할 거리가 아닙니다. 그런데 가끔 보면 이처럼 부수적인 것들 때문에 성도 간에 의견 대립이 생기고 서로 갈등합니다. 답답한 일이 아닐 수 없습니다.

진정한 주일 성수란?

날의 문제가 나왔으니까 주일 성수에 대해서도 한마디 하겠습니다. 유대인들은 안식일을 토요일에 지켜야 한다고 고집했습니다. 그들은 유월절도 지켜야 한다고 주장했습니다. 예수님을 믿으면서 옛날의 관습을 못 고친 것입니다. 그러나 이방인들은 그런 규정에서 자유로웠습니다. 오늘날 우리에게는 안식일이나 유월절과 같은 날짜 문제는 걸리지 않습니다. 그러나 주일 성수 문제만은 한번 짚고 넘어갈 필요가 있습니다. 이것은 굉장히 예민한 영역입니다.

우리가 7일 주기로 하루를 구별해서 안식하고 하나님 앞에 예배드리는 것은 성경적입니다. 하나님께서 천지를 창조하실 때부터 7일 주기로 쉬지 않으면 우리 몸이 배겨나지 못할 정도로 약하다는 것을 아시고 하루를 쉬도록 하셨고, 그날을 복되게 하셨습니다. 7일 중 하루를 예수님이 부활하신 날, 죄와 사망에서 우리를 해방시키고 안식하게 하신 그날을 기념해서 지키는 것이 주일입니다. 이날이 바로 안식일 다음 날인 일요일입니다.

그러므로 7일 중에 하루를 주일로 택해 하나님의 성호를 찬양하고 예배드리는 것은 너무나 의미가 깊고 아름다운 일입니다. 이것은 신학적으로 확실한 근거가 있습니다. 이런 의미에서 볼테르가 프랑스 국왕에게 "기독교를 말살하려면 주일을 폐지하십시오"라고 건의한 것은 일리가 있는 말이었습니다. 주일을 지키느냐 폐지하느냐 하는 것은 기독교의 사활이 걸린 문제입니다. 좋은 예로, 북한에서 주일을 없애버리자 기독교가 말살되지 않았습니까? 그만큼 주일 성수는 중요합니다.

주일 성수에 대해 매우 중요한 사실 하나를 말씀드려야겠습니다. '주일 성수'라는 개념에는 꼭 한 가지 견해만 있는 것이 아닙니다. 다시 말해 여러 견해가 있습니다. '성수'가 무슨 뜻입니까? 사전을 찾아보니 '성수'라는 말이 나와 있지 않습니다. 큰 사전에 그 단어가 있기는 하지만 뜻이 전혀 다른 말입니다. 이것은 한국교회가 만들어 낸 용어라고 생각됩니다. 그런데 그것이 어떤 일을 끝까지 해낸다는 의미인지, 아니면 거룩하게 지킨다는 의미인지 분명하지 않습니다. 주일을 거룩하게 지키는 원리는 성경에서 찾을 수 있습니다. 그러나 구체적으로 어떻게 지켜야 하는지에 대해 세칙을 만들어놓은 것은 없습니다.

그럼에도 과거의 한국교회는 이 문제로 마치 유대인처럼 많은 사람을 정죄해왔습니다. 본의 아니게 얼마나 많은 사람을 실족하게 만들고 불행하게 했는지 모릅니다. 제가 이렇게 과격하게 말하는 이유는 저 자신이 그런 문제로 많이 시달렸기 때문입니다. 한국교회가 지금까지 "주일을 이렇게 지켜야 한다" 하고 가르친 내용 가운데 성경적이라고 말하기에는 떳떳하지 못한 것들이 더러 있었습니다. 그것들은 교단이나 개 교회가 채택한 하나의 규칙으로서, 경건생활의 길잡이 역할을 하는 것에 불과합니다. 사람의 양심을 구속하고 정죄할 수 있는 근거가 될 수는 없습니다.

특별히 어느 날을 고집하는 것이 주일 성수인지도 다시 한번 검토해야 합니다. 어떤 날을 고집하고 그날에 사람을 묶어놓으려고 하는 것은 성경적이 아닙니다. 주님은 그렇게 가르치지 않으셨습니다. 예를 들어 보겠습니다. 11월 15일은 주일입니다. 1992년에는 주일이 되었지만 다른 해에는 토요일이 될 수 있고 월요일도 될 수 있습니다. 우리는 지구촌에 살고 있습니다. 15일 주일에 우리는 하나님 앞에 예배를 드리지만 똑같은 시간의 미국은 사람들이 신나게 즐기는 토요일입니다. 중동 건설 현장에 우리 형제들이 많이 가서 일하고 있습니다. 거기는 주일이 없습니다. 일요일 대신 금요일에 쉰다고 합니다. 그렇다고 해서 주일을 1년 내내 지키지 않고 보낼 수는 없지 않습니까? 하지만 주일 성수를 고집하다가는 회사가 그 지역의 일을 포기하고 철수해야 하는 심각한 사태가 일어날지도 모릅니다. 그럴 때는 어떻게 해야 합니까? 금요일을 거룩히 구별하여 예배 드려야 합니다. 중동에서 금요일에 예배를 드리는 그들을 아무도 정죄할 수 없습니다. 이국 땅에서 노동하는 사람들이 모여 7일 주기로 금요일을 택해 예배드리는 것은 아주 잘하는 일입니다. 그것을 절대 잘못되었다고 말할 수 없습니다.

메리 슬레서라고 하는 여선교사는 아프리카의 정글에 사는 한 부족을 찾아가 3년 동안 선교했습니다. 그는 선교 활동을 벌이는 동안 달력이 없어서 간혹 주일을 혼동했다고 합니다. 어느 날은 분명히 주일인 줄 알고 모여 예배를 드렸는데, 나중에 알고 보니 월요일이었습니다. 한번은 월요일인 줄 알고 지붕을 고쳤는데 나중에 알고 보니 주일이었습니다. 그 선교사가 잘못했습니까? 죄를 지었습니까? 아무도 그렇게 말할 수 없습니다.

우리가 그리스도 안에서 얻은 영적 자유는 어떤 날이 우상이 되고, 그날에 매여 종살이를 했던 자리에서 해방된 자유입니다. 예수님이 부활하신 주일을 특별히 기념하여 모이던 초대교회의 아름다운 전통을 안식일로 지키는 것은 기독교의 값진 유산이 아닐 수 없습니다. 그러나 이날을 지킬 수 없다면 우리가 어느 날을 지켜도 무방합니다. 우리는 특정한 날에 매여서 끌려 다니지 말아야 합니다. 주일을 구별해서 하나님께 드리되 그 주일을 우상으로 받들면 안 됩니다. 만약 어떤 신자가 감옥에 들어갔는데 간수가 주일에는 절대 성경도 보지 못하게 하고 기도도 못 하게 한다면, 그는 토요일이나 월요일, 아니면 다른 어느 날을 택해 하나님 앞에 예배드려야 합니다. 날에 매일 필요가 없습니다. 다시 말해 주일을 위해 순교자가 될 필요가 없다는 말입니다.

'주일 성수는 이렇게 하는 것이다'라는 식으로 법을 만들어 강요할 수는 없습니다. 어떤 법규를 만들어서 그것을 잘 실천하면 주일을 거룩하게 지켰다 하고, 그것을 범하면 주일을 어겼다고 하는 것은 대단히 위험한 일입니다. 물론 여기에는 견해 차이가 있을 수 있습니다. 예를 들어, 주일마다 금식하는 분이 있다고 합시다. 자신이 금식하는 것은 좋습니다. 그러나 자기가 주일 금식을 한다고 해서 그렇게 하지 않는 형제를 깔보거나 비판하면 안 된다는 것입니다. 차라리 금식하지 말고 겸손하고 화목하는 편이 더 좋습니다. 주일 아침에 금식하라고 하는 규정이 성경 어디에 있습니까? 자기가 은혜를 받기 위해 안 먹고 안 마시는 것은 자유입니다. 그러나 주일은 가족과 함께 휴식하는 날이라고 생각해 별스럽게 만찬을 준비하여 즐겁게 먹고 마신다고 해서 이런 사람을 보고 경건하지 않다고 비판해서는 안 된다는 말입니다.

어린 시절에 저는 "주일에는 차를 타면 안 된다", "다른 책을 읽으면 안 된다. 꼭 성경만 읽어야 한다"라는 말 때문에 얼마나 고생을 했는지 모릅니다. 주일에 다른 책을 못 보게 하니까 왜 그렇게 답답한지요. '대학만 가면 내 마음대로 할 거야!' 이런 식으로 은근히 반발심이 생기곤 했습니다. 성경 어디에 주일날 성경만 보라는 데가 있습니까? 없습니다. 로마교회 성도들이 신앙생활을 하던 당시에는 기록된 성경이 없었습니다. 그래서 주일에 교회로 모여 들은 말씀을 항상 생각하면서 예배를 드렸습니다. 지금은 성경을 책으로 만들어 갖고 있으니까 읽으라는 것이지 꼭 주일에 성경만 보라는 말은 성경 어디에도 없습니다.

우리는 아이들에게 주일에는 텔레비전을 보지 말라고 가르칩니다. 그렇게 하는 이유는 다른 데 있습니다. 그러나 본다고 해서 잘못은 아닙니다. 텔레비전을 보는 아들놈을 끌어다가 "너, 주일에 텔레비전 보면 지옥 가, 이 자식아" 이런 식으로 호되게 나무란다면 그것이 신앙 교육에 무슨 도움이 되겠습니까? 결론적으로 말하면 주일 성수에 관한 한, 자기 잣대를 가지고 다른 사람을 재려고 하는 짓은 하지 말아야 합니다.

형제를 포용하라

과거 우리나라에서 있었던 이야기를 하나 하겠습니다. 주일에 부산항에 큰 여객선 한 척이 정박해 있었습니다. 그 배에는 안식년을 맞아 자기 고향으로 돌아가는 어느 선교사가 타고 있었습니다. 우리나라의 어떤 목사님이 그분을 떠나보내면서 배 안에서 환송 예배를 인도했습니다. 그런데 주일에 교회에서 예배드리지 않고 배 안에서 예배를 드렸다고 그 목사님을 교단에서 쫓아내고 말았습니다. 출교를 시킨 것입니다. 이것이 잘한 일입니까? 대단히 잘못된 일입니다.

진리도 아닌 것을 가지고 진리인 것처럼 들고 나와 교회 안에서 강조하고 가르치면, 그것 때문에 나중에는 성도들 사이에 의견 대립이 생겨 결국 서로 갈려버립니다. 그래서 본문이 우리에게 가르치는 교훈이 있습니다. 진리가 아닌 의견을 가지고 서로가 맞지 않아 대립하게 되었을 때 어떻게 해야 한다고 합니까?

> 믿음이 연약한 자를 너희가 받되…(1절).

서로 받아야 한다고 합니다. 포용하라고 합니다. 비판하지 말고 다른 형제의 견해를 그대로 받으라는 것입니다.

가끔 보면 주일에 담배를 호주머니에 넣고 예배당에 들어오는 사람이 있습니다. 여름철에는 얇은 셔츠를 입기 때문에 호주머니에 넣은 담뱃갑이 환하게 비칩니다. 수십 년 전이면 그런 사람은 예배를 드리지 못하고 나가야 했을 것입니다. 그러나 지금은 많이 달라진 것 같습니다. 우리는 그런 형제를 비판하는 눈으로 보면 안 됩니다. 담뱃갑을 넣고 들어온 것은 죄의 여부와는 상관이 없습니다. 단지 말할 수 있다면 그 형제의 믿음이 약하다는 것입니다. 중요한 것은 그 형제의 영혼이지 담배 문제가 아닙니다. 그러니까 포용해야 하는 것입니다.

또 한 가지 예를 들겠습니다. 아내가 교회에 가자고 하도 조르니까 남편이 마지못해 따라나서기로 했다고 합시다. 그런데 그는 교회에 나오기 전에 매일 하던 버릇으로 술을 한 잔 마셨습니다. 부인이 하도 기가 막혀 "여보, 술 냄새를 풍기면서 어떻게 교회에 가요? 망신스럽게. 오지 말고 집에 있어요" 하고 짜증을 부린다면 그 남편이 언제 구원받겠습니까? 술 취해서 교회에 들어왔다가 구원받은 사람들이 한국교회 초창기에 많았다는 사실을 기억해야 합니다. 형제의 영혼이 중요한 것이지 술이 중요한 것이 아닙니다. 그 형제가 술을 마시는 것은 믿음이 약해서 마시는 것입니다. 그러므로 술 마시는 것을 가지고 죄냐 아니냐 말하면 안 됩니다. 비록 술 냄새를 풍기는 사람이라 할지라도 포용해야 한다는 말입니다. 우리가 이들을 포용해야 하는 이유는 무엇입니까?

먹는 자는 먹지 않는 자를 업신여기지 말고 먹지 않는 자는 먹는 자를 비판하지 말라 이는 하나님이 그를 받으셨음이라(3절).

비록 술 냄새가 나는 형제라도 하나님이 받으셨으면 그는 하나님의 자녀입니다. 비록 담배를 끊지 못하고 있다 해도 하나님이 그를 받으셨으면 우리도 받아야 합니다. 주일을 지키는 문제도 마찬가지입니다. 어떤 사람은 주일날 하루 종일 텔레비전도 안 보고 다른 책도 안 보고 그저 하나님만 바라며 하루를 보냅니다. 얼마나 아름답습니까? 그러나 어떤 사람은 집에 돌아가기 무섭게 텔레비전을 켜기 바쁩니다. 그날 들은 설교 말씀은 십 리 밖으로 도망가고 마음에 남아 있지 않은 것처럼 보입니다. 그래도 그 형제를 비판하지 말아야 하는 것은 하나님이 그 사람을 받으셨기 때문입니다. 하나님이 받은 형제라면 우리도 받아야 합니다.

우리가 교회 안에서 믿음이 약한 형제나 믿음이 강한 형제를 모두 포용해야 하는 이유가 또 하나 있습니다.

> 남의 하인을 비판하는 너는 누구냐 그가 서 있는 것이나 넘어지는 것이 자기 주인에게 있으매 그가 세움을 받으리니 이는 그를 세우시는 권능이 주께 있음이라(4절).

우리 모두는 예수 그리스도의 종입니다. 그러므로 우리를 판단하실 분은 예수님밖에 없습니다. 내 옆에 있는 형제가 아무리 잘못하는 것이 눈에 보여도 내가 그 사람의 주인이 아닙니다. 그러므로 내가 판단해서는 안 됩니다. 나와 견해가 다르다는 이유 때문에 형제를 정죄해서는 안 된다는 말입니다. 만약 그 형제에게 잘못이 있다면 하나님께서 친히 판단하실 것입니다. 그러므로 다른 형제에 대해 내가 주인 노릇 하지 말아야 합니다. 그러기 위해서는 그를 포용해야 합니다. 똑같은 형제자매로 받아들여야 합니다.

우리는 서로 포용해야 합니다. 서로의 좋은 점을 배우고 서로의 부족한 점을 보완하고 이해해주는 것이 믿음의 공동체입니다. 시편에 보면 재미있는 말씀이 나옵니다.

> 보라 형제가 연합하여 동거함이 어찌 그리 선하고 아름다운고(시 133:1).

교회 안에서 예수 그리스도의 이름으로 한 몸이 되어 함께 울고 함께 웃는 아름다운 공동체를 이루고 사는 것이 얼마나 선하고 아름다운 일입니까? 이 선하고 아름다운 공동체를 진리도 아닌 문제로 깨뜨리고 해치는 것은 자기 자신을 위해서도 불행한 일이요, 교회를 위해서도 슬픈 일입니다.

사랑하는 형제자매 여러분, 우리 함께 포용합시다. 다른 형제를 받아줍시다. 그리고 그 형제에게 주인 노릇 하지 맙시다. 그에게 무언가 좀 눈에 거슬리는 면이 보이더라도 그것이 죄와 관계가 없는 문제라면 그 형제의 약한 믿음을 이해해주는 사람이 됩시다. 그리하면 우리는 주님 오시는 그날까지 형제가 서로 연합하여 동거하는 아름다움을 잃지 않고 한평생 서로 화목을 유지하며 살 수 있을 것입니다. 하나님께서 우리 모두에게 이와 같은 은혜를 베풀어주시기를 기도합니다.

44

형제를 판단하지 않으려면

로마서 14장 5-12절

5 어떤 사람은 이 날을 저 날보다 낫게 여기고 어떤 사람은 모든 날을 같게 여기나니 각각 자기 마음으로 확정할지니라 6 날을 중히 여기는 자도 주를 위하여 중히 여기고 먹는 자도 주를 위하여 먹으니 이는 하나님께 감사함이요 먹지 않는 자도 주를 위하여 먹지 아니하며 하나님께 감사하느니라 7 우리 중에 누구든지 자기를 위하여 사는 자가 없고 자기를 위하여 죽는 자도 없도다 8 우리가 살아도 주를 위하여 살고 죽어도 주를 위하여 죽나니 그러므로 사나 죽으나 우리가 주의 것이로다 9 이를 위하여 그리스도께서 죽었다가 다시 살아나셨으니 곧 죽은 자와 산 자의 주가 되려 하심이라 10 네가 어찌하여 네 형제를 비판하느냐 어찌하여 네 형제를 업신여기느냐 우리가 다 하나님의 심판대 앞에 서리라 11 기록되었으되 주께서 이르시되 내가 살았노니 모든 무릎이 내게 꿇을 것이요 모든 혀가 하나님께 자백하리라 하였느니라 12 이러므로 우리 각 사람이 자기 일을 하나님께 직고하리라

하나님의 자녀에게는 좋은 교회에서 기쁘게 신앙생활을 하는 것보다 더 큰 행복이 없다고 생각합니다. 이 점에 대해서는 누구나 공감할 것입니다. 좋은 교회는 그 교회에 몸담은 사람들의 손으로 만들어지는 것이지 하늘에서 그냥 뚝 떨어지는 것이 아닙니다. 좋은 교회는 우리가 찾아다녀야 할 무엇이 아니라 우리 스스로 만들어야 하는 것입니다.

좋은 교회를 만들려면 형제자매가 한마음이 되어 서로 사랑하고 섬겨야 합니다. 그런 체질이 바르게 형성된 교회를 일컬어 좋은 교회라고 합니다. 서로 다투고 반목하고 나누어진 교회는 절대 좋은 교회가 아닙니다. 아무리 뛰어난 목회자가 있어서 설교를 잘한다고 할지라도, 아무리 아름다운 건물을 가지고 있다 할지라도, 아무리 전통이 오래된 교회라 할지라도 성도들이 하나 되지 못하면 절대로 좋은 교회가 아닙니다.

좋은 교회를 만들려면 믿음이 강한 자나 약한 자나 마음을 열고 서로를 받아들여야 합니다. 다른 형제를 비판하는 말을 함부로 해서도 안 됩니다. 진리냐 비진리냐 하는 본질적인 문제에서 벗어나지 않는 한, 서로 불쌍히 여기면서 포용할 수 있어야 합니다. 견해가 다르다는 것 때문에 갈등해서는 안 됩니다. 입을 조심하여 형제를 판단하지 말아야 합니다. 이것이 좋은 교회를 만드는 조건이요, 좋은 교회에서 기쁘게 신앙생활을 할 수 있는 지름길입니다.

신앙 양심에 따라 행하라

형제를 판단하지 않으려면 어떻게 해야 합니까? 우리가 꼭 알아야 할 원칙이 5절에 나옵니다. 이 원칙을 바로 깨닫고 실제 생활에 적용할 수만 있다면 우리의 신앙생활은 훨씬 더 행복해질 수 있다고 봅니다. 그리고 형제를 함부로 판단하는 어리석은 짓은 하지 않게 될 것입니다.

어떤 사람은 이 날을 저 날보다 낫게 여기고 어떤 사람은 모든 날을 같게 여기나니 각각 자기 마음으로 확정할지니라(5절).

이미 앞에서 배운 내용이지만 다시 한번 언급할 필요가 있습니다. 로마교회 안에는 유대교 배경을 가진 그리스도인들과 헬라 문화를 배경으로 한 그리스도인들이 있었습니다. 오랫동안 유대교에 몸담았던 사람들은 토요일을 안식일로 지키는 것을 중요하게 여겼습니다. 그래서 예수님을 믿은 다음에도 그 관습에서 벗어나지 못했습니다. 또한 절기도 매우 중요하게 지켰습니다. 유월절은 물론, 나팔절이나 칠칠절 같은 절기들도 다 지켜야 한다고 생각했습니다. 뿐만 아니라 음식도 유대교에 몸담고 있을 때처럼 가려 먹는 습관을 그대로 유지했습니다.

반면에 헬라 문화권에서 예수님을 믿고 돌아온 이방인 성도들은 이런 문제로부터 자유로웠습니다. '예수 믿는 사람이 왜 토요일을 안식일로 지키느냐? 왜 음식을 가리느냐? 그 모든 것을 벗어나 예수 안에서 자유를 얻었는데 왜 그렇게 매여 살아야 하느냐?' 하고 생각했습니다. 이와 같이 상이한 두 부류가 교회 안에 있었기 때문에 시끄러울 때가 많았습니다. 상대방을 향해 비판하고 헐뜯는 말을 예사로 하는 험악한 풍토가 되어버렸습니다.

사도 바울은 로마교회의 이런 문제를 놓고 어떤 태도를 보입니까? 그는 놀랍게도 어느 한쪽 입장을 두둔하지 않습니다. 우리 생각에는 믿음이 강한 자들의 편을 들 것 같은데 그는 그렇게 하지 않습니다. 우리는 이것을 주목해야 합니다. 서로 비판하고 헐뜯는 사이라면 어느 편도 잘한다고 볼 수 없습니다. 쌍방에게 잘못이 있는 것입니다. 그렇기 때문에 바울은 쌍방이 함께 순종해야 하는 중요한 원칙 하나를 설명하려고 합니다. 5절 내용을 다시 한번 검토할 필요가 있습니다. 어떤 사람은 안식일을 다른 날보다 더 거룩하다고 생각하고 특별히 구별해서 지키려고 합니다. 반면에 어떤 사람은 특정한 날에 구애받을 필요가 없다고 생각합니다. 예수님을 믿는 사람에게는 모든 날이 다 주를 위해 사는 날이 되었으므로 어느 한 날을 우상처럼 받들 필요가 없다고 생각하는 것입니다.

여기에 대해서 바울이 뭐라고 합니까? 이것은 믿음에 따라 다르게 볼 수 있는 문제이므로 견해 차이를 서로 인정해야 한다고 말했습니다. 그렇지만 그는 분명한 원칙 하나를 제시합니다. "각각 자기 마음으로 확정할지니라." 소신대로 결정하라는 말입니다. 즉, 신앙 양심에 따라 각자가 결정하고 대처하라는 의미입니다. 바울은 자기의 신앙 양심과 성경 지식에 비추어 확신이 서는 대로 행동하는 것이 좋다고 했습니다. 이것은 매우 중요한 원칙입니다.

날이나 절기, 음식 등의 문제는 예수님이 오시기 전 구약시대에 지켜졌던 그림자 같은 일입니다. 골로새서 2장 16-17절을 보십시오. 하나님은 우리에게 분명히 말씀하십니다.

> 그러므로 먹고 마시는 것과 절기나 초하루나 안식일을 이유로 누구든지 너희를 비판하지 못하게 하라 이것들은 장래 일의 그림자이나 몸은 그리스도의 것이니라.

실체이신 예수님이 나타나신 자리에 그림자 따위는 물러나야 합니다. 예수님은 안식일의 주인이요, 유월절 어린양입니다. 예수님은 하늘로부터 온 거룩한 떡이요, 양식입니다. 예수님이 오셔서 우리의 구주가 된 이상, 예수님이 오시기 전에 세워진 여러 규칙이나 절기 등은 다 의미를 잃어버린 것입니다. 골로새서 2장 14-15절도 함께 보겠습니다.

> 우리를 거스르고 불리하게 하는 법조문으로 쓴 증서를 지우시고 제하여 버리사 십자가에 못 박으시고 통치자들과 권세들을 무력화하여 드러내어 구경거리로 삼으시고 십자가로 그들을 이기셨느니라.

예수님은 죽으셨을 뿐 아니라 부활하셨습니다. 이것으로 주님은 우리가 매여 있던 모든 제도의 쇠사슬을 끊어놓으시고 우리를 자유롭게 하셨습니다. 이는 기독교의 위대한 진리입니다. 믿음이 강한 사람은 이 사실을 분명히 믿습니다. 로마교회 안에서도 이 사실을 확신한 사람은 그 믿음이 남다른 데가 있었던 것입니다.

그럼에도 로마교회 안에는 날을 지키고, 음식을 가려 먹어야만 마음에 평안이 오고 은혜가 된다고 고집하는 일단의 무리가 있었습니다. 그런 사람을 놓고 본문은 뭐라고 말씀합니까? 비록 믿음이 약하여 그렇게 할지라도 자기 신앙 양심에 따라 결정해서 하는 일이면 판단하지 말라고 합니다. 이것이 "각각 자기 마음으로 확정할지니라"의 의미입니다. 우리 모두가 이 원칙을 꼭 기억해야 합니다. 그렇게 해야만 다른 형제를 비판하지 않을 수 있고 자신이 옳다고 결정한 일을 떳떳하게 실천할 수 있습니다.

요즈음도 소신에 따라 별스럽게 날을 지키는 그리스도인이 간혹 있습니다. 예를 들면 금요일은 예수 그리스도께서 십자가에 못 박히신 날이니 금식을 한다거나 철야기도를 한다거나 아니면 다른 방법으로 이날을 구별해서 특별하게 지키는 것입니다. 제가 존경하는 분 중에 오엠선교회 총재인 조지 버워가 있습니다. 그는 한 달에 하루를 꼭 구별해서 따로 떼어놓습니다. 그날은 다른 사람과의 접촉을 일체 끊고 기도와 금식을 하거나 말씀을 묵상하며 보낸다고 합니다. 그분의 스케줄을 보니까 달마다 꼭 하루가 정해져 있었습니다. 이런 분들은 특별히 어느 날을 중요하게 생각하고 그날을 의미 있게 보내려고 애씁니다.

우리는 그런 사람을 비판해서는 안 됩니다. 또 특별히 날을 지키는 사람이 안 지키는 사람에게 "너는 왜 안 지키니?"라고 말해서도 안 됩니다. 우리 각자가 자기 마음에 확정한 대로, 믿음의 양심에 따라 확신이 서는 대로 하면 되는 것입니다.

음식에 관해서도 별나게 고집을 부리는 분들이 간혹 있습니다. 가령 피는 절대로 먹지 않는 성도들이 있습니다. '성경에 피는 생명이라고 했으니까 그것을 먹으면 안 된다'는 것이 그들의 생각입니다. 피를 먹지 말라는 것은 율법이기 때문만이 아니라 율법이 생기기 오래전부터 주님께서 우리에게 명령하신 것이기 때문에 반드시 지켜야 한다고 주장합니다. 그래서 선짓국도 안 먹고 그 맛좋은 순대도 입에 넣지 않습니다.

그러나 대부분의 성도는 그런 것에 구애받지 않고 신앙생활을 합니다. 어느 장로님은 노루를 잡아 그 자리에서 칼로 목에 상처를 내어 철철 흐르는 피를 받아 마시는데 정말 끔찍했습니다. 그런데도 전혀 양심에 가책을 안 받는 것 같았습니다. 그렇다고 해서 그를 비판할 수 있습니까? 그렇게 하면 안 됩니다. 그런 행동을 보고 잘못한다고 나무랄 이유가 없습니다. 각각 자기 마음에 확정한 대로 소신껏 할 자유가 있는 것입니다.

성경에서 명확한 대답을 찾을 수 없어서 이렇게도 할 수 있고 저렇게도 할 수 있는 일에 대해서는 각자의 신앙에 따라 소신껏 결정할 수 있다는 사실을 알아야 합니다. 이것을 우리 모두가 인정하고 서로 존중해야 합니다. 꼭 기억하기 바랍니다.

주일에 예배를 마친 다음, 오후는 어떻게 보낼 것인가? 이것도 각자가 결정할 문제입니다. 주일예배를 마치고 회사에 출근해도 되는가? 이것도 각자가 결정할 문제입니다. 주일예배를 마치고 야구장에 가서 경기를 관람하며 스트레스를 풀고 올 것인가? 이것도 각자가 결정할 문제입니다. 주일에 텔레비전을 볼 것인가, 안 볼 것인가? 이것도 각자가 결정할 문제입니다. 자녀가 주일에 교회에 다녀와서 오후에 공부하는 것을 허락할 것인가, 안 할 것인가? 이것도 각자가 결정할 문제입니다. 주일에 물건을 사고파는 것은 어떠한가? 이것도 각자가 결정할 문제입니다. 사회생활을 하면서 술을 아예 안 마실 것인가, 어느 정도 마실 것인가? 이것도 각자가 결정할 문제입니다. 믿음 좋은 배우자를 찾을 수 없으니 안 믿는 사람과 결혼할 것인가, 말 것인가? 이것도 각자가 결정할 문제입니다. 회사에서 돼지머리를 앞에 놓고 고사를 지내는 자리에 참석할 것인가, 피할 것인가? 이것도 각자가 결정할 문제입니다.

이런 것들은 자기 믿음의 분량에 따라 소신껏 판단해야 할 일입니다. 그리고 성경에서 구체적인 대답을 찾기 어려운 문제에 대해서는 자기와 다른 견해를 가진 사람이 얼마든지 있을 수 있다는 사실을 인정해야 합니다. 자기 생각과 다르다고 비판하면 안 됩니다. 서로의 양심적인 자유를 존중해주어야 합니다. 이 원칙이 무시되었기 때문에 과거 한국교회 안에서는 주관적인 판단과 생각을 가지고 다른 사람을 싸잡아 매도하는 악습이 계속되어왔고, 이것으로 성도들은 치유하기 어려운 상처를 입곤 했던 것입니다.

동기와 목적이 순수한가?

한 걸음 더 나아가서 검토해보아야 할 말씀이 있습니다. "소신껏 양심적으로 하면 돼." 이것으로 만족해버린다면 우리는 크게 잘못될 수 있습니다. 지혜로우신 하나님은 우리의 약점을 잘 아시고 여기에 두 가지 조건을 달아놓으셨습니다. 이것이 6절부터 12절까지의 내용입니다.

첫째 조건은 동기와 목적이 순수해야 한다는 것입니다. 6-8절을 보십시오. 이 말씀 중에 계속 반복되어 나오는 중요한 어구가 하나 있습니다. 그것이 무엇인지 찾아보십시오.

> 날을 중히 여기는 자도 주를 위하여 중히 여기고 먹는 자도 주를 위하여 먹으니 이는 하나님께 감사함이요 먹지 않는 자도 주를 위하여 먹지 아니하며 하나님께 감사하느니라 우리 중에 누구든지 자기를 위하

여 사는 자가 없고 자기를 위하여 죽는 자도 없도다 우리가 살아도 주를 위하여 살고 죽어도 주를 위하여 죽나니 그러므로 사나 죽으나 우리가 주의 것이로다.

이 말씀 중에 "주를 위하여"라는 어구가 다섯 번이나 반복되어 나옵니다. 이것을 "주께 대하여" 혹은 "주를 기쁘시게 하기 위하여"라고 바꾸어 표현할 수도 있습니다. 이 말씀의 의미가 무엇인지 감이 오지 않습니까? 하나님의 자녀는 무엇을 하든지 그 동기가 주를 위하여 하는 것이어야 하고, 그 궁극적인 목적 또한 주를 위하여 하는 것이 되어야 한다는 의미입니다.

각자의 신앙 양심에 따라 어떤 일을 하겠다고 할 때 분명한 조건 하나가 따라오는데 그것이 '주를 위하여'입니다. 아무리 양심상 가책이 없다 해도 동기나 목적이 주님 중심이라기보다 자기중심일 때는 문제가 된다는 말입니다.

그러므로 6절의 내용은 쉽게 말하면 이러합니다. 어떤 사람이 토요일 안식일은 지키지 않아도 된다고 한다면 그것도 주를 위하여 그렇게 결정해야 하고, 어떤 사람이 토요일 안식일을 지켜야 한다고 생각한다면 그것도 주를 위하여 그렇게 결정해야 한다는 것입니다. 어떤 사람이 돼지고기를 안 먹겠다고 결정했다면 그것도 주를 위하는 것이 되어야 하고, 먹어도 좋다고 생각한다면 그것도 주를 위하는 것이어야 한다는 말입니다. 견해나 행동의 차이는 있어도 동기나 목적에는 차이가 없어야 합니다. '주를 위하여'라는 공통분모가 있기 때문에 서로 받아들일 수 있는 것입니다. 주를 위한다는 동기와 목적이 순수할 때 우리는 어떤 형제라도 포용할 수 있고 사랑할 수 있고 비판하지 않을 수 있습니다. 이 사실이 하나 되는 데 얼마나 중요합니까?

그러면 한 걸음 더 나아가 우리가 무엇이나 주를 위하여 결정해야 하고 주를 위하여 실천해야 하는 이유는 무엇일까요?

> 우리 중에 누구든지 자기를 위하여 사는 자가 없고 자기를 위하여 죽는 자도 없도다 우리가 살아도 주를 위하여 살고 죽어도 주를 위하여 죽나니 그러므로 사나 죽으나 우리가 주의 것이로다(7-8절).

얼마나 강경한 어조입니까? 여기에 나오는 '우리'를 주목하십시오. 이 '우리' 안에 포함되지 않는 사람은 없습니다. 다시 말해 예수 믿는 사람치고 어느 한 사람도 자기를 위해 살고 죽는 자가 없다는 말입니다. 이것은 선택이 아닙니다. 내가 인정하고 안 하고의 문제가 아닙니다. 이미 결정된 운명입니다. 예수님을 믿습니까? 그렇다면 무엇을 하든지 주를 위하여 하는 자가 되지 않으면 안 됩니다. 우리에게 가장 중요한 문제는 살고 죽는 문제입니다. 그런데 우리의 최대 관심사인 생사 문제에도 '나를 위하여'라는 말은 통할 수 없습니다. 우리는 오직 '주를 위하여' 살고 죽어야 합니다.

우리 중에 아직 성경을 잘 모르는 초신자들이 있을 것입니다. 그러나 분명히 알아두십시오. 예수님을 믿고 교회 나옵니까? 그렇다면 한 가지 분명하게 결정된 사실이 있습니다. 이제 여러분은 '나를 위하여'라는 말은 쓸 수 없다는 것입니다. 그 대신 하나부터 열까지 모두 '주를 위하여' 사는 삶이 되어야 합니다. 그렇게 해야만 하나님이 기뻐하시는 사람이 될 수 있습니다. 그렇게 해야만 하나님 말씀에 순종하는 사람이라고 할 수 있습니다. 그 동기와 목적이 '주를 위하여'가 아니면 아무리 선한 일이라도 하나님이 받지 않으신다는 사실을 알아두기 바랍니다.

미국 아이들이 처음 태어나서 배우는 말은 'me, my'라고 합니다. '나'라고 하는 말입니다. 자연인은 태어나면서부터 그 관심이 자기 자신에게 쏠려 있습니다. 이것은 천성적인 본능입니다. 그러나 예수 믿고 성령으로 다시 태어난 사람은 제일 먼저 무엇을 배우게 됩니까? '주님'입니다. 자연인으로 태어날 때는 '내'가 중심이지만 성령으로 거듭나면 '주님'이 중심입니다. '나를 위하여'가 '주를 위하여'로 바뀌는 것입니다. 이것이 예수님을 믿는 사람입니다. 왜 그렇게 될까요? 9절이 그 답변입니다.

> 이를 위하여 그리스도께서 죽었다가 다시 살아나셨으니 곧 죽은 자와 산 자의 주가 되려 하심이라.

예수님이 십자가에 못 박혀 돌아가신 것은 우리 죄를 씻어주시기 위해서만이 아닙니다. 우리를 당신의 소유로 만들기 위해서였습니다. 우리는 나를 위해 십자가에서 죽으신 주님을 믿습니다. 그리고 나를 위해 십자가에서 부활하신 주님을 믿습니다. 그렇다면 믿는다는 것은 무엇을 의미합니까? 나는 이제 주님의 소유가 되었음을 고백하는 것입니다. 예수님을 믿는 그 순간부터 나는 주님의 것이 되었습니다. 고린도후서 5장 15절은 이렇게 말씀합니다.

> 그가 모든 사람을 대신하여 죽으심은 살아 있는 자들로 하여금 다시는 그들 자신을 위하여 살지 않고 오직 그들을 대신하여 죽었다가 다시 살아나신 이를 위하여 살게 하려 함이라.

이 말씀을 한마디로 요약하면, 십자가의 주님을 믿기 시작한 다음부터는 자신을 위하여 살 수 없고 오직 주님만을 위하여 사는 자가 된다는 것입니다. 당신은 이 사실을 얼마나 진지하게 받아들입니까? 기본적으로 이 사실을 확실히 받아들이고 고백하는 사람만이 아주 작은 일도 순수한 동기로 '주를 위하여' 할 수 있습니다. 예수님보다도 자기 자신을 더 생각하고 자신에게 집착하는 사람은 신자가 아닙니다. 성경 어디를 보아도 '자기를 위하여'라는 고집이 아직 남아 있는 사람을 그리스도인이라고 말하지 않습니다. 갈라디아서 2장 20절 말씀이 우리에게 이를 분명하게 가르쳐줍니다.

> 내가 그리스도와 함께 십자가에 못 박혔나니 그런즉 이제는 내가 사는 것이 아니요 오직 내 안에 그리스도께서 사시는 것이라 이제 내가 육체 가운데 사는 것은 나를 사랑하사 나를 위하여 자기 자신을 버리신 하나님의 아들을 믿는 믿음 안에서 사는 것이라.

여기서 '그리스도가 살았다'는 말은 '나'라는 존재가 없어졌다는 뜻입니다. 예수 안에서 나는 없어졌다는 말입니다. 그러므로 먹든지 마시든지, 날을 지키든지 지키지 않든지 모든 것이 다 '주를 위하여'라는 명제 아래에서만 가능합니다. '나를 위하여'라는 명제 아래에서는 그리스도인의 어떤 자유도 용납될 수 없습니다. 이것이 우리 예수 믿는 사람들의 입장입니다. 그러므로 7, 8절은 우리 모두의 양심 선언문이라고 할 수 있습니다. 이 선언문에 가책받지 않는 동기와 목적으로 하는 일이라면 무엇이나 순수하고 아름다운 것이 될 수 있습니다. 각자 이 말씀을 외우면서 자신을 비추어 살펴보기 바랍니다. 당신은 작은 일이나 큰일이나 '주를 위하여'라는 순수한 동기를 가지고 행동하는 사람입니까?

자기만 주를 위한다는 독선

그런데 불행하게도 '주를 위하여'라는 말을 지나치게 남발하는 사람이 있습니다. 믿음이 좋다고 생각되는 사람도 무엇인가 자기주장을 하려고 할 때 '주를 위하여'라는 말을 들고 나오는 경우를 자주 봅니다. 그래서 많은 사람에게 피해를 입힙니다. 이것이 문제입니다. 자기만 주를 위한다고 생각하는 것만큼 무서운 독선은 없습니다.

제가 잘 아는 어느 목사님 이야기입니다. 그분은 아주 유능한 데다가 아직 젊어서 장래가 촉망되는 분입니다. 그분이 약 2, 3천 명 모이는 교회를 담임하게 되었습니다. 부임한 지 약 1년 반이 되었을 즈음, 교회의 중요한 자리에 있는 분이 만나자는 연락을 해왔습니다. 그래서 둘이 만났는데 그분이 성경책과 노트 한 권을 가지고 왔더랍니다. 목사님은 그분이 성경공부를 하다가 모르는 것이 있어서 물어보러 오셨나 생각했다고 합니다. 그런데 그분이 이렇게 말했습니다. "목사님, 오해하지 말고 들으세요. 이것은 주님을 위하여, 교회를 위하여 그리고 목사님을 위하여 말씀드리는 것입니다. 섭섭하게 생각하지 마시고 들어주시면 좋겠습니다." 그리고 노트를 펼쳤습니다. 목사님은 큰 충격을 받았습니다. 거기에는 그 목사님이 교회에 부임해서 한 설교 중에 잘못 말한 것, 개인적으로 성도들과 만나서 말실수한 것, 또 여러 가지 덕이 안 된다고 생각한 일들이 깨알같이 적혀 있었습니다. 이런 행동이 과연 '주를 위하여' 하는 것입니까? 교회 안에 이처럼 정신 나간 사람들이 가끔 있습니다.

우리의 동기는 순수해야 합니다. 우리의 궁극적인 목적도 순수해야 합니다. 각자가 신앙 양심상 옳다고 생각하는 일이더라도 수시로 '주를 위하여' 하는 것인지 점검해보아야 합니다. 주일 성수에 대해 한마디 하고자 합니다. 주일은 그 날 자체가 중요한 것이 아니라 주인 되신 예수님이 중요한 날입니다. 우리가 교회에 모여 예배를 드리는 것은 내가 아니라 주님을 위하여 그렇게 하는 것입니다. 주일의 주인은 주님이기 때문입니다. 주일 성수의 대원리는 '주를 위하여'입니다.

그러므로 신앙생활을 하는 사람이라면 반드시 '우리 예수님께 영광을 돌리기 위하여 주일을 어떻게 보낼까?'를 생각해야 합니다. 주님을 위한다는 명제만 같다면 주일을 지키는 양식에서는 성도들 간에 큰 차이가 나지 않는다고 봅니다. 목사라고 다르지 않고 평신도라 해서 특별하지 않습니다.

제가 시무하는 교회 주변에 있는 상가로부터 어떤 소문이 들리느냐 하면, 주일 예배를 마친 후에 성도들이 대거 쇼핑을 하러 온다는 것입니다. 무엇을 사고파는지는 잘 모르지만 여하튼 대단한가 봅니다. 어느 음식점 주인은 말하기를 "예수를 믿고 싶어도 사랑의교회 손님 받는 일이 너무 바빠서 믿을 수가 없어요" 하더랍니다. 저는 주일날 이것은 사도 좋고, 저것은 사면 안 된다는 식으로 선을 그어 말하고 싶지는 않습니다. 돈 주고 거래하는 것이 전부 다 나쁘다고 말할 수 없습니다. 그런 식으로 획일적인 말을 할 만한 근거를 성경에서 찾을 수 없기 때문입니다. 그러나 그것이 주를 위한 것인지는 한 번 생각해 봐야 할 것 같습니다.

우리가 주일을 바로 지키고 있는지, 아닌지를 측정할 수 있는 원칙이 하나 있습니다. '주를 위하여'입니다. '주를 위하여'를 가지고 주일을 바로 지키는 사람인지 아닌지를 가릴 수 있다는 말입니다.

한 가지 예를 들어보겠습니다.

어떤 자매가 추위를 잘 타는 남편을 위해서 스웨터를 하나 사야겠다고 작정했습니다. 그런데 몹시 바빠서 평일에 사지 못했습니다. 주일은 시간적 여유가 있어 '예배 마치고 돌아가는 길에 사야지' 하고 생각했습니다. 그러면 예배드리려고 교회에 들어올 때부터 스웨터를 사는 것이 중요한 과제가 되어버립니다. 앞자리에 앉으면 나갈 때 시간이 너무 지체되니까 뒷자리에 가서 앉습니다. 찬송을 부르나 기도를 하나 마음 한 모퉁이에는 스웨터가 자리 잡고 있습니다. 어떤 컬러를 선택할까 하고 옆에 앉은 남자 성도들의 스웨터를 슬쩍 훔쳐보기도 합니다. 어느 가게에 가면 좀 싸게 살까 하는 생각도 합니다. 결국 이런저런 잡념이 끼어들면서 진지하게 예배를 드리지 못합니다. 저는 지금 스웨터를 사는 것이 죄냐 아니냐는 말을 하려는 것이 아닙니다. 그 부인이 과연 주를 위하여 바로 판단하고 행동한 것인지를 따져보려는 것입니다.

그 부인이 주를 위하여 주일을 지켰다고 말할 수 있습니까? 각각 양심껏 대답해주기 바랍니다. 주일날 가족과 함께 큰 식당에 가서 회식하는 것이 죄인지 아닌지 저도 잘 모릅니다. 그러나 한번쯤은 생각할 필요가 있습니다. 과연 주님을 위해 이렇게 해도 좋으냐? 그것쯤은 생각할 만한 양심이 있어야 한다는 말입니다. 주일날 교회 근처에 팝콘이나 군고구마 등을 파는 장사꾼들이 몰려옵니다. 즐겨 사 먹는 사람들이 있으니까 오는 것입니다. 그런 것을 내버려두면 나중에는 주일마다 장이 설지도 모릅니다.

이런 현상이 주를 위하여 아름다운 일이라고 생각합니까? 그것이 죄냐 아니냐를 따지고 싶지 않습니다. 우리는 '주를 위하여'라는 순수한 동기와 목적을 앞에 놓고 자신의 행동을 점검해야 합니다.

이만한 양심은 가져야 신앙생활을 바로 할 수 있는 것입니다. 하나에서 열까지 나만 생각하고 나 중심으로 주일을 보낸다면 어찌 주님을 기쁘시게 할 수 있겠습니까?

판단은 오직 주님만이

끝으로 간단한 조건을 하나 더 말씀드립니다. 각자가 '주를 위하여' 한 것 혹은 하지 않은 것에 대해 책임을 져야 한다는 것입니다. 이것이 두 번째 조건입니다.

> 네가 어찌하여 네 형제를 비판하느냐 어찌하여 네 형제를 업신여기느냐 우리가 다 하나님의 심판대 앞에 서리라 기록되었으되 주께서 이르시되 내가 살았노니 모든 무릎이 내게 꿇을 것이요 모든 혀가 하나님께 자백하리라 하였느니라 이러므로 우리 각 사람이 자기 일을 하나님께 직고하리라(10-12절).

참으로 두려운 말씀입니다. 간혹 보면 과연 '주를 위하여' 하는 일인지 구별하기 어려운 때가 있습니다. 그렇다고 사사건건 따질 필요는 없습니다. 하나님의 심판대 앞에 가면 자연스레 드러날 것이기 때문입니다. 우리가 정말 주를 위하여 한 것인지 아닌지는 하나님이 심판하겠다고 하셨습니다. 그리고 우리 입으로 사실을 직고하게 된다고 했습니다.

심판대에 서서 자기 일을 직고해야 한다는 사실을 아는 사람은 거짓으로 '주를 위하여' 했다는 말을 할 수 없습니다. 심판대에 서서 "주여, 나는 주를 위하여 주일을 이렇게 지켰고 주를 위하여 사회에서 이것은 금하고 이것은 했습니다"라고 할 때 주님께 "잘하였도다,

착하고 충성된 종아"라는 말씀을 들을 수 있어야 합니다. 그는 정말 주를 위해서 산 사람입니다. 그러나 "악하고 게으른 종아" 하고 주님이 나무라시면 자기가 평소에 주를 위해 했다는 일이 전부 거짓으로 판명 날 것입니다. 심판대에서 담대하기를 원하는 자는 입에 발린 소리로 '주를 위하여'라는 말을 할 수 없습니다.

하나님의 심판대는 다른 형제의 일을 가지고 나아가는 자리가 아닙니다. 하나님은 심판대의 "너, 누구누구를 어떻게 생각하느냐"라고 묻지 않으십니다. 누가 무슨 행동을 했든지 간에 결국은 그 사람 스스로 하나님 앞에서 심판을 받아야 합니다. 그러므로 우리는 남의 일을 가지고 떠들거나, 다른 형제를 판단해서는 안 됩니다. 다른 형제가 정말 주를 위하여 그렇게 하는 것인지 아닌지를 우리가 함부로 판단해서는 안 됩니다. 판단하실 분은 주님밖에 없습니다.

19세기에 영국 런던에서 사역한 유명한 설교자로 스펄전 목사와 조셉 파커 목사를 꼽을 수 있습니다. 두 사람은 각자 런던에서 아주 큰 교회를 담임하고 있었습니다. 초기에는 두 사람의 우정이 돈독하여 개인적인 교제도 잦고 강단도 서로 교류하며 지냈습니다. 그러나 세월이 흘러가면서 그만 의견 대립이 생겼습니다. 의견이 부딪히니까 목사도 별수 없었나 봅니다. 서로 비판을 하기 시작했습니다. 스펄전 목사는 파커 목사가 극장에 드나든다고 비판했습니다. 목사의 신분상 경건하지 못하다는 것입니다. 여기에 질세라 파커 목사도 스펄전 목사가 왜 담배를 피우는지 모르겠다고 빈정댔습니다. 당시 신자들은 담배 피우는 것을 죄로 여겼습니다.

그러면 두 목사 중에서 누구의 말이 옳습니까? 두 사람 다 틀렸습니다. 극장 가고 담배 피운 것이 잘못되었다는 말이 아니라 서로 비판한 것이 잘못이라는 말입니다. 담배 피운 사람이 잘못한 것인지, 극장을 드나든 사람이 잘못한 것인지 결국 하나님이 판단하실 것입니다. 그러나 두 사람 다 진정으로 주를 위하여 한 것임이 드러나면 하나님께서 문제 삼지 않으실 것입니다.

사랑하는 형제자매 여러분, 성경에서 직접 답을 얻을 수 없는 모호한 문제에 관한 한 우리 각자에게 신앙적 결정을 할 수 있는 자유가 주어졌습니다. 우리가 이 사실을 분명히 인정하고 서로의 인격을 존중해야 합니다. 형제를 함부로 비판하지 마십시오. 그에게는 자기 소신껏 결정할 수 있는 자유가 있습니다. 그러나 우리에게 그러한 자유가 있다 할지라도 반드시 그 동기와 목적은 '주를 위하여'에서 벗어나면 안 됩니다. 동기와 목적은 사람이 겉으로 보고 판단할 수 없습니다. 마지막 때에 주님이 판단하실 것입니다. 우리가 과연 옳은 동기를 가지고 했는지, 그릇된 동기를 가지고 했는지는 오직 주님만이 판단하실 것입니다.

그러므로 아무리 작은 문제라도 어떻게 해야 좋을 것인가를 생각할 때에는 '주를 위하여'를 앞세우기 바랍니다. 그래서 예수님이 기뻐하실 것이라는 확신이 서는 일이면 힘들어도 실천하기를 바랍니다. 많은 사람이 힘들어서 피하는 일이라 할지라도 기쁘게 할 수 있기를 바랍니다. 또 예수님이 기뻐하시지 않을지도 모른다는 생각이 들면 아무리 좋은 일이라도, 아무리 하고 싶은 일이라도 금해야 할 것입니다.

그리고 일단 자기가 내린 결정에 관해서는 책임을 피하지 마십시오. 자기가 한 모든 일이 주님의 심판대 앞에서 분명히 드러난다는 사실을 믿기 바랍니다. 그러면 주일 성수 문제나 술 담배 문제나 그 밖에 세상을 살면서 판단하기 어려운 문제들도 은혜롭게 풀어나갈 수 있으리라고 봅니다. 책임을 물으시는 하나님 앞에 부끄럽지 않은 결정을 할 수만 있다면 어느 쪽이든지 좋습니다. 주님께서 이 자유를 우리에게 주셨습니다. 이와 같은 원칙이 우리의 신앙생활에 크게 도움이 될 것이라고 믿습니다.

45

형제에게 걸림돌이 되지 말라

로마서 14장 13-23절

13 그런즉 우리가 다시는 서로 비판하지 말고 도리어 부딪칠 것이나 거칠 것을 형제 앞에 두지 아니하도록 주의하라 14 내가 주 예수 안에서 알고 확신하노니 무엇이든지 스스로 속된 것이 없으되 다만 속되게 여기는 그 사람에게는 속되니라 15 만일 음식으로 말미암아 네 형제가 근심하게 되면 이는 네가 사랑으로 행하지 아니함이라 그리스도께서 대신하여 죽으신 형제를 네 음식으로 망하게 하지 말라 16 그러므로 너희의 선한 것이 비방을 받지 않게 하라 17 하나님의 나라는 먹는 것과 마시는 것이 아니요 오직 성령 안에 있는 의와 평강과 희락이라 18 이로써 그리스도를 섬기는 자는 하나님을 기쁘시게 하며 사람에게도 칭찬을 받느니라 19 그러므로 우리가 화평의 일과 서로 덕을 세우는 일을 힘쓰나니 20 음식으로 말미암아 하나님의 사업을 무너지게 하지 말라 만물이 다 깨끗하되 거리낌으로 먹는 사람에게는 악한 것이라 21 고기도 먹지 아니하고 포도주도 마시지 아니하고 무엇이든지 네 형제로 거리끼게 하는 일을 아니함이 아름다우니라 22 네게 있는 믿음을 하나님 앞에서 스스로 가지고 있으라 자기가 옳다 하는 바로 자기를 정죄하지 아니하는 자는 복이 있도다 23 의심하고 먹는 자는 정죄되었나니 이는 믿음을 따라 하지 아니하였기 때문이라 믿음을 따라 하지 아니하는 것은 다 죄니라

앞 장의 내용을 토대로 설교했을 때 설교를 듣고 은혜받았다는 말을 하는 분들이 많았습니다. 그런데 놀라운 사실은 믿음이 아직 그다지 깊지 못한 형제들이 그런 말을 하더라는 것입니다. 그 설교가 아직 술을 못 끊고 있는 형제에게, 담배를 끊고 싶어도 잘 안 되어 고민하는 형제에게, 주일을 지키지 못해 가책을 받는 형제에게 위로가 되었나 봅니다.

그것이 사실이라면 그들이 그 설교를 잘못 받아들인 것으로 볼 수 있습니다. 각각 마음에 확정해서 할지라도 그 동기와 목적은 '주를 위하여'에 있어야 한다는 것이 설교의 요지였습니다. 그러나 '주를 위하여'의 동기와 목적이 얼마나 중요한 것인가는 믿음 약한 그들의 가슴에 깊이 와닿지 못했나 봅니다. 그저 마음에 확정해서 하라는 그 말만 기쁜 소식으로 들렸던 것 같습니다. 그동안 남편의 음주, 담배, 주일 성수 문제를 놓고 자주 다투었던 아내들이 "각자 소신대로 하라고 그랬어" 하는 남편의 말에 기가 꺾였다는 웃지 못할 이야기도 들려오고 있습니다.

이처럼 말씀의 진의를 오해하지 않았나 우려되는 분들에게 꼭 필요한 교훈이 본문에 나옵니다. 두 번째로 우리가 알고 있어야 할 원칙입니다. 다음 장에서 하나를 더 다룰 것입니다. 주님께서 바울을 통해 가르치시는 세 가지 원칙을 다 배우고 난 뒤 은혜받았다고 고백할 수 있다면 그 사람은 진정 은혜받은 하나님의 자녀요, 좋은 믿음을 가진 신자라고 할 수 있습니다.

세상에는 그 자체가 선도 아니고 악도 아닌 것들이 많습니다. 죄가 될 수도 있고 죄가 안 될 수도 있는 모호한 행동도 많습니다. 고대 스토아 철학자들은 이런 모호한 것을 놓고 '아디아포라'라는 이름을 붙였습니다. 즉, 구별하기가 힘든 것이라는 말입니다. 그들은 이런 것들을 우리가 어떤 손잡이로 잡느냐에 따라 그 가치가 달라진다고 가르쳤습니다.

쉬운 예를 들겠습니다. 여기에 반라의 여인을 그린 그림이 있다고 합시다. 이 그림을 예술적으로 상당한 안목을 가진 사람이 볼 때는 뛰어난 걸작품으로 평가할 수 있습니다. 그러나 그 수준에 미치지 못하는 사람이 볼 때는 외설적인 저질 상품으로 볼 것입니다. 세상에는 이렇게 애매모호한 일들이 많습니다.

신앙생활을 하는 중에도 이와 비슷한 경우는 한두 가지가 아닙니다. 믿음이 강한 자가 아무 거리낌 없이 할 수 있는 일이라도 믿음이 약한 자에게는 양심의 가책을 불러일으키는 죄가 될 수 있습니다. 로마교회 성도들에게는 음식 문제가 그러했습니다. 믿음이 약한 자들은 구약의 계율을 완전히 벗어나지 못해 먹을 것, 먹지 못할 것을 까다롭게 가리는 버릇을 고수하고 있었습니다. 반면에 믿음이 강한 자들은 어떤 음식을 가지고 먹느냐, 안 먹느냐를 가리는 것은 유치한 짓이라고 생각했습니다. 그들은 14절에 기록된 말씀대로 믿고 있었습니다.

> 내가 주 예수 안에서 알고 확신하노니 무엇이든지 스스로 속된 것이 없으되 다만 속되게 여기는 그 사람에게는 속되니라.

이는 세상에 있는 것 가운데서 그 자체가 부정한 것은 하나도 없다는 말입니다. 로마교회의 믿음 좋은 사람들은 이 사실을 분명히 확신하고 있었습니다. 20절을 봅시다.

> 음식으로 말미암아 하나님의 사업을 무너지게 하지 말라 만물이 다 깨끗하되 거리낌으로 먹는 사람에게는 악한 것이라.

어떤 음식은 정하고 어떤 음식은 부정하다고 정해져 있는 것이 아니라는 말입니다. 이와 같은 사실을 확신하는 사람들에게는 먹을 것, 먹지 못할 것을 가려가면서 까다롭게 구는 것이 유치해 보였을 것입니다. 그래서 로마교회 안에 믿음 좋은 사람과 믿음이 약한 사람들 사이에 견해 차이와 갈등이 있었던 것입니다.

원래 자연은 선한 것입니다. 하나님이 그렇게 만드셨습니다. 그러나 하나님이 정하게 만드신 것을 사람이 속되게 바꾸어버린 것이 많습니다. 예를 하나 들겠습니다. 포도라는 과일이 있습니다. 탐스럽고 향기로운 과일입니다. 누구나 먹고 즐길 수 있도록 하나님은 포도를 정하고 아름답게 만드셨습니다.

그러나 사람들은 그 정한 과일을 가지고 술을 만들었습니다. 술을 잘못 마시면 몸과 정신을 해칠 뿐만 아니라 다른 사람마저 불행하게 만들 수 있습니다. 순수한 과실인 포도를 놓고 먹을 것이냐 먹지 않을 것이냐 고민하는 사람은 없습니다. 그렇지만 술을 놓고 마실 것인가 마시지 않을 것인가 고민하는 사람은 많습니다.

또 땅에서 재배하는 여러 식물들을 봅시다. 그것들은 우리 몸에 아주 좋은 음식입니다. 하나님은 우리가 식물들을 재배해서 먹고 건강하게 살도록 해놓으셨습니다. 그러나 사람들은 그중에 어떤 식물로 마약을 만들었습니다. 채소를 놓고 먹을 것이냐 먹지 아니할 것이냐를 고민하는 사람은 없지만 마약을 놓고 고민하지 않을 사람이 없습니다.

이와 같이 본래는 선한 것이지만 추후에 바뀐 것들이 많습니다. 성경이 그 하나하나에 대해 구체적으로 '하라', '하지 말라'는 명령을 하지는 않습니다. 그렇기 때문에 살면서 신앙 양심에 비추어 판단하고 행동해야 할 일들이 적지 않은 것입니다.

우리는 이미 앞에서 주를 위하는 것이면 각자 마음에 확정한 대로 행동할 수 있다고 배웠습니다. 그러나 한편으로 '주를 위하여'라는 아름다운 조건을 자기 좋은 대로 해석하는 잘못을 범할 수 있습니다. 남이 뭐라고 하든 내가 좋은 대로 하면 된다는 식의 개인주의가 '주를 위하여'라는 천사의 옷을 입고 나올 수 있습니다. 다른 사람에게 어떤 영향을 미칠지에 대해서는 전혀 관심을 두지 않고 혼자 잘난 것처럼 떠드는 독선이 '주를 위하여'라는 말 속에 숨어 있을지도 모릅니다. 우리는 무엇이나 속된 것이 없다고 하는 성경 지식을 내세워 교만하게 굴 수 있습니다. 주님이 주신 자유를 속박당하지 않겠다는 고집 때문에 다른 사람에게 큰 피해를 입힐 수도 있습니다. 이것이 우리 모두가 가지고 있는 약점입니다.

그러면 '주를 위하여'라는 명분을 내세워 우리 마음대로 하는 것이 바람직한 것인가? 그것이 신앙적인가? 그것을 사랑이라고 할 수 있는가? 이 문제를 검토해야 합니다. 그 대답은 "절대 그렇지 않다!"입니다. 우리가 잘 아는 바와 같이 교회는 그리스도의 몸입니다. 교회는 유기체입니다. 우리는 그 몸을 이루는 작은 지체들입니다. 어느 지체나 동등한 입장에서 몸을 섬기고 있습니다.

그러므로 이 몸이라고 하는 본질을 놓고 볼 때 '내가 옳다고 생각하니까 내 마음대로 한다'라는 생각은 용납될 수 없습니다. 그것은 자기 몸을 파괴하는 것이나 다름없습니다. 자기가 아무리 옳다고 생각하는 것이라도 옆에 있는 형제에게 해가 된다면 피차 조심하고 삼가는 것이 한 몸을 이루고 사는 지체로서의 책임입니다.

교회 안에서는 '나'(I)라는 일인칭 대명사가 대문자로 쓰여서는 안 된다는 말을 한 사람이 있습니다. 교회 안에서는 항상 '우리'라는 일인칭 복수 대명사가 쓰여야 합니다. 교회는 몸이기 때문입니다. 13절에도 보면 바울은 "내가"라고 하지 않고 "우리가"라고 씁니다. 영어로 "Let us"입니다. 15장 1절을 보아도 "믿음이 강한 우리"라고 합니다. 교회 안에서는 너나없이 '우리'라고 하는 공동체에 몸담고 있기 때문입니다.

그러므로 형제와 정상적인 관계를 유지하는 일은 하나님과 정상적인 관계를 유지하는 것 못지않게 중요합니다. 어떤 면에서는 자신보다 형제를 앞세우고 처신해야 할 경우가 더 많습니다. 머리 되신 그리스도를 통해 하나님이 주시는 모든 은혜의 선물을 공유하고 있기 때문입니다.

하나님의 은혜를 나 혼자 독점할 수 없습니다. 독점을 하려야 할 수도 없습니다. 형제를 모르면 나를 알 수 없고 나를 모르면 형제를 알 수 없는 공존 관계를 유지하는 것이 교회 공동체입니다. 내가 형제를 건강하게 세울 수도 있지만 넘어지게 할 수도 있습니다. 나는 형제에게 영향을 미치고 형제는 나에게 영향을 미칩니다. 이것이 우리의 위치입니다. 이러한 영향권에서 벗어나 유아독존으로 신앙생활을 할 수 있는 사람은 아무도 없습니다. 우리는 서로의 영향권 안에서 살고 있습니다.

그러므로 아무리 내 생각이 옳다 해도 형제에게 상처를 주거나 죄를 짓게 할 수 있는 일이라면 마땅히 재고해야 합니다. 약한 형제를 위해 나의 자유를 스스로 통제할 수 있어야 합니다. 약한 형제를 위해 내가 알고 있는 지식을 조용히 덮어두는 것이 덕이 될 때가 더 많습니다. 약한 형제 때문에 내가 하고 싶은 대로 다 할 수 없는 것이 우리 처지입니다.

교회는 부부에 비유됩니다. 남편이나 아내가 각자 자기 하고 싶은 대로 다 하면 함께 살지 못합니다. 부부는 일심동체이기 때문에 서로 얽매일 수밖에 없습니다. 얽매이는 그것이 진정한 부부의 자유입니다. 교회도 마찬가지입니다. 우리가 한 몸이요 한 지체이기 때문에 나에게 아무리 자유가 있더라도 교회 안에서 그 자유를 마음껏 누릴 수 없습니다.

가령 어린아이 둘을 양손에 붙잡고 길을 걸어가는 아버지가 있다고 합시다. 그는 자기 마음대로 성큼성큼 걸어갈 수도 있습니다. 그러나 정상적인 아버지는 그렇게 하지 않습니다. 아이들의 걸음걸이에 조심스럽게 자기 걸음을 맞춥니다. 아장아장 걷는 아이들이 넘어지지 않도록 하기 위함입니다. 그것이 곧 아버지 된 자신과 아이들을 다 같이 위하는 일이기 때문입니다. 우리도 교회 안에서 이와 같은 인간관계를 유지해야 합니다.

형제에게 걸림돌이 되지 말라

그러므로 바울은 우리가 형제를 판단하지 않는 선에서 머물면 안 된다고 합니다. 형제를 판단하지 않는 것만으로는 문제가 해결되지 않기 때문입니다. 또 내 마음에 확신이 서는 대로 소신껏 하겠다는 원칙만으로는 신앙생활을 할 수 없습니다. 성경은 내가 소신껏 하는 일이 복잡한 인간관계를 모두 풀 수 있는 만능열쇠가 된다고 가르치지 않습니다. 우리는 한 걸음 더 나아가야 합니다. 우리 언동에 영향을 받기 쉬운 형제들을 위해 보다 적극적이고 구체적인 행동 지침을 갖고 실천해야 합니다. 이것이 바로 우리가 읽은 본문의 교훈입니다.

> 그런즉 우리가 다시는 서로 비판하지 말고 도리어 부딪칠 것이나 거칠 것을 형제 앞에 두지 아니하도록 주의하라(13절).

우리가 판단하지 않는 것으로만 그치지 말고 더 나아가자는 말입니다. 여기에서 '거칠 것'은 장애물이나 덫을 가리키는데, 이것에 걸리면 누구라도 넘어지거나 다칩니다. 그러면 '거치다'와 연관되는 말은 무엇입니까? 먼저 15절을 봅시다.

> 만일 음식으로 말미암아 네 형제가 근심하게 되면 이는 네가 사랑으로 행하지 아니함이라 그리스도께서 대신하여 죽으신 형제를 네 음식으로 망하게 하지 말라.

'거치다'라는 말을 다른 말로 바꾸면 형제를 근심하게 만드는 것, 형제를 망하게 하는 것이 됩니다. 형제가 신앙생활을 포기하게 만들거나 영적으로 망하게 만드는 것이 형제를 거치게 하는 것입니다.

> 고기도 먹지 아니하고 포도주도 마시지 아니하고 무엇이든지 네 형제

로 거리끼게 하는 일을 아니함이 아름다우니라(21절).

'거리끼게 하지 않는다'는 것은 형제에게 걸림돌이 되지 않게 한다는 말입니다. 형제가 신앙생활을 하는 데 방해가 되어서는 안 된다는 뜻입니다.

의심하고 먹는 자는 정죄되었나니 이는 믿음을 따라 하지 아니하였기 때문이라 믿음을 따라 하지 아니하는 것은 다 죄니라(23절).

신앙 양심상 옳은 일이 아니라고 판단하면서도 그런 행동을 한다면 죄가 됩니다. 확신 없이 행하는 그 자체가 죄입니다. 따라서 '거치게 한다'는 말을 바꾸면 형제를 근심하게 하는 것, 형제를 망하게 하는 것, 형제를 거리끼게 하는 것, 형제를 죄 짓게 만드는 것이라고 할 수 있습니다. 바울은 우리가 그렇게 해서는 안 된다는 것을 말하고 있습니다. 나에게는 아무리 선한 일이라 해도 형제를 잘못되게 한다면 그것은 절대로 선이 될 수 없습니다.

술을 예로 들어 봅시다. 성경에서 술 마시는 것을 죄라고 규정한 데가 있습니까? 구약시대에 나실인 같은 특별한 사람에게 음주는 죄가 되었습니다. 얼마 동안 하나님 앞에 자신을 거룩하게 구별하여 드리겠다고 서약한 사람이 그 서약한 기간 동안에 술을 마시면 죄를 범하는 것입니다. 그 밖의 경우를 찾는다면 구약성경에서 가급적 술을 멀리하도록 권고하는 말씀을 들 수 있습니다. 이것은 왕의 가문에서 아버지가 아들에게 교훈하는 말씀 속에 가끔 들어 있는 특별한 경우입니다.

그러나 신구약을 통틀어보아도 특별히 술 마시는 것이 죄라고 단정지어 말씀하는 구절은 없습니다. 우리나라 선교 초창기 때 유행하던 금주가처럼 "아, 마시지 말라 술. 아, 보지도 말라 술"이라고 할 정도로 아주 분명하게 술을 금하는 성경 구절은 없습니다. 취하지 않는 범위 안에서 술을 마시는 것은 허용되고 있습니다.

여기서 우리가 물어야 할 중대한 질문이 있습니다. 술 마시는 것이 죄가 안 된다고 해서 어디서나 마음 놓고 술을 마실 수 있습니까? 물론 그렇게 할 수 있는 자유가 있습니다. 술을 한두 잔 마셨다고 해서 주님이 천국 문에 천사를 세워놓고 들여보내지 않는 일은 없을 것입니다. 우리에게는 분명히 술을 마실 자유가 있습니다. 그러나 그것은 교회 안에 있는 다른 형제들 때문에 제재받을 수밖에 없는 자유라는 사실을 알아야 합니다.

교회가 술을 금하게 된
두 가지 배경

우리에게 술 마실 자유는 있지만 그 대신 마시지 않는 쪽을 택할 수밖에 없는 두 가지 배경이 있습니다. 아직도 술을 끊지 못하고 있는 분들은 잘 듣기 바랍니다.

먼저, 교회사적인 상황입니다. 한국교회에서는 지난 1세기 동안 술에 대한 부정적인 개념이 계속 이어져 내려왔습니다. 곧 음주는 죄라고 하는 시각입니다. 이것 때문에 우리는 술 마실 자유를 포기할 수밖에 없습니다. 믿음이 좋은 사람은 반드시 술을 끊는다는 원칙이 한국교회 안에서는 불문율처럼 자리를 잡았습니다.

선교사가 처음 우리나라에 들어와서 복음을 전하던 초창기에는 술과 담배를 허용했습니다. 당시 지금의 이화여고가 있는 자리에 장정승 댁이라는 큰 집이 있었습니다. 아마 정승까지 올랐던 분이 예수님을 믿었던 것 같습니다. 그 댁이 굉장히 넓었기 때문에 사랑방을 개방해서 1년에 몇 차례씩 사경회를 했습니다. 성도들이 모여 성경공부를 했다는 말입니다. 성경공부 중간에 휴식 시간이 있었습니다. 하루에 네 번 휴식 시간을 주었는데 틈틈이 술과 담배를 제공했다고 합니다. 그때는 담배를 불경이, 막초라고 불렀습니다. 담배 잎사귀를 말아서 피우든가 아니면 담뱃대에 채워서 피우는 것입니다. 예수 믿는 남자분들이 긴 담뱃대를 허리춤에 꽂고 와서는 성경공부를 하고, 쉬는 시간이면 모두들 앉아서 담배를 피우느라고 그야말로 은혜가 충만했다고 합니다.

초창기 때는 이와 같이 술이나 담배를 교회 안에서 허용했습니다. 그러나 점점 의식이 바뀌기 시작했습니다. 술 담배를 해서는 신앙생활을 도무지 건전하게 할 수 없다는 현실을 깨닫게 되었습니다. 당시는 우리 민족에게 매우 힘든 시기였습니다. 일제의 악랄한 사슬에 얽매여 신음하고 있을 때니까요. 많은 젊은이들이 좌절하여 술독에 빠지고, 담배 피우고, 도박을 하는 등 온 나라가 멍이 들대로 들어가는 상황이었습니다.

이런 처지에서 예수 믿는 사람까지도 술 마시고 담배 피우다가는 사회에서 도무지 소금과 빛의 역할을 감당해낼 수 없다고 지도자들이 판단했던 것입니다. 그래서 1901년에 장로교선교사공의회(현 대한예수교장로회)는 신앙생활 지침서를 만들어 금주와 금연을 가르치기 시작했습니다. 이 신앙 지침서에는 7대 강령이 기록되어 있습니다. 그 당시에는 이것을 반드시 암송하고 그대로 실천하겠다는 서약을 해야만 세례를 주었습니다.

7대 강령은 다음과 같습니다. 오늘날 우리에게도 굉장히 중요한 강령이 될 것입니다.

첫째는 예배 출석을 철저히 할 것.

둘째는 성수 주일 할 것.

셋째는 부모에게 효도할 것.

넷째는 일부일처를 지킬 것.

다섯째는 인가귀도할 것, 즉 자기 가족을 반드시 구원해야 한다는 말입니다.

여섯째는 근면 성실할 것.

일곱째는 금주 금연할 것.

그리고 몇 년 뒤인 1914년에 조선예수교장로회(현 대한예수교장로회)는 담배를 피우는 자는 절대로 장로로 세우지 않는다는 원칙을 공포했습니다.

이것이 지난 백여 년간 지속되어 온 한국교회의 풍토입니다. 우리 조상들이 물려준 너무나 귀한 유산입니다. 이런 교회 풍토에서 "나는 괜찮아. 성경 어디에 담배 피우지 말라는 말씀이 있어?" 하고는 아무 가책 없이 멋대로 담배를 피울 수 있겠습니까? "성경에 술 마시면 죄라고 했냐? 가서 옥 목사한테 물어봐." 이렇게 말하며 멋대로 술 마실 수 있겠습니까?

그렇게 행동한다면 신앙생활을 포기하겠다는 뜻으로 보아도 틀리지 않을 것입니다. "나에게는 확신이 있어. 술 담배 때문에 천국 갈 사람이 지옥에 떨어지는 일은 없어" 하고는 제멋대로 음주와 흡연을 일삼는 사람이 있다면 그는 교회 안에서 혼자 별난 옷을 걸친 이상한 사람으로 비칠 것입니다.

결국 금주, 금연하는 전통을 지키는 한국교회 풍토가 우리에게 교훈하는 것은 무엇입니까? 술을 마셔도 되지만 잘못하면 그 일로 실족해서 넘어질 수 있는 형제가 교회 안에 너무 많다는 것입니다.

약한 형제든 강한 형제든, 술잔을 기울이는 목사를 보고 시험당하지 않을 사람은 없습니다. 수많은 형제를 걸려 넘어지게 하는 목사를 죄 없다 할 수 있겠습니까?

교회가 술을 금하게 된 두 번째 배경으로 사회적인 상황을 들 수 있습니다. 우리 사회는 술을 악으로 보는 시각이 지배적입니다. 사회에 만연한 여러 가지 불의, 악행, 부정부패 사건에 술이 끼어들지 않은 예가 없다고 해도 과언이 아닙니다.

술은 우리에게 득보다는 해를 더 많이 끼칩니다. 1985년에 바버라 톰슨이라는 의사가 쓴 《한잔 술로 죽어가다》를 보면, 방화와 익사 사건의 80퍼센트, 폭력 사건의 60퍼센트, 자살 사건의 30퍼센트가 술 때문에 발생했다는 통계가 나와 있습니다. 술을 지나치게 마셔서 알코올의존증이 되면 그 인격은 이미 파산한 것이나 다름없습니다. 잘못된 음주벽으로 가정이 깨어질 뿐만 아니라 많은 생명이 위협을 당한 사례가 허다합니다.

우리 대한민국은 이미 지난 1981년에 세계 제1위 음주 국가가 되었습니다. 우리 국민의 음주량이 어느 정도인지 압니까? 한해에 2홉들이 병으로 39억 5,643만 4,000병을 마셨습니다. 세종로에 있는 정부종합청사를 술통 삼아 계산한다면 무려 11통 하고도 5분의 1을 채울 수 있는 양입니다. 돈으로 따지면 2조 원인데 우리나라 1984년 세입 예산의 6분의 1에 해당되는 금액입니다. 그해에 우리 국민이 마신 술병을 옆으로 뉘어 연결하면 지구와 달을 왕복하고 다시 달까지 갈 수 있는 거리라고 합니다.

이처럼 우리나라 국민들이 얼마나 술을 많이 마시는지 모릅니다. 그래서 양식 있는 지성인들은 기독교와 상관없이 술을 무조건 끊는 것이 좋다고 생각하는 것 같습니다. 이것이 일반적인 경향입니다.

어떤 통계 자료를 보면 53퍼센트의 사람들이 술을 끊겠다고 작정한다고 합니다. 그리고 43퍼센트가 한두 번 술을 끊어보려고 시도한 경험이 있습니다.

**형제를 위하여
자유를 절제하라**

이와 같은 부정적인 시각은 술뿐만 아닙니다. 담배도 마찬가지입니다. 도박이나 마약 등에 대해서도 마찬가지입니다. 이것이 우리가 처한 현실입니다. 이런 의미에서 예수 믿는 사람이 술잔을 앞에 놓고 있거나 담배 연기를 뿜는 것을 보면 "아이고, 저 사람 믿음이 좋은 줄 알았더니 저러네" 하고 상처를 입을 성도가 교회 안에 많다는 것입니다. 이것을 부인할 수 있는 사람은 아무도 없습니다.

안 믿는 사람들 세계에서도 우리의 처신은 다를 바 없습니다. 믿는다는 우리가 그들 앞에서 술을 마시고 담배를 피운다면 "예수 잘 믿는 것 같더니 별수 없네" 하고 마음에 시험을 받아 예수 믿을 생각을 안 할지도 모릅니다. 따라서 아무리 할 수 있는 자유가 있더라도 술과 담배를 하면 우리는 지체 없이 양심의 가책을 받게 될 것입니다. 14절을 한번 보십시오.

> 내가 주 예수 안에서 알고 확신하노니 무엇이든지 스스로 속된 것이 없으되 다만 속되게 여기는 그 사람에게는 속되니라.

마음에 가책을 받으면서 먹고 마시는 것은 부정한 것이 된다는 말입니다.

음식으로 말미암아 하나님의 사업을 무너지게 하지 말라 만물이 다 깨끗하되 거리낌으로 먹는 사람에게는 악한 것이라(20절).

의심하고 먹는 자는 정죄되었나니…(23절).

의심하고 먹으면 벌써 죄를 범하는 것이 된다는 의미입니다. 이와 같은 말씀에 비추어 볼 때, 성경에서 죄라고 꼬집어서 말하지 않더라도 우리는 형제를 위해 함부로 술을 마시거나 담배를 피울 수 없습니다.

뉴욕의 한인교회 중 한 곳의 이야기입니다. 제가 잘 아는 목사님이 그 교회에 부임했을 때 35명의 미국인 성도들만 남아 있었습니다. 교회당은 꽤 큰데 어떻게 된 일인지 대부분의 성도가 떠나버린 것입니다. 그런데 그분이 처음 그 교회에 갔을 때 교회당 2층에서 이상한 방 하나를 발견했다고 합니다. 알고 보니 예배를 마치면 성도들이 올라가 담배 피우고 술 마시는 방이었습니다. 선반에 술병이 즐비하게 놓여 있고 한쪽 벽에는 담배 연기를 뽑아내는 환풍기가 돌아가고 있었습니다.

그가 처음 그 장면을 보았을 때 너무 기가 막혀 속으로 이런 말이 나왔습니다. '이 교회는 시내산 같군.' 하나님이 시내산에 임재하실 때 연기가 자욱했던 장면을 빗댄 것입니다. 그분은 그때 중대한 결단을 내렸습니다. 성도들에게 술 담배를 끊게 하고 성경 말씀을 가르치기로 한 것입니다. 그러자 얼마 지나지 않아서 교회가 부흥하기 시작했습니다. 4년 후에는 성도 수가 430명으로 늘어났습니다. 이 사례가 우리에게 가르쳐주는 교훈은 무엇입니까? 음주, 흡연은 하지 않는 것이 교회 갱신에도 좋고 전도에도 좋고 부흥에도 좋다는 것입니다. 아무리 우리에게 할 수 있는 자유가 있다 해도 술과 담배는 안 하는 것이 최선입니다.

> 만일 음식으로 말미암아 네 형제가 근심하게 되면 이는 네가 사랑으로 행하지 아니함이라 그리스도께서 대신하여 죽으신 형제를 네 음식으로 망하게 하지 말라(15절).

> 고기도 먹지 아니하고 포도주도 마시지 아니하고 무엇이든지 네 형제로 거리끼게 하는 일을 아니함이 아름다우니라(21절).

이 구절들을 보다 명확하게 이해하도록 고린도전서 8장 12-13절이 보충 설명을 합니다.

> 이같이 너희가 형제에게 죄를 지어 그 약한 양심을 상하게 하는 것이 곧 그리스도에게 죄를 짓는 것이니라 그러므로 만일 음식이 내 형제를 실족하게 한다면 나는 영원히 고기를 먹지 아니하여 내 형제를 실족하지 않게 하리라.

바울은 형제에게 조금이라도 거리낌을 주고 실족하게 하는 일이 있다면 평생 고기를 먹지 않겠다고 선언합니다. 고린도전서 10장 23-24절 말씀도 참고할 필요가 있습니다.

> 모든 것이 가하나 모든 것이 유익한 것은 아니요 모든 것이 가하나 모든 것이 덕을 세우는 것은 아니니 누구든지 자기의 유익을 구하지 말고 남의 유익을 구하라.

**자유를 절제하는 사람에게
따르는 복**

성경은 예수 믿는 사람은 무엇이든지 다 할 수 있지만 그렇다고 마음대로 해서는 안 된다고 말씀합니다.

우리가 주일을 지키는 것도 각자 마음에 작정한 대로 행동할 수 있습니다. 그렇지만 형제에게 거치는 자가 되지 않도록 조심해야 합니다. 주일에 영업을 하는 것이 죄인지 아닌지 딱 잘라 말하기 어렵습니다. 그러나 영업을 안 하는 쪽이 형제에게 훨씬 더 은혜를 끼칠 수 있을 것입니다. 주일에 매매하는 것이 죄냐 아니냐를 따지는 것이 쉽지는 않습니다. 그러나 주변에 있는 형제들에게 영적으로 은혜를 끼치기 원하면 가급적 사고파는 일을 금하는 것이 더 아름다운 일입니다. 주일에 예배드리는 것은 제쳐두고 공항에서 서성대고 있나요? 예배 시간인데도 극장에 가서 앉아 있나요? 주일인데 교회는 안 가고 등산복 차림으로 산을 찾아 떠납니까? 대청봉 정상을 향해 올라가는데 같은 교회 성도와 마주쳤다고 합시다. 서로 웃고 악수는 하겠지만 둘 다 부끄러워서 고개를 돌릴 것입니다. 마음속으로는 서로 조롱할지도 모릅니다.

주일 성수는 그리스도인의 가장 중요한 의무 중 하나입니다. 음주, 흡연, 도박, 사치, 이런 것들은 불신자들까지도 대부분 멸시하는 일입니다. 그런데 성경에 구체적으로 언급하지 않았다고 해서 우리가 함부로 할 수 있겠습니까? 그렇게 하는 것은 우리의 신앙 양심상 대단히 어려운 일이라고 생각합니다.

올바른 신앙생활을 하려면 다른 형제를 생각하고, 자기가 하고 싶은 것도 자제해야 합니다. 흔히들 하고 싶은 욕구를 자제하는 것은 고통이라고 생각합니다. 무엇이나 마음대로 할 수 있으면 행복하다고 말합니다. 정말 그럴까요?

> 하나님의 나라는 먹는 것과 마시는 것이 아니요 오직 성령 안에 있는 의와 평강과 희락이라(17절).

먹고 싶은 대로 먹는다고 마음에 천국이 임하는 것은 아닙니다. 마시고 싶은 것을 마셨다고 해서 천국의 행복이 찾아오는 것도 아닙니다. 평안과 기쁨을 주는 천국은 그런 데 있지 않다고 합니다. 그럼 어디에 있습니까? 성령 안에서 행하는 자의 심령에 있습니다. 의와 평강과 희락이 넘치는 심령에 있습니다. 예수님이 통치하시는 그 아름답고 거룩한 나라는 멀리 있지 않습니다. 내 마음속에 있습니다. 천국을 소유한 사람의 가정 안에 있습니다. 천국을 체험하는 성도들의 교회 안에 있습니다.

의(義)는 하나님과 사람 사이에서 최상의 의로운 관계를 이루는 법칙입니다. 인간관계의 법칙이요, 하나님 나라 관계의 법칙입니다. 이것이 의입니다. 평화는 하나님과 사람 사이에서 최상의 의로운 관계를 유지하는 것입니다. 기쁨은 하나님과 사람 사이에서 최상의 의로운 관계를 통해 체험하는 열매입니다. 의로운 관계를 유지하고 있기 때문에 기쁨을 체험한다는 말입니다.

그러면 하나님과 우리 사이를 한번 생각해봅시다. 하나님 앞에서 뭔가 가책받는 짓을 하면 이것은 의롭게 행하는 삶이 아닙니다. 그러다 보면 양심에 찔리고 마음에 평화가 사라집니다. 마음에 평화가 사라지면 기쁨이 없습니다. 이것이 하나님과 우리의 관계입니다.

그러므로 의와 화평과 기쁨이 충만한 천국의 행복을 마음에 소유하고자 한다면 하나님과 올바른 관계를 맺어야 합니다. 다른 형제와도 올바른 관계를 맺어야 합니다. 내가 어떤 형제에게 무언가 거리끼는 행동을 하면 형제가 실망하게 됩니다. 형제에게 사랑으로 행하지 않아 거치는 돌이 되면 스스로 가책을 받습니다. 그러면 그 형제와 나 사이는 굉장히 어렵고 불편한 관계가 됩니다. 따라서 내 마음에 평화가 사라집니다. 평화가 사라지면 기쁨이 없습니다. 형제를 만나도 좀처럼 기쁘지 않습니다.

우리가 이 악한 세상에서 그리스도인으로 행복하게 살려면 우리 마음에 천국이 있어야 합니다. 내 가정에 천국이 있어야 합니다. 우리가 사는 환경이 천국으로 변해야 합니다.

어떻게 이것이 가능합니까? 형제와의 의로운 관계를 통해 마음에 평화를 소유하는 것입니다. 평화를 누림으로써 우리 안에 기쁨이 충만하도록 만드는 것입니다. 이것이 하나님 나라입니다. 이것이 우리가 행복해지는 비결입니다. 이 행복을 술 때문에 포기할 수 있습니까? 이 놀라운 하나님 나라의 행복을 담배 때문에 잃어버릴 수 있습니까? 이 영광스러운 복을 주일에 함부로 어디 놀러가서 실컷 즐기는 쾌락 때문에 놓칠 수 있습니까?

우리가 참된 그리스도인으로서 형제를 위하여 자기를 절제하며 신앙생활을 하려고 힘쓰면 힘쓸수록 하나님의 복이 따라옵니다. 어떤 복입니까?

> 이로써 그리스도를 섬기는 자는 하나님을 기쁘시게 하며 사람에게도 칭찬을 받느니라(18절).

이 말은 하나님을 기쁘시게 한다는 말도 되고 하나님이 우리를 보시고 기뻐하신다는 말도 됩니다. 하나님이 기뻐하시는 존재가 된다는 것은 얼마나 놀라운 복입니까? 우리가 이 복을 누리며 살아야 하지 않겠습니까?

    사랑하는 형제자매 여러분, 술 때문에, 담배 때문에 하나님 나라를 잃어버리지 마십시오. 잠깐 즐기는 쾌락 때문에 하나님이 주시는 그 기쁨을 싼값에 팔아넘기는 부끄러운 사람이 되지 마십시오. 본문에 나오는 원칙을 명심함으로써 우리 모두가 하나님 나라의 행복을 마음껏 누리는 사람이 될 수 있기를 바랍니다.

46

연약한 자의 약점을 담당하라

로마서 15장 1-13절

1 믿음이 강한 우리는 마땅히 믿음이 약한 자의 약점을 담당하고 자기를 기쁘게 하지 아니할 것이라 2 우리 각 사람이 이웃을 기쁘게 하되 선을 이루고 덕을 세우도록 할지니라 3 그리스도께서도 자기를 기쁘게 하지 아니하셨나니 기록된 바 주를 비방하는 자들의 비방이 내게 미쳤나이다 함과 같으니라 4 무엇이든지 전에 기록된 바는 우리의 교훈을 위하여 기록된 것이니 우리로 하여금 인내로 또는 성경의 위로로 소망을 가지게 함이니라 5 이제 인내와 위로의 하나님이 너희로 그리스도 예수를 본받아 서로 뜻이 같게 하여 주사 6 한마음과 한 입으로 하나님 곧 우리 주 예수 그리스도의 아버지께 영광을 돌리게 하려 하노라 7 그러므로 그리스도께서 우리를 받아 하나님께 영광을 돌리심과 같이 너희도 서로 받으라 8 내가 말하노니 그리스도께서 하나님의 진실하심을 위하여 할례의 추종자가 되셨으니 이는 조상들에게 주신 약속들을 견고하게 하시고 9 이방인들도 그 긍휼하심으로 말미암아 하나님께 영광을 돌리게 하려 하심이라 기록된 바 그러므로 내가 열방 중에서 주께 감사하고 주의 이름을 찬송하리로다 함과 같으니라 10 또 이르되 열방들아 주의 백성과 함께 즐거워하라 하였으며 11 또 모든 열방들아 주를 찬양하며 모든 백성들아 그를 찬송하라 하였으며 12 또 이사야가 이르되 이새의 뿌리 곧 열방을 다스리기 위하여 일어나시는 이가 있으리니 열방이 그에게 소망을 두리라 하였느니라 13 소망의 하나님이 모든 기쁨과 평강을 믿음 안에서 너희에게 충만하게 하사 성령의 능력으로 소망이 넘치게 하시기를 원하노라

교회 안에는 믿음이 강한 자와 약한 자가 있게 마련입니다. 믿음이 강한 자들만 모인 교회는 이 세상에 하나도 없습니다. 그러면 무엇을 보고 믿음의 강약을 평가할 수 있습니까? 우리는 흔히 교회를 얼마나 열심히 다니는지, 기도생활에 얼마나 힘을 쏟는지, 하나님 나라를 위해 얼마만큼 시간과 재물을 바쳐 헌신하는지의 여부로 믿음의 정도를 측량할 수 있다고 봅니다. 이런 것들을 개인의 신앙을 평가하는 중요한 기준으로 삼습니다. 그러나 본문은 전혀 엉뚱한 기준을 제시합니다. 교회 안에서 인간관계를 얼마나 성숙하게 잘하고 있는가로 믿음의 정도를 판단해야 한다고 합니다.

다시 말해 "교회 안에서 약한 형제를 얼마나 잘 돌보며 감싸주는가?"를 보고 믿음이 강한지 약한지를 판단할 수 있다고 합니다. 특히 흠이 많고 실수를 잘하는 형제를 어떤 태도로 대하느냐에 따라 믿음의 강약을 진단할 수 있다는 것입니다. 약한 형제를 판단하지 않고 그의 주장이나 생각을 바다와 같이 넓은 마음으로 포용해주는 사람입니까? 그렇다면 그는 믿음이 매우 강한 사람입니다. 약한 형제가 걸려 넘어질까 염려되어서 마시고 싶은 것도 안 마시고 하고 싶은 일도 안 하며 형제에게 걸림돌이 되지 않으려고 애씁니까? 그렇다면 그는 매우 강한 믿음을 가진 사람임에 틀림없습니다.

이 기준에 관해 우리는 자기 성찰의 시간을 가져야 합니다. 교회 안에서 자신의 현주소를 점검해볼 수 있기를 바랍니다. '나의 인간관계가 내 믿음을 증명해보일 만큼 성숙했다고 할 수 있는가?' 이 문제를 놓고 성령께서 우리 자신을 돌아볼 수 있도록 마음의 눈을 열어주시기를 바랍니다.

바울은 자기를 어떻게 보았는지 압니까? '믿음이 강한 자'로 보았습니다. 15장 1절을 보면 "믿음이 강한 우리"라고 합니다. '우리' 안에는 바울이 포함되어 있습니다. 그는 자신을 믿음이 약한 자라고 말하지 않습니다. 연약한 형제를 위해 할 수 있는 대로 최선을 다하고 그들이 그리스도 안에서 바로 서도록 필요한 사역을 하는 데 부끄러움이 없다고 생각하기 때문에 자기를 강한 자라고 말합니다. 우리 모두 믿음이 강한 자가 되기를 바랍니다. 믿음이 강한 자는 약한 자를 위해 할 일이 매우 많습니다. 그러나 믿음이 약한 자는 강한 자를 위해 할 일이 별로 없습니다. 믿음이 강한 자가 많은 교회일수록 그 교회는 살아 있는 교회요, 능력을 가진 교회요, 사랑이 넘치는 교회라고 말할 수 있습니다.

어떤 신학자는 교회를 가리켜 "이 세상에서 교회만큼 이질적인 집단은 없다"라고 했습니다. 일리 있는 말이라고 생각합니다. 세상의 단체는 대부분 공통적인 특징을 가지고 모입니다. 이를테면 '동창이다', '종씨다', '동향이다', '같은 취미를 가졌다' 등등의 공통점이 있습니다. 다시 말해 끼리끼리 모였다고 할 수 있습니다. 이런 공통된 특성이 구성원을 쉽게 어울리도록 만듭니다.

그러나 교회는 어떻습니까? 자연적인 성향으로 볼 때 잘 어울리지 않는 사람들의 모임이 교회입니다. 서로 통할 수 없는 점들을 가지고 있는 사람들이 모였습니다. 서로 취미가 다릅니다. 빈부귀천이 확연히 나타납니다. 식자, 무식자가 한데 모여 있습니다. 이처럼 서로 밀어내기 쉬운 성질을 가진 일단의 사람들이 믿음이라는 띠에 묶여 모였기 때문에 가끔은 교회 안에서 참으로 다루기 어려운 문제들이 발생하기도 합니다.

사랑의교회 우물가선교회에서 〈십자가에 달린 창녀〉라는 제목의 성극 공연을 한 적이 있습니다. 나흘간 연속 공연된 성극을 보고 얼마나 많은 사람이 감동을 받았는지 모릅니다. 어떤 때는 앞자리에 앉아 자꾸 우는 관객들 때문에 역을 맡은 형제자매들이 지장을 받을 정도였다고 합니다. 공연은 매회 만장을 이루었는데 어떤 때는 300~400명이나 되는 사람들이 좌석이 없어 돌아갔다고 합니다. 이번 성극을 통해 우리의 현주소를 다시 한번 확인하는 계기가 되었다고 생각합니다. 예수님은 창녀를 불쌍히 여기고 찾아가셨지만 우리는 창녀라는 과거를 가진 사람이 예수 믿고 새 사람이 되어도 색안경을 쓰고 보는 경우가 많은 것 같습니다.

공연 기간에 우물가선교회 멤버들과 잠깐 이야기를 나눌 기회가 있었습니다. 그때 저는 어느 자매로부터 이런 말을 들었습니다. "목사님, 우리 선교회에 소속된 사람들이 다 그런 것은 아니지만, 일부 사람들은 서러움을 느끼고 있답니다. 예배에 참석해도 그 분위기에 휩싸이지 못하고 다락방 모임에 가고 싶어도 갈 수가 없어요. 어느 분이 제자훈련을 신청했더니 교회에서 거절했다고 해요. 그 이유가 뭘까요? 과거가 좀 복잡하다는 이유 때문에 교회 안에서 사람들과 어울릴 수 없다고 생각하는 것 아니겠어요? 목사님, 교회의 이런 풍토를 좀 고쳐주셨으면 좋겠습니다."

그 자매의 말을 듣고 무척 가슴이 아팠습니다. 교우들이 다 믿음이 강한 자라면 이런 문제가 생기지 않을 것입니다. 과거의 경력이 어떠했든, 무슨 죄를 범했든, 허물과 약점을 수두룩하게 가지고 있는 약한 형제라도 넓은 품으로 안아줄 수 있는 강한 믿음이 있다면 얼마나 좋겠습니까? 그러나 그렇지 못한 사람이 너무 많습니다.

믿음이 약한 자는 쉽게 상처를 받습니다. 교회 안에서 하고 싶은 일이 있어도 행할 수 있는 힘이 부족합니다. 그리고 해서는 안 되는 행동을 앞세우며 확신이 없으면서 남이 하는 것을 잘 따라 합니다. 이해를 해주어도 쉽게 상처를 받고, 아무리 거치는 것을 놓지 않으려고 조심해도 잘 걸려 넘어집니다. 이것이 믿음이 약한 자에게 있는 약점입니다.

그런데 그들의 약함은 하루아침에 강해지는 것이 아닙니다. 그들은 상당 기간 어쩔 수 없이 자신의 약한 부분을 끌어안고 허우적거려야 하는 사람들입니다. 어떤 형제는 사랑의교회에 처음 와서 강단 뒤에 십자가가 붙어 있지 않은 것을 보고 한참 동안 시험을 받았다고 합니다. 이 형제는 틀림없이 '믿음이 약한 자'라고 할 수 있습니다. 그리고 그 형제를 향해 누군가가 "당신, 왜 그런 것을 가지고 교회를 비판합니까? 그러면 다른 교회로 가시오. 십자가 붙어 있는 교회로 가면 되지 않습니까?" 하고 비난했다면 그 역시 믿음이 약한 사람이라고 할 수밖에 없습니다.

약한 자의 약점을 담당하라

믿음이 강한 자는 어느 정도로 약한 자를 위해주어야 할까요? 앞에서 우리는 두 가지 원칙을 배웠습니다. 첫 번째는 "각각 자기 마음으로 확정할지니라"입니다. 각자 소신대로 결정할 수 있는 자유를 인정하는 것이 약한 자를 받아주는 자세라고 할 수 있습니다. 두 번째는 "약한 형제들에게 걸림돌이 되지 말라"입니다. 형제를 실족하게 해서는 안 된다는 것입니다.

우리에게는 이 두 원칙을 지킬 능력이 있습니다. 약한 형제를 비판하는 일을 삼갈 수 있고, 다른 형제가 실족하지 않게 거치는 돌이 되지 않도록 조심할 수 있습니다. 이것은 저나 여러분이나 다 할 수 있는 일입니다. 그러나 하나님께서는 우리가 그 정도로 만족해서는 안 된다고 하십니다. 한 걸음 더 나아가야 한다는 것이 오늘 말씀입니다. 1절을 보십시오. 이것이 세 번째 원칙입니다.

> 믿음이 강한 우리는 마땅히 믿음이 약한 자의 약점을 담당하고 자기를 기쁘게 하지 아니할 것이라.

믿음이 약한 자에게는 약점이 있다고 했습니다. 상처 잘 받고, 비판하고, 하고 싶어도 쉽게 실천하지 못하는 여러 가지 약한 부분이 있습니다. 믿음이 강한 사람은 약한 자의 약점을 자기 것처럼 짊어지는 데까지 나아가야 합니다. '담당한다'는 말에는 '짊어진다', '내 것으로 받아들인다'는 의미가 있습니다. 이사야 53장 4절은 "그는 실로 우리의 질고를 지고 우리의 슬픔을 당하였거늘"이라고 말씀하고, 또 이사야 53장 6절을 보면 "우리 모두의 죄악을 그에게 담당시키셨도다"라고 말씀합니다. 예수님께서 우리의 모든 허물을 대신 덮어쓰시고 그 모든 허물로 받아야 할 하나님의 진노를 대신 받으셨다는 것을 일컬어 '담당한다', '짊어진다'는 말로 표현합니다.

우리도 교회 안에서 약한 형제들의 약점을 비판하지 말고 그의 약점을 나의 약점으로 여겨 그것을 함께 짊어지는 데까지 나아가야 합니다. 여기서 '마땅히'라는 말이 얼마나 무서운 말인지 모릅니다. 하고 싶으면 하고, 하기 싫으면 하지 않아도 된다는 말이 아닙니다. 반드시 그렇게 해야 된다는 뜻이 담겨 있습니다. 하나님께서 우리에게 요구하시는 수준이 이만큼 높은 것입니다.

 이웃의 약점을 나의 약점으로 알고 짊어지기를 원하는 사람은 희생의 대가를 지불해야 한다고 말씀합니다. 그 희생의 대가가 1절 끝에 나옵니다.

 … 자기를 기쁘게 하지 아니할 것이라.

 이웃을 기쁘게 하되, 자기를 기쁘게 할 생각은 하지 말라는 말입니다. 그래야만 약한 형제의 약점을 짊어질 수 있기 때문입니다. 이것은 대단한 희생이 아닐 수 없습니다. 우리가 이것을 하나님의 말씀으로 받아들일 수는 있습니다. 그러나 말씀 그대로 산다는 것은 굉장히 어려운 일입니다.

 형제의 약함을 대신 짊어지려면 목적의식이 뚜렷해야 한다고 말씀하고 있습니다. 무슨 목적을 가지고 그렇게 해야 합니까? 2절을 보기 바랍니다.

 우리 각 사람이 이웃을 기쁘게 하되 선을 이루고 덕을 세우도록 할지니라.

 형제에게 선을 이루고 덕을 세우도록 하겠다는 목적이 분명해야 합니다. 선을 이룬다는 것은 유익이 되게 한다는 말입니다. 즉, 약한 형제에게 도움을 주는 것입니다. 그리고 덕을 세운다는 것은 건물을 짓듯 서로 붙들어 세워주는 것을 말합니다. 즉, 형제의 믿음을 키워주고 약한 점을 강하게 만들어주는 것을 의미합니다. 그러므로 선을 이루고 덕을 세운다는 것을 하나로 묶으면 형제의 신앙과 인격을 키우기 위해 자신이 희생해야 한다는 뜻이 됩니다.

고린도전서 10장 32-33절에서는 이 내용을 이렇게 표현합니다.

> 유대인에게나 헬라인에게나 하나님의 교회에나 거치는 자가 되지 말고 나와 같이 모든 일에 모든 사람을 기쁘게 하여 자신의 유익을 구하지 아니하고 많은 사람의 유익을 구하여 그들로 구원을 받게 하라.

"자신의 유익을 구하지 아니하고 많은 사람의 유익을 구[한다]"는 의미로 본문은 "선을 이루고 덕을 세우도록 할지니라"라고 표현합니다. 이런 말씀을 앞에 놓고 묵상하면 예수 믿는 생활이 재미 없는 것처럼 생각되기 쉽습니다. 다른 형제를 기쁘게 하려고 내 기쁨을 희생해야 한다는 말이 반가울 리 없습니다. "다른 형제에게 선을 이루고 덕을 세우려고 나의 기쁨을 포기해야 한다면 신앙생활에 무슨 재미가 있겠느냐?"라고 반문하는 사람이 나올 수 있습니다. 그러나 사실은 그렇지 않습니다. 오히려 정반대입니다. 이웃을 위하는 것이 바로 나를 위하는 것임을 알아야 합니다. 이웃을 기쁘게 하는 것이 곧 나의 기쁨인 것입니다.

요즈음에는 예수 믿어도 개인주의가 팽배한 까닭인지 이런 이야기를 하면 마치 뜬구름 잡는 소리처럼 듣는 사람이 많습니다. 우리가 하나님 앞에 얼마나 죄를 많이 범하는지 모릅니다. 꼭 눈에 보이는 잘못만이 죄가 되는 것은 아닙니다. 성경이 가르치는 수준만큼 살지 못하는데도 아무 가책을 받지 않고 있다는 그 자체가 하나님 앞에 무서운 죄라는 것을 알아야 합니다.

하나님이 우리에게 요구하시는 것을 다시 한번 봅시다. 약한 형제를 위할 때 그것이 나를 위하는 것이고 약한 형제를 기쁘게 할 때 그것이 나의 기쁨이 된다는 것입니다. 이것이 하나님께서 우리에게 주신 영적생활의 대원리입니다. 교회는 그리스도의 몸이요, 우리는 그의 지체이기 때문입니다. 앉은 자리가 따뜻하면 온몸이 노곤하게 풀립니다. 마찬가지로 내가 약한 형제를 기쁘게 하면 그 기쁨이 놀랍도록 나에게 전달되어 오는 것을 느낄 수 있습니다. 반면 자기만을 기쁘게 하려고 교회생활을 하는 사람은 진정한 기쁨이 무엇인지, 진정한 행복이 무엇인지 잘 모릅니다. 그러므로 중요한 것은 빨리 믿음이 강해져서 약한 형제를 위해 희생할 줄 아는 사람이 되어야 한다는 것입니다.

은혜가 임하면
작은 예수가 될 수 있다

사랑하는 형제자매 여러분, 남의 짐을 대신 짊어지고, 남을 기쁘게 하고, 남에게 선을 이루며 덕을 세우라는 교훈은 분명한 진리입니다. 그러나 한편으로 이 말씀들은 우리에게 매우 어색한 이야기로 들리기 쉽습니다. 우리가 가장 하기 어려운 일이기 때문입니다. 저는 이 말씀들과 관련해 잊을 수 없는 한 가지 추억이 있습니다. 지금도 그때 일을 생각하면 부끄러워서 얼굴이 화끈 달아오르는 것을 느낍니다.

예전에 제가 600~700명 규모의 교회에 부교역자로 부임했을 때 이야기입니다. 담임목사님이 신학교를 갓 졸업한 저에게 중요한 일을 맡기셨습니다. 그러나 그 교회에는 저보다 먼저 들어온 부목사님이 한 분 있었습니다. 그분은 무슨 부족함이 있었는지 몰라도 담임목사님으로부터 두터운 신임을 받지 못하고 있었습니다. 담임목사님은 제가 어떤 사람인지 잘 모르면서 저에게 중책을 맡겼습니다. 전임자에게 맡겨야 할 일을 저에게 맡긴 것입니다. 위계질서가 바뀐 셈이지요. 저는 담임목사님이 시키는 대로 일을 했습니다만 이것으로 전임자가 크게 상처를 받았습니다.

여러 명의 부교역자를 두고 능력 위주의 인사 처리를 하는 것은 큰 시험거리의 소지가 될 수 있습니다. 그때 제가 용기를 내어 담임목사님에게 "저는 이 일을 못합니다. 전임자에게 맡겨주십시오. 저는 그분보다 더 잘할 자신이 없습니다" 하고 간곡히 사양했더라면 좋았을 텐데 안타깝게도 그렇게 하지 못했습니다. 그런 연유로 3년 동안 두 사람 다 힘든 세월을 살았습니다. 그분이 자꾸 저를 비판하고 다녀서 저도 속으로 몹시 갈등했습니다. 가까운 이웃에 살면서도 만나는 것이 부담스러워 슬슬 피해 다닐 정도였으니 얼마나 힘들었겠습니까? 결국 그분은 미국으로 떠났습니다.

지금 돌이켜 보니 제가 로마서 15장 1-2절 말씀을 실천했더라면 그런 부끄러운 일은 일어나지 않았을 것이라고 생각합니다. 신학교 나와도 별수가 없더군요. 목사 안수를 받고 교회에서 설교를 몇 년 해도 잘 안 되었습니다. 지금도 다를 바가 없지만 저는 중요한 사실 하나만은 확신하고 있습니다. 그것이 무엇인지 압니까? 하나님의 은혜만이 나를 움직일 수 있다는 것입니다. 순종할 수 없다고 움츠러들 때마다 은혜가 임하면 할 수 있게 된다는 것입니다. 은혜는 우리의 마음 밑바닥을 흔들어놓을 수 있는 강한 동기가 됩니다. 이 초자연적인 감동이 마음을 움직이면 우리는 할 수 있습니다. 그 동기와 감동에 붙들리기만 하면 우리는 믿음이 강한 자가 되어서 형제의 약함을 짊어질 수 있습니다.

그러면 우리를 감동시킬 수 있는 강한 동기는 어디서 오는 것입니까?

> 그리스도께서도 자기를 기쁘게 하지 아니하셨나니 기록된 바 주를 비방하는 자들의 비방이 내게 미쳤나이다 함과 같으니라(3절).

예수님은 자기를 기쁘게 하지 않으시고 우리를 위해 희생하셨습니다. 예수님이 우리를 위해 어떻게 하셨는지를 알 때 은혜가 임해서 우리를 움직이게 합니다. 그 은혜가 우리를 예수님처럼 살 수 있게 만듭니다.

예수님이 세상에 오셔서 활동하실 때에 자기를 기쁘게 하려고 한 일은 없었습니다. 그분은 우리를 기쁘게 하려고 희생하셨습니다. 그러므로 우리가 예수님을 바로 알고 그 놀라운 은혜에 감동을 받으면 아무리 불가능해 보이는 일도 할 수 있습니다.

약한 형제들을 기쁘게 하려는 일이 잘 안 된다면 그 이유는 간단합니다. 아직도 예수 그리스도를 잘 몰라서 그런 것입니다. 아직도 예수 그리스도를 멀리서만 바라보기 때문입니다. 우리 예수님은 이 세상에 오셔서 하나님을 비방하는 사람들의 저주를 홀로 받으셨습니다. 죄인들이 하나님을 향하여 욕하고 거역하고 배역했지만 그 모든 죄악의 값을 예수님이 혼자 다 담당하고 십자가에서 돌아가셨습니다. 빌립보서 2장 6-8절에 이것이 잘 나타나 있습니다.

> 그는 근본 하나님의 본체시나 하나님과 동등됨을 취할 것으로 여기지 아니하시고 오히려 자기를 비워 종의 형체를 가지사 사람들과 같이

되셨고 사람의 모양으로 나타나사 자기를 낮추시고 죽기까지 복종하셨으니 곧 십자가에 죽으심이라.

왜 예수님께서 하나님 자리에 계시기를 거절하고 세상에 오셨습니까? 자기를 기쁘게 하지 아니하고 우리를 기쁘게 하기 위해서입니다. 왜 예수님이 종의 모습으로 말구유에서 탄생하셨습니까? 자기의 기쁨을 포기하고 우리의 기쁨을 위해서입니다. 왜 주님께서 자기를 낮추어 죽기까지 복종하셨습니까? 우리에게 선을 이루고 덕을 이루게 하시기 위해서입니다. 그래서 그분은 우리의 질고를 지고 슬픔을 당하셨습니다. 이 놀라운 은혜로 우리는 질고에서 해방되었고 슬픔은 변하여 기쁨이 되었습니다.

예수 그리스도를 바로 만난 사람은 초자연적으로 진한 감동을 받습니다. 십자가의 주님을 만난 자는 자기만을 기쁘게 하려는 삶 자체가 얼마나 부끄러운 것인가를 깨닫습니다. 그래서 자기도 예수님처럼 살기를 원합니다. 예수님처럼 살기를 원하는 마음을 일컬어 예수의 마음이라고 합니다.

너희 안에 이 마음을 품으라 곧 그리스도 예수의 마음이니(빌 2:5).

우리가 잘 알고 있듯 우리 안에는 성령이 임하여 계십니다. 성령이 임하시는 순간에 살아 계신 예수 그리스도가 우리 안에 거하십니다. 예수 그리스도가 우리 안에 거하시면 우리는 예수님의 마음을 소유합니다. 성령이 임하여 계신다는 것은 십자가에서 죽으시고 부활하신 예수 그리스도, 살아 계신 하나님이 내 안에 계신다는 것을 의미합니다. 살아 계신 하나님, 예수 그리스도가 내 마음에 계시기 때문에 예수님의 마음이 우리 안에 있습니다. 주님의 마음이 곧 내 마음인 것입니다. 이처럼 우리가 예수님의 마음을 갖게 되면 자연히 우리에게서 예수님의 성품이 드러나기 시작합니다. 이것을 일컬어 성령의 열매라고 말합니다.

갈라디아서 5장 22-23절에 성령의 열매가 나옵니다. 사랑, 희락, 화평, 오래 참음, 자비, 양선, 충성, 온유, 절제, 이 아홉 가지입니다. 성령의 열매는 한마디로 요약해서 자기를 위하는 삶이 아니라 다른 형제를 위해 희생하는 삶을 말합니다. 다른 형제의 짐을 지고 그것을 기쁘게 감내하면서 사는 삶을 일컬어 성령의 열매를 맺은 사람이라고 말하는 것입니다. 반면에 육체의 일은 이와 뚜렷이 대조가 됩니다. 갈라디아서 5장 19절 이하를 보십시오.

> 육체의 일은 분명하니 곧 음행과 더러운 것과 호색과 우상숭배와 주술과 원수 맺는 것과 분쟁과 시기와 분냄과 당 짓는 것과 분열함과 이단과 투기와 술 취함과 방탕함과 또 그와 같은 것들이라…(갈 5:19-21).

이것들은 철저히 자기중심으로 살아가는 자의 특징이라고 할 수 있습니다.

그러므로 주님을 닮아가는 인격을 가졌다는 것을 무엇으로 판단할 수 있습니까? 다른 형제와의 인간관계가 어느 정도인가를 보고 판단할 수 있습니다. 형제의 짐을 지고 함께 기뻐하면서 나아갈 수 있다면 그는 성령의 열매를 가진 사람이요, 그리스도를 닮아가는 사람입니다. 따라서 본문 말씀대로 약한 형제를 적극적으로 받아주려면 한마디로 작은 예수가 되어야 합니다. 하나님처럼 되지 않으면 불가능합니다. 내가 예수님처럼 되어야 비로소 약한 형제를 받아들일 수 있고 형제의 약함을 기뻐할 수 있고 그 형제와 함께 동고동락할 수 있는 것입니다. 우리 모두가 그와 같은 수준까지 가야 한다고 주님은 말씀하십니다.

조나단 에드워즈는 미국이 낳은 저명한 신학자요 설교자요 목회자였습니다. 그는 지금으로부터 300여 년 전에 살았던 인물입니다. 그가 프린스턴 신학교 교장으로 있을 때의 이야기를 하나 하겠습니다. 그에게는 딸이 하나 있었습니다. 딸이 결혼 적령기가 되자 그를 바라보는 아버지의 마음은 늘상 무겁기만 했습니다. 딸의 성격이 몹시 날카롭고 괴벽스러워서 결혼생활을 제대로 할 수 있을까 염려되었기 때문입니다.

그런데 하루는 어떤 멋있는 청년이 그의 집을 찾아왔습니다. 청년은 에드워즈의 딸에게 청혼했습니다. 에드워즈의 마음이 얼마나 기뻤겠습니까? 그러나 그는 곧 냉정을 되찾고 청년에게 이렇게 말했습니다. "나는 아비로서 자네의 청혼을 받아들일 수 없네. 결혼할 생각을 하지 말게나. 자네가 내 딸을 잘 몰라서 그러는 것일세." 그랬더니 그 청년은 "제가 따님을 사랑하는데 왜 그러십니까?" 하며 물러날 기색을 보이지 않았습니다. "글쎄, 내 딸을 사랑하지 않는 게 좋을 걸세" 하고 에드워즈는 잘라 말했습니다. "따님도 저를 사랑하는데 왜 그러세요?" 하고 청년은 조금도 굽히지 않았습니다. "내 딸과 자네는 자격이 맞지 않는 것 같다네" 그랬더니 그 청년이 말을 받아서 대들 듯이 이렇게 항변합니다. "무슨 자격 말입니까? 저도 예수 믿습니다. 그 이상의 자격이 또 필요합니까?"

그때 에드워즈는 이렇게 대답했다고 합니다. "이봐, 젊은이, 고집 부리지 말게나. 내 딸 같은 사람과 평생 동거할 수 있는 자가 있다면 그는 하나님이라야 할 걸세. 자네가 하나님이라도 된단 말인가?" 이

에피소드는 우리에게 중요한 진리를 가르쳐줍니다. 약한 형제를 받아들이려면 나 자신이 하나님이 되어야 한다는 것입니다.

믿음이 약하고 허물을 가진 사람을 포근히 감싸주려면 작은 예수가 되어야 합니다. 하나님께서는 우리 각자에게 "네가 어떻게 약한 형제를 감싸줄 수 있겠니? 그것은 가당찮은 일이야. 차라리 포기해 버려"라고 하지 않으십니다. "네가 힘들더라도 작은 예수가 되어야 한다. 그렇게 해서 교회 안에 있는 약한 형제들을 감싸주고 위해주어야 한다"라고 말씀하십니다.

연약한 자의 약점을 담당하려면 작은 예수가 되는 길밖에 없습니다. 그것을 위해 몸부림치고 노력해야 합니다. 만약 거부한다면 그는 하나님의 마음을 바로 읽지 못하는 사람입니다. 그런 사람은 훗날 주님 앞에 섰을 때 얼굴을 바로 들지 못할 것입니다.

**나의 인격이
예수로 흘러넘치려면**

어떻게 하면 우리가 예수님을 닮는 수준에 이르기까지 자랄 수 있을까요? 어떻게 하면 성령의 열매, 예수님의 성품이 나의 인격을 통해 흘러넘치도록 할 수 있을까요? 여러 방법이 있겠지만 본문은 중요한 것 하나를 가르쳐줍니다.

> 무엇이든지 전에 기록된 바는 우리의 교훈을 위하여 기록된 것이니 우리로 하여금 인내로 또는 성경의 위로로 소망을 가지게 함이니라(4절).

성경은 우리를 교훈하기 위해 기록되었습니다. 따라서 4절의 핵심은, 우리가 형제의 약점을 담당할 수 있는 수준까지 자라려면 하나님 말씀을 공부해야 한다는 것입니다. 다시 말하면 말씀을 부지런히 먹어야 한다는 것입니다. 예수님의 마음이 내 마음이 되었으니 가만히 있어도 나는 예수님처럼 자라게 될까요? 천만의 말씀입니다. 말씀을 먹어야 자란다고 합니다. 내 안에 거하시는 성령께서는 하나님 말씀을 나에게 계속 먹이기를 원하십니다. 우리 영혼을 하나님 말씀으로 양육하기를 원하십니다. 그렇게 될 때 내 안에 있는 예수 그리스도의 마음이 자랍니다. 자꾸 자라서 나중에는 나도 모르게 예수님처럼 변해가는 것입니다.

성경을 열심히 배우는 사람은 그 말씀 앞에서 자기의 이기적인 마음이 녹아지는 것을 체험합니다. 지금까지 그런 체험이 없이 성경공부를 해왔다면 자신이 제대로 하고 있는지 돌아보기 바랍니다. 계속 말씀을 먹는 영혼은 자기만을 내세우는 악한 성품이 깨어지는 것을 체험합니다. 예수님이 다스리시는 심령으로 바뀌는 것을 봅니다. 예수님의 마음이 내 마음이 되는 것을 매일매일 새롭게 느낍니다. 예수님처럼 자기를 기쁘게 하지 아니하고 약한 자의 약점을 짊어지고 이웃을 기쁘게 하려고 애쓰는 사람으로 바뀌는 것을 발견합니다. 자신도 모르게 바뀝니다.

좋은 음식을 먹는데 자라지 않는 아이가 있습니까? 특별히 병든 아이를 빼고는 모두 자랍니다. 성령께서 깨닫게 하시는 말씀을 계속 먹으면 나도 모르게 자랍니다. 나도 모르게 예수가 되어갑니다. 나도 모르게 예수처럼 행동합니다. 우리에게 이런 혁명이 일어나지 않는다면 성경을 잘못 배운 것입니다. 우리가 성경을 통해서 교훈과 책망과 바르게 함과 의로 교육을 받는 이유가 어디 있습니까? 나의 인격이 온전하게 되기 위해서입니다.

이는 하나님의 사람으로 온전하게 하며 모든 선한 일을 행할 능력을 갖추게 하려 함이라(딤후 3:17).

교회 안에는 집안이 부유해서 값비싼 옷을 입고 다니는 자매들이 있습니다. 특히 주일날 교회에 올 때 유난히 눈길이 가는 비싼 옷을 걸치고 옵니다. 부인들이 새 옷을 입어도 어디 가서 자랑할 데가 별로 없지 않습니까? 그런데 교회는 사람들이 많이 모이는 곳이니까 자랑스럽게 입고 오는 것입니다. 자기 돈으로 사 입고 다니는데 무슨 말을 하겠습니까?

그러나 많은 자매가 성경 말씀을 배우는 동안 어떻게 사는 것이 지체에게 덕이 되는 삶인지를 깨닫기 시작하면서 그들의 행동이 달라지는 것을 봅니다. 어떻게 달라지는지 아세요? 가난한 지체를 생각해서 가급적 비싼 옷은 사지 않고, 또 있다 해도 일부러 안 입으려고 합니다. 이제는 누가 보아도 별로 관심을 기울이지 않을 만큼 평범한 옷을 입고 나와 예배드리는 사람으로 바뀝니다. 그의 성품이 주님을 닮아가는 증거입니다. 얼마나 멋있습니까?

부인들은 옷에 민감한 것 같습니다. 돈이 없어 입고 싶어도 못 입는 사람들은 잘 입는 사람을 보며 상처를 받고, 못 가진 사람은 가진 사람에게 은근히 반발심을 가질 수 있습니다. 교회 안에서도 믿음이 약하면 그럴 수밖에 없을 것입니다. 이와 같이 약한 형제를 생각하여 돈이 있으면서도 검소한 옷차림으로 나와 예배를 드리면 얼마나 아름답습니까? 말씀을 통해 사람이 바뀌는 것입니다. 우리 모두가 이처럼 주님을 닮아가는 사람이 되어야겠습니다.

우리가 성경을 공부하면 예수 그리스도를 배우게 되는 동시에 예수 그리스도의 꿈을 배우게 됩니다. 예수님의 꿈이 무엇입니까?

이제 인내와 위로의 하나님이 너희로 그리스도 예수를 본받아 서로 뜻이 같게 하여 주사 한마음과 한 입으로 하나님 곧 우리 주 예수 그리스도의 아버지께 영광을 돌리게 하려 하노라 그러므로 그리스도께서 우리를 받아 하나님께 영광을 돌리심과 같이 너희도 서로 받으라 (5-7절).

우리를 향한
예수 그리스도의 꿈

우리가 하나님의 말씀을 공부하면서 예수 그리스도를 만나게 되면 예수 그리스도의 인격과 삶을 배울 뿐 아니라 예수님의 소망에 대해서도 알게 됩니다. 예수님의 꿈을 배우게 됩니다. 5절부터 7절까지의 내용을 한마디로 요약하면 예수님은 교회가 하나 되기를 소망하고 계신다는 것입니다. 한마음 한뜻으로 한 몸을 이루는, 아름다운 하나님의 자녀가 되기를 바라십니다. 우리가 이 사실을 알면서 교회 안에서 서로 갈등할 수 있겠습니까? 교회가 하나 되기를 주님이 원하신다는 것을 배운 사람이 약한 형제와 등을 지고 살 수 있겠습니까? 절대 그렇게 할 수 없습니다.

예수님이 갖고 계신 또 다른 꿈은 세계가 하나 되는 것입니다. 이는 7절부터 12절까지의 내용입니다. 이것을 위해서 하나님께서는 유대인을 세계 열방 앞에 복음의 증거자로 삼으셨습니다. 예수님은 유대인들이 예수 그리스도를 증거하는 복음의 사역자가 되도록 하고자 할례의 추종자가 되셨다고 했습니다.

내가 말하노니 그리스도께서 하나님의 진실하심을 위하여 할례의 추종자가 되셨으니 이는 조상들에게 주신 약속들을 견고하게 하시고(8절).

할례의 추종자가 되셨다는 말이 무슨 뜻입니까? 할례를 받은 사람은 유대인입니다. 예수님이 유대인을 섬기는 복음 증거자가 되셨다는 말입니다. 예수님은 유대인에게 찾아오셨습니다. 유대인을 통해 복음을 전하셨습니다. 유대인에게 모든 것을 가르쳐주셨습니다. 그 이유가 무엇입니까? 유대인을 세계에 복음 전하는 자로 만들기 위해서입니다. 9절에는 시편 18편 49절이 인용되고 있습니다.

… 그러므로 내가 열방 중에서 주께 감사하고 주의 이름을 찬송하리로다….

여기서 '나'는 누구입니까? 유대인입니다. 하나님께서 유대인이 열방 앞에서 주님을 찬양하도록 만드셨습니다. 그다음, 이 유대인을 통해 이방 사람들이 하나님을 찬송하게 만든다고 말씀합니다.

… 열방들아 주의 백성과 함께 즐거워하라…(10절).

유대인과 함께 세계 모든 민족이 하나님을 찬송하도록 만드시는 것이 하나님의 꿈이요 예수님의 꿈입니다.

또 모든 열방들아 주를 찬양하며 모든 백성들아 그를 찬송하라 하였으며(11절).

유대인도 하나님을 찬송하고 이방인도 하나님을 찬송하면 모든 열방이 하나 되는 새로운 세계가 열릴 것입니다. 이것이 하나님의 꿈입니다.

… 이새의 뿌리 곧 열방을 다스리기 위하여 일어나시는 이가 있으리니 열방이 그에게 소망을 두리라 하였느니라(12절).

드디어 예수 그리스도가 나타나셔서 열방을 다스리시는 하나님 나라가 이 땅 위에 건설될 것입니다. 이것이 하나님의 꿈입니다. 예수님의 꿈입니다. 그러므로 예수님의 소망은 하늘과 땅에 있는 모든 것을 하나로 묶어 영원히 다스리시는 것입니다. 이것이 주님의 꿈인 것을 우리는 말씀을 통해 배웁니다.

사랑하는 형제자매 여러분, 주님은 교회가 하나 되기를 원하십니다. 이것을 아는 사람이 어떻게 교회 안에서 다른 형제에게 상처 주면서 살아갈 수 있겠습니까? 절대 그럴 수 없습니다. 교회가 하나 되길 주님이 원하신다면, 나는 형제의 약점을 짊어지고 그들을 기쁘게 하는 자가 되어야 합니다. 세계가 하나 되는 것을 주님이 소망하십니다. 유대인과 이방인, 동양인과 서양인, 백인과 흑인, 식자와 무식자, 가난한 사람과 부유한 사람을 가리지 않고 모두를 하나로 묶으셔서 예수 그리스도가 다스리시는 영광스러운 나라를 만드는 것이 그분의 꿈입니다.

우리가 이 사실을 잘 알면서 어떻게 형제와 더불어 하나 되는 것을 거부하며 살겠습니까? 어떻게 자기만 생각하고 사욕만 채우겠습니까? 그럴 수 없습니다. 그러므로 우리는 하나님의 말씀을 열심히 공부해야 합니다. 이 말씀을 통해 우리는 하나님의 꿈을 이루어드리는 자가 되어야 합니다. 주님께서 우리 안에 이 꿈을 풍성하게 채워주신 것을 감사드려야 합니다.

소망의 하나님이 모든 기쁨과 평강을 믿음 안에서 너희에게 충만하게 하사 성령의 능력으로 소망이 넘치게 하시기를 원하노라(13절).

이 소망은 교회가 하나 되며 더 나아가 세계가 주 안에서 하나 되는 소망입니다. 주님은 이 소망을 우리에게 넘치도록 부어주기를 원하십니다. 자기의 꿈을 우리와 나누길 원하십니다. 말씀을 통해 이 소망을 나누는 사람이 어떻게 약한 형제를 참사랑으로 받아주지 않겠습니까?

교회 안에서 하나 됨을 방해하거나 깨뜨리는 자는 하나님 사랑의 본질을 대적하는 사람입니다. 교회 안에서 형제와의 화목을 깨뜨리는 자는 하나님의 구원 목적을 방해하는 사람이요, 하나님의 영광을 빼앗는 사람입니다. 우리는 예수님처럼 살아야 합니다. 나를 기쁘게 하지 아니하고 형제를 기쁘게 하는 작은 예수가 되기를 원합니까? 믿음이 강한 자가 되어야 합니다. 아무리 약한 자라도 받을 수 있는 강한 자가 되기 바랍니다.

47

왜 전도는 은혜인가

로마서 15장 14-19a절

14 내 형제들아 너희가 스스로 선함이 가득하고 모든 지식이 차서 능히 서로 권하는 자임을 나도 확신하노라 15 그러나 내가 너희로 다시 생각나게 하려고 하나님께서 내게 주신 은혜로 말미암아 더욱 담대히 대략 너희에게 썼노니 16 이 은혜는 곧 나로 이방인을 위하여 그리스도 예수의 일꾼이 되어 하나님의 복음의 제사장 직분을 하게 하사 이방인을 제물로 드리는 것이 성령 안에서 거룩하게 되어 받으실 만하게 하려 하심이라 17 그러므로 내가 그리스도 예수 안에서 하나님의 일에 대하여 자랑하는 것이 있거니와 18 그리스도께서 이방인들을 순종하게 하기 위하여 나를 통하여 역사하신 것 외에는 내가 감히 말하지 아니하노라 그 일은 말과 행위로 19 표적과 기사의 능력으로 성령의 능력으로 이루어졌으며

본문 바로 앞 절인 15장 13절에서 로마서의 본론은 끝이 납니다. 그리고 15장 14절부터 16장 마지막 절까지 사도 바울은 편지를 마무리하면서 개인적으로 하고 싶은 이야기를 기록합니다. 본론이 끝났다고 해서 중요한 말씀이 없다고 생각하면 안 됩니다. 성령의 감동을 입어 하나님의 말씀을 기록한 것이기 때문에 사적이든 공적이든, 본론이든 결론이든 모든 구절이 성령께서 주시는 귀중한 진리를 담고 있습니다.

**바울이 나누고자 했던
두 가지 은혜**

바울은 로마에 있는 성도들에게 왜 편지를 써서 보내기를 원했는지 그 이유를 다시 한번 설명합니다. 그는 로마 성도들에게 세 가지 좋은 점이 있다고 말합니다.

> 내 형제들아 너희가 스스로 선함이 가득하고 모든 지식이 차서 능히 서로 권하는 자임을 나도 확신하노라(14절).

그들은 선한 사람들이었습니다. 또한 그들은 하나님의 말씀에 대한 지식이 있는 사람들이었습니다. 또 그들은 서로 도우면서 위로하며 살아갔습니다. 로마 성도들은 이와 같이 나무랄 데 없이 아름다운 그리스도인들이었습니다. 그런데 왜 바울이 그들에게 편지를 써서 보내려고 했을까요?

> 그러나 내가 너희로 다시 생각나게 하려고 하나님께서 내게 주신 은혜로 말미암아 더욱 담대히 대략 너희에게 썼노니(15절).

바울은 로마 성도들에게 이래라저래라 명령하는 고압적인 태도로 편지를 쓴 것이 아닙니다. 로마서를 쓰고 싶은 이유가 분명 있었습니다. 하나님께 너무나 큰 은혜를 받았기 때문에 그 은혜를 그들과 나누고 싶었던 것입니다. 그 은혜를 나눔으로써 로마 성도들에게 복음의 감격을 다시 회복시켜주고 싶었던 것이 그가 로마서를 쓰게 된 동기였습니다.

그는 1장에서도 이미 그런 마음을 밝혔습니다. 그런데 여기에서 다시 한번 그 사실을 상기시킵니다. 바울이 다메섹 도상에서 부활하신 예수 그리스도를 만난 뒤 새롭게 발견한 것이 있다면 그것은 '은혜'였습니다. 예수님을 알기 전에는 그 단어조차 몰랐던 바울입니다. 그러나 예수님을 만나고 나서 가슴 가득 느끼고, 체험하고, 알게 된 것이 바로 하나님의 은혜였습니다. 그렇기에 15절에서 "하나님께서 내게 주신 은혜"라고 말합니다. 그는 하나님께서 자기에게 주신 은혜를 여러 사람과 나누면서 함께 고무되기를 원했습니다. 그것이 바울의 간절한 심정이었습니다.

우리가 잘 알다시피 은혜란 전혀 받을 자격이 없는 사람이 엄청난 선물을 값없이 받는 것을 말합니다. 은혜를 받았다는 것은 첫째로 자기가 자격이 없음을 전제하는 것이고, 둘째로 그렇게 아무 자격이 없는데도 너무 과분한 것을 거저 얻었음을 뜻합니다. 이것이 은혜입니다.

그러면 바울이 하나님 앞에서 발견한 은혜가 무엇입니까? "나 같은 죄인이 구원받았다"는 것입니다. 한마디로 구원받은 은혜입니다. 바울은 이 사실을 로마서를 통해서 여러 번 우리에게 가르쳐주고 있습니다.

> 그리스도 예수 안에 있는 속량으로 말미암아 하나님의 은혜로 값없이 의롭다 하심을 얻은 자 되었느니라(롬 3:24).

> 또한 그로 말미암아 우리가 믿음으로 서 있는 이 은혜에 들어감을 얻었으며…(롬 5:2).

바울은 구원의 은혜가 너무나 크다는 것을 알고 그 은혜를 지금 로마서를 통해 간증하고 고백하며 가르치고 있습니다.

또 하나 바울이 발견한 놀라운 은혜가 있습니다. 자기를 불러서 예수 그리스도의 복음을 이방에게 전하게 하시려고 사도라는 직분을 주신 은혜입니다. 곧 사도로 부름받은 은혜입니다. 그래서 16절에 보면 "이 은혜는" 하고 설명이 나옵니다. 이 은혜는 구원받은 은혜도 되지만 동시에 복음을 전하도록 하나님 앞에 특별히 부름받은 은혜를 말합니다. 바울은 이 은혜를 말하고 싶어 했고, 나누고 싶어 했으며, 매일매일 새롭게 느끼기를 원했던 것입니다.

물론 바울과 우리를 비교해보면 다른 점도 있지만 같은 점도 있습니다. 바울과 우리가 다른 점이 무엇입니까? 그는 하나님이 특별히 세우신 사도였습니다. 그는 평생 이방인을 찾아다니면서 예수 그리스도를 증거하는 특별한 직분을 받은 사람이었습니다. 그러나 우리는 바울과 같은 사도가 아닙니다. 우리와 그는 이 점에서 분명히 다릅니다.

반면에 같은 점은 무엇입니까? 하나님이 바울에게 복음을 맡겨 전하라고 하신 것처럼 우리 모두에게도 예수 그리스도의 복음을 맡겨서 전하라고 하셨다는 것입니다. 바울에게 복음 전할 사명이 있었던 것처럼 오늘날 우리에게도 동일한 사명이 있습니다. 이것이 바울과 우리의 공통점입니다.

이런 의미에서 본문은 우리에게 시사하는 바가 매우 큽니다. 혹시 '나는 복음을 전해야 할 특별한 사명은 받지 않았어' 하고 생각하지는 않습니까? 만약 그렇다면 말씀을 잘 몰라서 그런 것입니다. 그런 생각은 뿌리째 뽑아버려야 합니다. '하나님은 나에게도 복음을 전하는 특별한 사명을 주셨다'고 믿으십시오. 우리 모두는 이 사실을 반드시 인정하고 명심해야 합니다.

전도가 은혜인 세 가지 이유

예수 그리스도의 일꾼으로 부름받음

그러면 전도가 왜 은혜인 것일까요? 오늘 말씀을 통해 몇 가지 배울 것이 있습니다. 먼저는 내가 할 수 없는 일을 하나님이 시키셨기 때문에 전도는 은혜입니다. 그 일을 해서는 안 될 사람인데 하나님이 시키셨기 때문에 은혜가 되는 것입니다. 여기에 대해 좀 더 구체적으로 살펴보고자 합니다.

첫째, 전도는 예수 그리스도의 일꾼으로 부름받았다는 것을 의미하기 때문에 은혜가 됩니다.

> 이 은혜는 곧 나로 이방인을 위하여 그리스도 예수의 일꾼이 되어…
> (16절).

여기에서 '일꾼'은 주인이 마음에 들어 자기 일을 맡기는 사람을 이야기합니다. 머슴이라든지 몇 푼 집어 주고 온종일 일을 시키는 사람을 말하는 것이 아닙니다. 영어에서 '미니스터'(minister)에 해당하는 말입니다. 이 단어는 목사나 성직자를 뜻합니다. 세상 정부의 장관을 일컫기도 하지만 이것은 원래 성직을 맡은 사람을 가리킵니다. 여기에 나오는 일꾼이 바로 그 뜻입니다.

예수 그리스도의 복음을 온 세상에 전하는 것은 결단코 하찮은 일이 아닙니다. 그것은 굉장히 중요한 일입니다. 복음을 들고 나가서 전하는 사람은 거룩한 사람이요, 복음을 전하는 일은 거룩한 일입니다. 그래서 예수 그리스도의 일꾼이라고 말하는 것입니다.

예수님께서 제자들을 부르신 목적이 무엇입니까? 사람을 낚는 어부가 되도록 하기 위해서입니다. 예수님께서 성령을 우리에게 부어주신 이유가 무엇입니까? 권능을 받아 땅 끝까지 그리스도의 증인이 되게 하려 함입니다.

하나님께는 모든 사람을 구원하는 것만큼 중요하고 시급한 일이 없습니다. 성경 전체를 통해 하나님이 가장 중요하게 여기는 일이 무엇인지 한번 찾아보십시오. 예배라고 말할지도 모릅니다. 그러나 아닙니다. 지구 역사가 존재하는 한, 하나님께는 예배보다 더 중요한 일이 남아 있습니다. 죽은 자를 구원하는 선교요 전도입니다. 예수 믿지 않으면 영원히 죽을 수밖에 없는 사람들이 수두룩한 이상, 전도만큼 시급하고 중요한 일이 없습니다. 그렇기 때문에 성부, 성자, 성령 하나님께서 합동으로 이 일을 열심히 하고 계십니다. 우리가 읽은 본문에서 그것을 엿볼 수 있습니다.

> 이 은혜는 곧 나로 이방인을 위하여 그리스도 예수의 일꾼이 되어 하나님의 복음의 제사장 직분을 하게 하사 이방인을 제물로 드리는 것이 성령 안에서 거룩하게 되어 받으실 만하게 하려 하심이라(16절).

누구의 일꾼이라고 했습니까? "그리스도 예수의 일꾼"이라고 했습니다. 성자 하나님의 일꾼입니다. 또 누구의 복음이라고 합니까? "하나님의 복음"이라고 합니다. 성부 하나님을 이야기합니다. 그리고 끝부분에 보면 전도해서 하나님 앞으로 인도한 사람을 거룩하게 하시는 분이 나옵니다. 바로 성령입니다. 여기서 우리는 전도에 관한 한 성부, 성자, 성령께서 동참하여 함께 일하시는 모습을 발견할 수 있습니다.

다시 한번 확인해봅시다. "그리스도 예수의 일꾼"이라고 말합니다. "하나님의 복음"이라고 말합니다. "성령 안에서 거룩하게 되어"라고 말합니다. 전도 사역이 성삼위 하나님께 얼마나 중요한가를 엿볼 수 있습니다.

성삼위 하나님이 그렇게 중요하게 다루는 일이라면 얼마나 가치 있는 일입니까? 중요한 일일수록 그 일을 맡은 자의 영광은 큽니다. 우리가 이 복음을 전하는 일꾼으로 부름을 받았다면 그것은 영광이요 은혜가 아닐 수 없습니다. 나 같은 사람이 어떻게 그 귀한 일을 하게 되었는지 생각만 하면 가슴이 뭉클해집니다. 하나님이 나의 무엇을 보시고 이렇게 영광스러운 일을 맡겨주셨는지 생각만 하면 눈물이 쏟아지는 것입니다.

사도 바울은 평생 이 감격을 가지고 살았습니다. 매를 맞을 때나 감옥에 갇힐 때나 이 감격 때문에 눈물을 흘리며 하나님을 찬양했습니다. 배가 고파서 웅크리고 있을 때도 이 감격 때문에 몸을 떨었습니다. "하나님이여, 하나님이여, 하나님이 그렇게 중요하게 다루시는 일을 나 같은 놈에게 어떻게 맡기십니까? 굶어도 좋습니다. 매 맞아도 좋습니다. 죽어도 좋습니다. 하겠나이다. 생명 바쳐 하겠나이다. 생명 바쳐 하겠나이다." 바울의 감격이 여기에 있었습니다.

> 나를 능하게 하신 그리스도 예수 우리 주께 내가 감사함은 나를 충성되이 여겨 내게 직분을 맡기심이니(딤전 1:12).

죄인 중의 괴수인 자기에게 하나님이 복음을 전하라고 하신 것이 얼마나 기가 막힌 은혜인지를 말합니다.

> 우리 주의 은혜가 그리스도 예수 안에 있는 믿음과 사랑과 함께 넘치도록 풍성하였도다(딤전 1:14).

그는 하나님이 주신 은혜가 너무나 풍성했다고 간증합니다. 고린도전서 15장 9절은 너무나 유명한 말씀입니다.

> 나는 사도 중에 가장 작은 자라 나는 하나님의 교회를 박해하였으므로 사도라 칭함받기를 감당하지 못할 자니라.

바울은 자기에게 복음을 전할 자격이 없다고 생각했습니다. 그럼에도 하나님이 자기에게 복음을 전하도록 하신 것은 너무나 큰 은혜라고 여겼습니다. 그래서 그는 이 은혜를 조금이라도 헛되게 할까두려워 다른 사도보다 더 열심히 복음을 전했다고 합니다. 공짜로 은혜를 받았으니 얼마나 황송합니까? 아무 자격 없는 사람이 은혜를 받았으니 몸 둘 바를 모르는 것입니다. 하나님이 자기를 그리스도의 일꾼으로 불러주셨다는 그 은혜에 깊이 감격한 사람은 누구나 이런 태도로 살아갑니다.

옛날 군주 시대에는 임금의 권세가 대단했습니다. 임금의 말 한 마디가 곧 법이 될 만큼 절대 권력을 가졌습니다. 임금이 신하에게 어명을 내리면 명령을 받은 신하는 "하해와 같은 은혜 황공하옵나이다" 하면서 임금 앞에 고개를 조아리며 엎드려 절을 올립니다. 그리고 임금이 자기를 알아준다는 사실에 감격하여 "분골쇄신, 이 몸이 가루가 되는 한이 있더라도 전하의 망극하신 은혜는 잊지 않고 보답하겠나이다" 하고 충성을 맹세합니다. 왕이 자기를 알아주는 것으로도 이렇게 감격하는데 하나님이 우리를 알아주시니 우리가 어찌 감격하지 않을 수 있겠습니까?

하나님이 우리를 알아주셨습니다. 하나님이 우리를 인정하셨습니다. 그래서 그분이 가장 중요하게 여기는 복음 전하는 일을 우리에게 맡겨주셨습니다. 하나님이 우리를 불러 자녀로 삼으실 때도 얼마나 생각하시고 가려서 하셨는지 우리는 로마서를 통해 많이 배웠습니다. 만세 전부터 무궁한 사랑으로 나를 미리 아시고 미리 정하시고 부르시고 의롭다 하신 다음 영화롭게 하셨습니다. 에서 같은 사람은 미워하고 야곱 같은 나를 하나님이 사랑하셨습니다. 아무나 택하셨나요? 아무나 불러서 자기 자녀 만드셨나요? 아닙니다. 하나님이 원하시는 사람을 부르셨습니다. 그중에 내가 낀 것입니다. 얼마나 영광이요 은혜입니까?

마찬가지로 하나님이 복음을 전하라고 맡길 때는 아무나 불러서 전하라고 하지 않으십니다. 하나님이 맡겨도 되겠다고 생각한 사람에게 맡기는 것입니다. 그 사람이 누구입니까? 바로 우리입니다. 나 자신입니다. 이 사실을 믿어야 합니다. 내가 하나님의 일을 맡아서 할 만한 자격이 있나요? 무슨 선한 것이 있나요? 똑똑하기나 한가요? 날마다 쓰러지고 넘어지는데 말입니다. 그럼에도 하나님이 나를 알아주셨습니다. 얼마나 황송한 은혜입니까?

테일러 카셀은 이런 찬송시를 썼습니다. 찬송가 508장입니다. "주 내게 부탁하신 일 천사도 흠모하겠네 화목케 하라신 구주의 말씀을 온 세상 널리 전하세." 하나님이 우리에게 맡기신 복음을 전하는 일은 하늘의 천사도 부러워하는 일이라고 그는 노래했습니다. 그 좋은 일을, 그 아름다운 일을 하나님이 우리에게 맡기셨습니다. 얼마나 영광입니까? 얼마나 큰 은혜입니까? 천사가 흠모하는 일을 하나님이 나에게 맡기셨습니다. 하나님이 나를 그만큼 인정하신다는 것입니다. 할렐루야! 우리가 이것을 알아야 합니다. 얼마나 큰 은혜입니까? 얼마나 감격스러운 일입니까?

한국교회사를 보면 믿음의 선배 가운데 전도에 미친 위대한 영웅들이 많습니다. 백여 년밖에 안 된 짧은 선교 역사에서도 전도가 너무 좋아 목숨 바치기를 두려워하지 않은 위대한 분들이 많았습니다. 그들은 구원받은 은혜가 귀한 줄 알았기에 복음을 전했습니다. 그 일을 자기에게 맡겨주신 은혜가 귀한 줄 알았기 때문에 생명을 걸고 전했던 것입니다.

우리는 '전도' 하면 최권능 목사님을 떠올립니다. 그에게는 유명한 일화가 많이 따라다닙니다. 사실 그는 신학교에 다닐 때 공부를 못해서 몇 번 낙제한 적이 있습니다. 세상적으로 보면 열등생으로 취급될 만한 인물이었지만 하나님이 그런 사람을 불러 복음을 전하게 하신 것입니다. 연로한 나이였지만 복음 전하는 일에는 뛰어난 열정이 있었습니다. 그를 통해 얼마나 놀라운 이적들이 많이 일어났는지 모릅니다. 한 가지 예를 들겠습니다.

어느 날 최권능 목사님이 평안북도 산골에 있는 화전민 마을을 찾아갔습니다. 화전민은 힘들게 마련한 작은 농토를 가지고 겨우 살아가는 가난한 사람들입니다. 최 목사님이 그 불쌍한 사람들을 전도해야겠다고 찾아간 것입니다.

전도라는 것이 그렇게 쉬운 일이 아닙니다. 그는 궁리를 하다가 꾀를 냈습니다. 밭에서 일하는 그들에게 들릴까 말까 하는 위치에서 "사람 죽는다, 사람 죽는다!" 하고 소리를 질렀습니다. 순진한 화전민들이 얼마나 놀랐겠습니까? 밭을 매던 호미를 집어던지고 황급하게 달려왔습니다. 금세 50명이나 되는 사람이 모였습니다. 데굴데굴 구르면서 슬그머니 눈을 뜨고 보니 많은 사람이 모여 있거든요. 속으로 '때는 지금이다' 하고 큰 소리로 "여러분, 예수 믿으시오. 예수 믿으면 천당이요. 예수 안 믿으면 사람 죽소. 예수 믿어야 하오" 하고 외쳤습니다.

지켜보던 화전민들이 얼마나 황당했겠습니까? 일하다가 놀라서 뛰어왔는데 말입니다. 그들은 화가 나서 "이 영감쟁이가 돌았군" 하며 그를 두들겨 패려고 했습니다. 그는 도망치기 시작했습니다. 도망치면서 가슴에서 뭔가를 끄집어내 "암행어사 출두요!" 하고 외쳤습니다. 화전민들은 또 한 번 깜짝 놀랐습니다. 옛날에 암행어사가 마패를 차고 출두하면 산천초목이 벌벌 떤다고 하지 않았습니까?

순진한 화전민들이라 너무 놀라서 전부 땅바닥에 엎드렸습니다. 진짜 암행어사가 온 줄 알고 말입니다. 그런데 사실 그것은 마패가 아니라 어느 노회에서 전도를 잘한다고 준 기념패였습니다. 그것을 품에 넣고 다니다가 때마침 끄집어내 흔든 것입니다. 그가 화전민들이 엎드려 있는 곳으로 와서 무슨 말을 했는지 아세요? "나는 사람이 보낸 암행어사가 아니요. 하나님이 보낸 암행어사요. 여러분, 하나님을 섬기지 아니하면 살아남지 못할 것이요. 그리 아시오."

이처럼 장난기 어린 전도에도 하나님이 역사하셨습니다. 화전민들이 복음을 듣고 회개하여 주께로 돌아온 것입니다. 하나님이 보내신 암행어사가 누구입니까? 바로 전도자입니다. 하나님이 특별히 일을 맡기신 복음의 일꾼입니다. 우리에게 이와 같은 긍지가 있습니까? 구원받은 감격이 있으면 보냄받은 감격도 있어야 합니다. 하나님의 자녀가 된 은혜의 감격이 있다면 복음 전하라고 나에게 일을 맡기신 데 대한 은혜의 감격도 있어야 합니다. 그것이 얼마나 영광스러운 일인지 모릅니다.

하나님의 제사장으로 부름받음

둘째, 전도는 하나님께 제사를 드리는 일이므로 은혜입니다.

> 이 은혜는 곧 나로 이방인을 위하여 그리스도 예수의 일꾼이 되어 하나님의 복음의 제사장 직분을 하게 하사 이방인을 제물로 드리는 것이 성령 안에서 거룩하게 되어 받으실 만하게 하려 하심이라(16절).

제사라는 것은 어느 종교나 마찬가지로 신을 섬기며 그에게 제물을 바치는 일입니다. 제단에 제물을 바치는 일은 제사장이 합니다. 그런데 바울은 복음 전하는 일을 제사 드리는 것으로 보았습니다. 왜 그렇게 보았습니까? 여기에는 참 중요한 의미가 담겨 있습니다. 성경을 보면 인간은 원래 하나님의 원수였습니다. 하나님은 화목하기를 원하셨지만 창조자와 피조물, 곧 영원히 거룩하신 분과 영원히 저주받은 죄인이 어떻게 화목할 수 있겠습니까? 사람끼리라면 문제가 안 됩니다. 서로 이야기하다 보면 얼마든지 풀릴 수 있습니다. 그러나 하나님과 인간 사이에는 통하지 않습니다.

이 문제를 해결하기 위해 하나님은 우리에게 제사를 지내라고 하셨습니다. 제사를 지내려면 제사장이 필요합니다. 하나님과 사람 사이를 묶어주는 역할을 하는 것이 제사장입니다. 이런 의미에서 복음을 전한다는 것은 하나님을 모르는 죄인을 하나님과 화목하도록 만드는 것입니다. "예수 믿으십시오. 하나님이 당신의 죄를 용서해주실 것입니다. 예수만 믿으십시오. 하나님 앞으로 나오십시오" 하고 그 사람을 하나님 앞으로 데려가는 것이 전도입니다. 하나님과 사람을 화목하게 하는 것이 전도입니다. 전도를 받고 어떤 사람이 예수님을 믿었다고 합시다. 그것은 하나님께 제일 좋은 제물로 제사를 드리는 것과 같습니다. 안 믿는 남편을 아내가 열심히 전도해서 예수 믿게 했다면 아내는 남편을 제물 삼아 하나님의 마음을 흡족하게 하는 제사를 드린 것과 같습니다. 이런 의미에서 우리 모두는 제사장입니다. 얼마나 멋있는 일입니까? 우리가 잘 아는 것처럼 제사장은 아무나 할 수 없습니다.

너는 이스라엘 자손 중 네 형 아론과 그의 아들들 곧 아론과 아론의 아들들 나답과 아비후와 엘르아살과 이다말을 그와 함께 네게로 나아오게 하여 나를 섬기는 제사장 직분을 행하게 하되 네 형 아론을 위하여 거룩한 옷을 지어 영화롭고 아름답게 할지니(출 28:1-2).

하나님께서 아론과 그의 아들들을 부르셔서 그들에게 하나님을 섬기는 제사장 직분을 맡기셨습니다. 전능하신 하나님, 거룩하신 하나님, 높고 영존하시는 하나님을 받들어 섬기는 직분이 제사장입니다. 얼마나 중요한지 모릅니다. 그러므로 하나님께서 제사장들을 영화롭고 아름답게 하신다고 말씀했습니다. 제사장 일은 아무나 할 수 없습니다. 하나님이 부르셔야 할 수 있기 때문입니다. 오직 하나님이 인정하는 사람만이 할 수 있습니다.

웃시야는 대단히 걸출한 왕이었습니다. 그런데 정치를 잘해서 나라가 부강해지고 평안해지니까 점점 교만해졌습니다. 성전에 들어가 제사장만이 할 수 있는 일을 자기가 하겠다며 제단에 제물을 바치려 한 것입니다. 결국 그는 하나님께 벌을 받아 문둥병자가 되었습니다. 구약시대에는 그런 사람을 하나님이 그냥 두시지 않았습니다. 왕이든지, 부자든지, 많이 배운 사람이든지, 무식한 사람이든지 간에 제 마음대로 제사장 자리를 넘보는 자는 하나님께 엄한 징계를 받았습니다.

이렇게 함부로 될 수 없는 제사장 직분을 하나님이 우리에게 맡겨주셨습니다. 복음을 전하라고 명령하신 것을 보면 이 사실을 알 수 있습니다. 얼마나 큰 은혜입니까? 베드로전서 2장 9절을 보세요. 우리를 왕 같은 제사장으로 삼으신 목적은 복음을 전하도록 하기 위해서라고 합니다.

하나님이 우리에게 너무나 고귀한 직분을 주셨기에 우리는 전도해야 합니다. 하나님이 가장 기뻐하시는 제물을 드리는 영광스러운 자리에 우리를 세워주셨기에 우리는 전도해야 합니다. 하나님이 가장 원하시는 제물이 무엇인지를 아는 사람은 반드시 전도하게 되어 있습니다. 사나 죽으나 시간만 나면 전도하려는 사람은 이 은혜를 깊이 깨달은 사람입니다.

한국교회의 역사는 백여 년밖에 안 되었지만, 많은 사람의 가슴 속에는 선교의 열정이 타오르고 있습니다. 복음을 전하고 싶어 견디지 못하는 많은 젊은이들이 세상의 부귀영화를 다 포기하고 산간오지로, 적도로, 아프리카 등지로 달려가는 모습을 봅니다. 서울에서 "선교한국 1992" 대회를 할 때도 3,000명이나 되는 대학생들이 모였고 선교사로 자원하는 사람이 1,000명 넘게 나왔습니다. 복음을 전하기 위해 달려가는 젊은이들의 마음속에는 감격이 있습니다. 생의 의미가 넘치는 것입니다. '나 같은 죄인'을 불러 하나님의 복음을 전하는 제사장이 되게 하셨으니 그것이 얼마나 큰 감격입니까? 여러분에게도 이 감격이 있습니까?

며칠 전 아프리카 감비아에서 선교 활동을 하는 유병국 선교사로부터 편지가 왔습니다. 감비아가 어디에 있는지 지도에서 한번 찾아보세요. 저는 아직 한 번도 가보지 못했지만 사람 살 데가 못 되는 곳이라고 합니다. 유 선교사의 편지를 보니, 언제나 더운 날씨에 모기떼는 항상 우글거리고 물을 얻으려면 7킬로미터를 가야 겨우 한 통을 구할 수 있다고 합니다. 그렇게 덥고 짜증 나는 곳이라면 물이라도 풍족해야 하지 않겠습니까? 그 살기 힘들고 가난한 나라에서 유 선교사는 주의 복음을 위해 가족과 함께 헌신합니다. 그가 편지에 이런 말을 썼습니다.

"언제나 같은 날씨, 같은 환경, 같은 음식, 같은 사람 속에 묻혀 살다 보니 도대체 가을이 오는지, 여름이 가는지, 8월인지, 9월인지 느끼지도 못한 채 시간만 자꾸 지나고 있습니다. 모처럼 저녁 하늘을 유심히 쳐다보다가 약간 기울어가는 밝은 달을 보며 고향 생각을 하다 추석이 지난달이었다는 사실을 나중에야 알게 되었습니다.

지금은 잠시 중단된 상태이지만 이곳에 저희의 거처를 짓는다고 생각하면 가끔씩 서글프고 외로울 때가 있습니다. 이제는 주님 앞에 가기 전까지 저희가 돌아갈 곳이 한국에는 없고, 이 머나먼 타향 감비아가 저희와 아이들의 고향이 된다고 생각해서겠지요. 그래도 저희는 기쁨 가운데 잘 지내고 있습니다."

왜 우리 젊은이들이 이런 열정으로 한생을 바칩니까? 감비아는 이슬람권 국가이기 때문에 선교하기가 얼마나 위험한지 모릅니다. 그래도 그는 선교 활동을 펼치려고 오지 마을에 들어가서 집을 지었는데 그 곁에 도서관이라는 명목으로 조그마한 집을 하나 더 지었습니다. 거기에 청년들이 모여들면 은밀하게 말씀을 가르치려고 하는 것입니다. 하나님이 기뻐하시는 일에 쓰임받는다는 것은 얼마나 영광스러운 일인지 모릅니다.

교회 안에는 나 같은 사람을 불러 그리스도의 일꾼으로 삼아주셨다는 감격 때문에 전도밖에 모르는 사람들이 많습니다. 제가 시무하는 교회 신문에 박우신, 김효숙 두 집사님 부부의 이야기가 실린 적이 있습니다.

박 집사님은 조그마한 인쇄소를 경영합니다. 그런데 집사님의 꿈이 무엇인지 아세요? 나이 쉰이 되면 세상일은 좀 제쳐놓고 세계 선교를 위해 한번 뛰어보고 싶다는 것입니다. 이것이 그분의 소박한 꿈입니다. 집사님은 저에게 약 올리는 말을 한마디 했습니다.

"저는 우리 교회에서 옥 목사님도 안 부러워요. 전도와 선교에 미친 김세환 장로님과 이성준 집사님이 제일 부러워요. 저도 속히 그렇게 되게 해달라고 계속 기도하고 있습니다."

김세환 장로님과 이성준 집사님은 전도에 미쳐 있는 분들입니다. 박 집사님이 그 두 분을 가장 부러워한다는 것입니다. 전도는 억지로 하는 것이 아닙니다. 그런 열정이 어디서 나옵니까? 하나님이 원하시는 제물을 드릴 수 있는 제사장이 되었다는 데서 나오는 것입니다. 우리 모두에게는 그와 같은 열정이 있어야 합니다. 하나님께서 열정을 주시도록 기도해야 합니다.

성령의 능력을 자랑할 수 있음

끝으로, 왜 전도가 은혜입니까? 복음을 전하는 자가 성령의 능력을 제일 많이 자랑할 수 있기 때문에 그렇습니다.

> 그러므로 내가 그리스도 예수 안에서 하나님의 일에 대하여 자랑하는 것이 있거니와 그리스도께서 이방인들을 순종하게 하기 위하여 나를 통하여 역사하신 것 외에는 내가 감히 말하지 아니하노라 그 일은 말과 행위로 표적과 기사의 능력으로 성령의 능력으로 이루어졌으며…
> (17-19절).

복음 전하는 사람에게는 기가 막힌 특혜가 하나 있습니다. 성령의 역사를 체험하는 은혜입니다. 사복음서를 보십시오. 예수님이 행하시는 이적 기사는 전부 다 복음 전하는 현장에서 일어났습니다. 복음을 전할 때 앉은뱅이가 일어났고, 눈먼 자가 눈을 떴고, 귀신 들린 자가 온전하게 되었습니다. 사도행전을 보십시오. 성령의 능력은 사도들과 성도들이 복음을 전하는 현장에서 가장 많이 일어났습니다. 우리는 이것을 알아야 합니다. 그래서 마가복음 16장 15절은 이렇게 말씀합니다.

…너희는 온 천하에 다니며 만민에게 복음을 전파하라.

또 마가복음 16장 17-18절을 보십시오.

믿는 자들에게는 이런 표적이 따르리니 곧 그들이 내 이름으로 귀신을 쫓아내며 새 방언을 말하며 뱀을 집어올리며 무슨 독을 마실지라도 해를 받지 아니하며 병든 사람에게 손을 얹은즉 나으리라….

여기서 믿는 자는 복음 전하는 사람을 말합니다. 복음 전하는 자리에 성령의 능력이 나타납니다. 그러므로 복음을 잘 전하는 사람은 자랑할 것이 많습니다. 복음 전하는 자리에서 희한한 일들이 많이 일어나기 때문입니다. 포악하고 잔인하기 이를 데 없던 사람에게 복음을 전하자 눈물을 흘리며 회개하고 돌아오는 것을 봅니다. 얼마나 놀라운 기적입니까? 부모도 고치지 못한 자식, 선생도 바르게 하지 못한 자식, 친한 친구들조차도 어쩌지 못했던, 그야말로 인생을 포기해버린 젊은이가 예수님을 믿고 감동을 받아 새사람으로 변화된 모습을 봅니다. 이 기적은 어디서 일어나는 것입니까? 바로 복음 전하는 현장에서 일어납니다.

그러므로 복음을 전하는 사람은 자랑할 것이 많습니다. 그들에게는 믿고 전하기만 하면 성령께서 다 해주신다는 믿음과 자신감이 있습니다. 그러므로 하나님을 자랑하게 됩니다. 전도하지 않는 사람에게 하나님을 자랑해보라고 하면 대답을 잘 못합니다. 그러나 전도

하는 사람은 하나님에 대해 자랑할 것이 너무 많습니다.

"엊그제 제가 이웃집 아주머니에게 전도를 했어요. 그 아주머니는 이웃에서 소문난 싸움꾼이에요. 그런데 제가 복음 전하는 것을 듣고 예수 믿기로 했어요. 이것이 웬 은혜입니까? 아주머니는 제 손을 꼭 붙잡고 눈물이 그렁그렁한 얼굴로 교회 갈 때 자기를 꼭 데려가 달라고 부탁했어요. 우리 하나님, 얼마나 좋으신 분이신지요. 하나님의 사랑은 말로 다 표현할 수가 없어요."

전도하는 자는 이렇게 하나님을 자랑할 수 있습니다. 성령의 능력을 체험하고 자랑할 수 있도록 하나님은 우리를 불러 세상 앞에 세우셨습니다. 얼마나 영광스러운 은혜입니까? 이것이 전도하는 사람이 누리는 은혜입니다. 그러므로 복음을 전하십시오. 그러면 성령의 능력을 체험할 수 있습니다. 성령의 능력을 체험한 사람은 성령께서 하신 일을 자랑하지 않고는 견디지 못합니다. 성령의 능력을 자랑하는 사람은 하나님을 소리 높여 찬송합니다.

지금까지 세 가지 중요한 사실을 말씀드렸습니다. 왜 전도가 은혜입니까? 예수 그리스도의 일꾼으로 부름받았기 때문에 은혜입니다. 하나님을 섬기는 제사장으로 부름받은 일이기 때문에 은혜입니다. 하나님의 능력, 성령의 능력을 자랑할 수 있도록 허락받은 사람이기 때문에 은혜입니다. 이것이 전도입니다.

사랑하는 형제자매 여러분, 우리 주변에는 믿지 않는 불쌍한 사람들이 너무 많습니다. 옆 동네 산불 구경하듯이 무관심하지 마십시오. 만일 여러분이 그렇게 한다면 구원의 감격이 없는 사람이요, 하나님이 나 같은 것을 불러 영광스러운 일을 맡겨주셨다는 데 대해서 너무나 무지한 사람입니다.

당신의 기도가 하나님 앞에 응답받기를 원합니까? 하나님이 가장 하기를 원하고, 받기를 원하고, 이루기를 원하는 일에 자신이 먼저 헌신할 줄 알아야 합니다. 전도하십시오. 오늘 저녁이라도 주님이 불러 가시면 영원히 놓쳐버릴 영혼들이 이웃에도, 가정에도 있습니다. 그들에게 찾아가 그리스도의 복음을 전하십시오. 하나님의 사랑을 노래하십시오. 우리는 그리스도의 일꾼이요 하나님이 세우신 제사장들입니다. 성령의 능력을 자랑할 수 있는 위치에 세움받은 영광스러운 그리스도의 제자들입니다.

48

복음을 편만하게 전하였노라

로마서 15장 19b-21절

19 그리하여 내가 예루살렘으로부터 두루 행하여 일루리곤까지 그리스도의 복음을 편만하게 전하였노라 20 또 내가 그리스도의 이름을 부르는 곳에는 복음을 전하지 않기를 힘썼노니 이는 남의 터 위에 건축하지 아니하려 함이라 21 기록된 바 주의 소식을 받지 못한 자들이 볼 것이요 듣지 못한 자들이 깨달으리라 함과 같으니라

본문에서 바울은 놀라운 말 한마디를 던지고 있습니다.

> … 그리하여 내가 예루살렘으로부터 두루 행하여 일루리곤까지 그리스도의 복음을 편만하게 전하였노라(19절).

이 말씀 중에서 '편만하게 전했다'는 말은 가득 채웠다는 뜻입니다. 어떻게 예루살렘에서부터 일루리곤까지 바울 혼자서 복음을 가득 채웠다고 말할 수 있을까요? 이 말씀은 좀 과장된 이야기로 들리기 쉽습니다.

언젠가 대선에서 대통령 후보로 나온 분이 이런 공약을 한 적이 있습니다. "제가 당선이 되면 아파트 분양가를 반으로 낮추어 공급하겠습니다." 오죽하면 그런 말을 했을까 하고 우리는 대충 감안해서 듣습니다. 지나치게 과장된 공약으로 들리기 때문입니다. 안 될 줄 알면서도 한번 해보겠다는 의지로 좋게 봐주는 것이지요.

그러나 우리가 하나님의 말씀을 읽을 때 이처럼 적당히 해석하는 식으로 이해하면 안 됩니다. 하나님 말씀이 우리 귀에 아무리 허황된 이야기처럼 들려도 그것이 과장이거나 거짓일 수 없다는 것을 우리는 인정해야 합니다. 성령 하나님께서 성경을 기록하는 바울에게 영감을 주시고, 단어 하나도 제 마음대로 쓰지 못하도록 철저하게 간섭하셨기 때문입니다.

예루살렘에서 일루리곤까지의 거리는 2,000킬로미터가 넘습니다. 세계 지리에 밝은 사람이라면 그 영역이 어느 정도인가를 금세 짐작할 수 있습니다. 그러므로 바울의 말이 우리에게 과장된 말씀으로 들리는 것이 무리는 아닙니다. 어떻게 바울 혼자 예루살렘에서 일루리곤까지 그 넓은 지역을 복음이 들어가지 않은 곳이 없도록 했다는 말입니까? 약간 부풀려서 말하는 것이 아닌가 하는 인상을 받는 것이 당연합니다. 그러나 만약 그의 말이 사실 그대로라면 우리는 그 위대한 사도 앞에 무릎을 꿇고 그의 업적을 찬양하며 그의 이름을 다시 한번 높이 받들어야 하리라고 생각합니다. 중요한 것은 그의 말이 어느 정도 사실이냐는 것입니다. 먼저 이 부분을 검토해 보기로 하겠습니다.

성경을 보면 바울이 예루살렘에 가서 선교를 했다는 기록은 없습니다. 그럼에도 바울은 자기가 예루살렘에서부터 복음을 가득 채웠다고 말합니다. 무엇인가 이유가 있을 것 같지 않습니까?

사도 바울이 복음을 전할 때 출발한 곳은 안디옥이라는 도시였습니다. 그런데 자기가 예루살렘에 가서 선교한 것처럼 이야기한 이유는 무엇일까요? 사도행전 22장 17-21절 말씀이 이에 대한 답이 될 수 있다고 생각합니다.

> 후에 내가 예루살렘으로 돌아와서 성전에서 기도할 때에 황홀한 중에 보매 주께서 내게 말씀하시되 속히 예루살렘에서 나가라 그들은 네가

내게 대하여 증언하는 말을 듣지 아니하리라 하시거늘 내가 말하기를 주님 내가 주를 믿는 사람들을 가두고 또 각 회당에서 때리고 또 주의 증인 스데반이 피를 흘릴 때에 내가 곁에 서서 찬성하고 그 죽이는 사람들의 옷을 지킨 줄 그들도 아나이다 나더러 또 이르시되 떠나가라 내가 너를 멀리 이방인에게로 보내리라 하셨느니라.

이 말씀에서 보다시피 바울이 예루살렘에 올라갔습니다. 그는 성전에 올라가서 열심히 기도하고 있었습니다. 그런데 비몽사몽간에 다메섹 도상에서 만났던 예수님이 다시 나타나셔서 이렇게 말씀하시는 것이었습니다.

"바울아, 너는 속히 예루살렘을 떠나라. 네가 여기서 나의 복음을 아무리 전해도 사람들이 네 말을 절대 듣지 않을 것이다."

그리고 재차 말씀하셨습니다.

"바울아 떠나라. 내가 너를 멀리 이방 사람들에게 보내리라."

그는 환상 중에서 주님의 음성을 들었습니다. 우리가 이 말씀을 가만히 음미해보면 바울이 애초에 예루살렘에서 선교하려고 시도했고 또 그와 같은 마음을 가지고 있었다는 것을 발견할 수 있습니다. 그리고 주변 사람에게 전도했을지도 모릅니다. 그런데 주님이 강력하게 막으셨습니다.

"너 여기서 선교해봐야 열매가 없을 것이다. 그러므로 빨리 떠나라. 네가 할 일은 이방 사람들에게 전하는 것이다."

이렇게 주님이 깨우쳐주신 것입니다. 사실 바울이 복음을 전하기 위해 본격적으로 나선 것은 예루살렘 성전에서 주님의 음성을 들었을 때부터였습니다. 또한 예루살렘에서 복음을 전하려고 시도했던 것은 사실입니다. 이런 점을 미루어볼 때 바울이 예루살렘으로부터 복음을 가득 채웠다고 말할 근거가 있다고 생각합니다. 바울의 말은 결코 과장되거나 잘못되지 않았습니다.

바울의 선교 전략

그다음으로 "바울이 일루리곤에 가서 복음을 전한 일이 있느냐?" 하는 문제가 등장합니다. 일루리곤은 지금의 알바니아와 옛 유고슬라비아 연방이 있던 지역입니다. 성경을 보면 바울이 그 지역에 가서 선교했다는 기록이 없습니다. 그는 기껏해야 지금의 그리스가 있는 아테네나 고린도에서 복음을 전했습니다. 그 북쪽에 있는 알바니아까지는 올라가지 않았습니다. 그럼에도 그는 일루리곤까지 복음을 가득 채웠다고 선언합니다. 그 이유가 어디에 있다고 생각합니까?

이 문제를 해결하려면 바울의 선교 전략을 주목해보아야 합니다. 바울의 선교 전략은 군사 용어로 말하면 고지를 점령하는 것이라고 할 수 있습니다. 로마제국 안에는 각 지역마다 고지라고 할 수 있는 중요한 도시가 있었습니다. 그 도시는 정치와 경제와 문화의 중심지였고 또 교통망을 따져보아도 요충지가 될 만한 곳이었습니다. 따라서 중요한 도시에 복음을 전하면 자연스럽게 주변 지역으로 복음이 퍼져나가게 되어 있었습니다.

이렇게 바울은 중요한 도시를 다니며 복음을 전했습니다. 이것이 자기에게 주어진 사명이라고 생각했던 것입니다. 사도행전에 기록된 바울의 행적을 하나하나 따라가 보면 그가 중요한 도시마다 복음을 가지고 공략했던 것을 볼 수 있습니다. 안디옥이 그랬고, 에베소가 그랬고, 빌립보가 그랬고, 고린도가 그랬고, 아테네가 그랬습니다. 나중에는 로마가 그랬습니다.

그러면 고지를 점령하는 것이 어떻게 그 지역을 복음으로 가득 채우는 것이라고 말할 수 있을까요? 대답은 간단합니다. 이를테면 바울이 어느 도시에 가서 복음을 전합니다. 그 열매로 믿는 사람이 여러 명 생깁니다. 그러면 자연스레 교회가 시작됩니다. 믿는 자들의 모임을 통해 교회가 개척되는 것입니다. 바울이 그곳에 얼마 동안 있으면서 처음 예수 믿고 돌아온 형제들을 양육합니다. 그리고 그 가운데 특별히 은혜받고 지도자의 자질이 있는 사람들을 세워 교회 장로로 임명합니다. 이렇게 한 뒤 바울은 다른 도시로 떠납니다.

바울은 도시 외곽 지역을 다니면서 복음을 전하지는 않았습니다. 그러면 그 도시 주변에 있는 지역은 누가 담당했습니까? 바울로부터 복음을 듣고 구원을 받은 개척 교회 신자들이었습니다. 대표적인 사례가 데살로니가교회입니다.

> 주의 말씀이 너희에게로부터 마게도냐와 아가야에만 들릴 뿐 아니라 하나님을 향하는 너희 믿음의 소문이 각처에 퍼졌으므로 우리는 아무 말도 할 것이 없노라(살전 1:8).

바울에게 복음을 듣고 예수님을 믿은 데살로니가 성도들은 가만히 있지 않았습니다. 이웃 지역에 장사를 하러 가서도 복음을 전하고, 이웃 사람을 만나러 가서도 복음을 전하는 등 여러 모양으로 복음을 전했습니다. 바울이 미처 발을 들여놓지 못한 이웃 지방뿐만 아니라 가는 곳곳마다 복음을 전했습니다. 이렇게 해서 데살로니가 주변 지역 사람들이 복음을 듣게 되었습니다.

빌립보 주변 지역 사람들은 빌립보교회 성도들의 입을 통해 복음을 들었습니다. 결과적으로 주변 지역이 복음으로 가득 차게 된 것입니다. 바울이 동네마다 빠짐없이 다녔다는 말이 아닙니다. 그가 한 사람 한 사람을 붙들고 전도했다는 말이 아닙니다. 그럼에도 어떻게 되었나요? 바울이 복음을 들고 지나간 지역은 그를 통해 구원받은 성도들의 수고로 마치 누룩이 밀 반죽에 퍼지듯 복음이 확산되었습니다. 그가 복음을 들고 다녀간 지역은 예수 그리스도의 복음으로 가득 차게 된 것입니다.

본문이 지금 이것을 이야기합니다. 그래서 그 결과가 어떻게 되었습니까? 15장 23절을 보기 바랍니다. 그는 다음과 같이 또 놀라운 말을 던집니다. "이제는 이 지방에 일할 곳이 없고…". 얼마나 기막힌 말씀입니까?

그는 나중에 로마에서 순교했습니다. 그가 순교하고 나서 채 백년도 되기 전에 로마제국 방방곡곡에 예수 그리스도의 이름을 듣지 못한 사람이 없을 정도로 복음이 가득 찼습니다. 바울이 살아 있을 때만 아니라 그가 세상을 떠난 다음에 복음이 더 힘 있게 증거되었습니다. 그래서 터툴리안 같은 유명한 교부가 로마제국의 황제와 지도자들을 향해 이런 말을 했습니다.

"이제 보라. 너희가 제사하는 신전을 빼놓고 우리가 그리스도의 복음을 전하지 아니한 곳이 어디 있는가 한번 보라. 너희가 제사하는 신전을 빼놓고 예수의 이름이 증거되지 아니한 곳이 어디 있는가 말해보라."

얼마나 당당합니까? 그만큼 사도 바울 한 사람을 통해 당시 소아시아와 이탈리아 반도 전역은 예수의 복음으로 가득 차게 되었던 것입니다. 이런 점을 미루어볼 때 바울의 말이 절대로 과장되거나 잘못된 말이 아니라는 것을 알 수 있습니다.

'나 하나쯤'이라는 생각

바울 한 사람의 역할이 얼마나 중요합니까? 하나님은 많은 사람을 통해 일하기도 하십니다. 그러나 하나님이 더 좋아하시는 방법은 자기 마음에 꼭 드는 한 사람을 통해 일하시는 것이라고 할 수 있습니다. 하나님이 바울을 통해 얼마나 큰일을 하셨습니까? 바울이 예수님의 마음에 들자 보잘것없어 보이던 그 한 사람이 로마제국을 복음으로 뒤집어놓았습니다.

그러므로 우리 각자는 자신을 돌아보아야 합니다. '나 하나쯤은 전도 안 해도 괜찮아.' 이런 생각은 절대 금물입니다. 하나님이 우리 하나하나를 얼마나 중요하게 다루고 계시는지 모릅니다. 이처럼 바울의 말이 절대 과장도 아니요 거짓말도 아니라는 사실을 확인했다면 이제 우리가 반드시 해야 할 일이 있습니다. 그에게 배워야 할 것이 있고 도전받아야 할 것이 있습니다. 우리는 그가 특별한 소명을 받았고 특별한 은혜를 받은 사람이었기에 그렇게 할 수 있었다고 생각할지도 모릅니다. 그렇다고 해서 우리와 아무런 관련이 없다고 생각하지 마십시오. 우리가 비록 사도나 선교사는 아니지만 전도는 우리와 무관하지 않습니다.

물론 사도 바울과 우리는 다른 점이 있습니다. 차이를 인정해야 합니다. 그는 사도였습니다. 온 천하에 다니면서 복음을 전해야 할 막중한 의무를 가진 사도였습니다. 그는 심는 자였지 물을 주는 자가 아니었습니다. 그는 복음이 전파되지 않은 곳을 찾아다니면서 복음을 선포하는 역할을 했습니다.

> 또 내가 그리스도의 이름을 부르는 곳에는 복음을 전하지 않기를 힘썼노니…(20절).

그는 다른 전도자가 복음을 전파한 곳에서는 전도하지 않겠다는 뜻을 세웠습니다. 자기 사명은 복음이 전혀 전파되지 않은 곳에 가서 교회의 기초를 세우는 일이라고 확신한 것입니다.

반면에 우리는 사도 바울처럼 세계를 다니면서 복음을 전해야 하는 사람은 아닙니다. 우리는 사도 바울이 전해준 복음을 들었습니다. 이 복음을 통해서 주님의 부활이 나에게 새 생명을 주는 놀라운 사건임을 알았습니다. 우리가 예수 안에 있기만 하면 영원토록 흔들리지 않을 것이며, 예수 안에 있기만 하면 누구도 나를 정죄할 수 없고 나중에는 그리스도와 함께 영원토록 영광을 누릴 수 있다는 사실을 배웠습니다. 이것이 그가 우리에게 전해준 복음입니다.

데살로니가 성도들은 사도 바울을 통해 복음을 듣자마자 가만히 있지 않고 그가 발을 들여놓지 못한 주변 지역을 다니면서 그곳을 복음으로 가득 채웠습니다. 마찬가지로 우리에게도 이와 같은 책임과 의무가 있습니다. 우리는 사도 바울이 아닙니다. 그러나 그를 통해 복음을 듣고 예수님을 믿었기 때문에 이제 주변에 다니면서 우리 입으로 복음을 증거해야 할 막중한 소명이 있습니다.

우리나라는 이미 세계에서 기독교가 가장 부흥한 나라 중 하나로 알려져 있습니다. 교회 수만 해도 6만이 넘고 교회에 등록한 성도만 해도 공식적으로 1,200만 명이라고 알려져 있습니다. 전 국민의 25퍼센트가 그리스도인이라고 합니다. 이 정도면 농어촌, 산간벽지, 낙도 어디에서나 예수의 이름을 듣지 못한 사람이 거의 없다는 생각이 들지도 모릅니다. 그러나 아직 75퍼센트의 사람들이 믿지 않고 있습니다. 그렇다면 이들에게 복음을 전해서 그들이 살고 있는 지역에 복음이 편만하도록 만들 책임이 누구에게 있습니까? 바울인가요? 아닙니다. 그를 통해 구원받은 우리에게 있습니다.

가족 중 아직 예수를 모르는 분이 있습니까? 그들에게 복음을 전해야 할 책임은 먼저 믿은 우리에게 있다는 것을 알아야 합니다. 믿지 않는 직장 동료도 마찬가지입니다. 먼저 믿은 우리에게 복음을 전해야 할 책임이 있습니다. 그들의 가슴에는 예수의 이름이 없습니다. 그들은 새 생명의 기쁜 소식을 듣지 못했습니다. 누가 가서 전할 것입니까? 사도 바울을 통해 구원받은 우리가 전해야 합니다. 우리 교회가 이 일을 해야 합니다.

성령의 능력으로

지금까지 우리는 사도 바울이 예루살렘으로부터 일루리곤까지 어떤 전략에 따라 복음을 가득 채울 수 있었는가를 살펴보았습니다. 바울은 도시를, 성도들은 지방을 공략해서 승리를 거두었습니다. 그러나 전략이 맞아 떨어져서 그의 선교가 성공했다고 말하는 것으로 그치면 안 됩니다. 아무리 전략이 적중했다 해도 한 가지가 없었다면 쓸모없게 되고 말았을 것입니다.

…그리하여…(19절).

이것은 18-19a절을 요약해서 19b절과 연결시키는 말입니다. 그러므로 앞의 내용이 그 안에 들어 있다고 할 수 있습니다. 18-19a절의 내용이 무엇입니까? 이방인이 예수 믿고 주님 앞으로 돌아오도록 하시려고 주님은 바울에게 성령을 부어주셨습니다. 성령을 통해 바울이 말할 때마다 능력이 나타났습니다. 성령을 통해 바울이 하는 일마다 큰 열매를 거두었습니다. 성령의 능력으로 표적과 기사가 나타난 것입니다. 이처럼 성령의 능력으로 바울은 예루살렘으로부터 일루리곤까지 복음을 편만하게 전할 수 있었습니다. 이것이 바울의 비결이었습니다. 성령이 바울과 함께하지 않으셨다면 절대 불가능한 일이었습니다. 성령이 철저하게 그와 함께하셨기 때문에 복음을 편만하게 전할 수 있었던 것입니다.

이 점에 대해서도 우리는 중요한 것을 알고 넘어가야 합니다. 바울은 사도였지만 우리는 사도가 아닙니다. 그런 점에서 다릅니다. 사도 바울이 받았던 성령의 능력과 우리가 받은 성령의 능력이 같습니까? 다릅니다. 주님께서는 바울에게 사도직을 주시면서 그 역할을 감당할 수 있는 능력과 은사를 따로 주셨습니다. 베드로에게도 그랬고 요한에게도 그랬고 주님께서 특별히 사명을 주어 가장 어려운 일을 맡기신 자에게는 그 일을 감당할 수 있도록 특별한 능력을 주셨습니다. 그래서 그들은 복음 전하는 데 필요한 경우라면 표적과 기사를 행할 수 있었습니다.

사도 바울을 통해 어떤 역사가 일어났는지 사도행전 19장을 보면 쉽게 알 수 있습니다. 에베소에서 그가 전도할 때 희한한 일들이 많이 일어났습니다.

> 하나님이 바울의 손으로 놀라운 능력을 행하게 하시니 심지어 사람들이 바울의 몸에서 손수건이나 앞치마를 가져다가 병든 사람에게 얹으면 그 병이 떠나고 악귀도 나가더라(행 19:11-12).

얼마나 놀라운 일입니까? 아무리 병 고치는 은사를 받은 사람이 있다 해도 이런 일이 일어나는 것을 보았습니까? 손수건 하나 갖다 얹었는데 병자가 나았다는 이야기를 들은 적 있습니까? 하나님께서는 사도들에게 표적과 기사와 여러 가지 능력을 골고루 나누어 주셔서 그들이 예수 그리스도를 힘 있게 증거하도록 하신 것입니다.

> … 이 구원은 처음에 주로 말씀하신 바요 들은 자들이 우리에게 확증한 바니 하나님도 표적들과 기사들과 여러 가지 능력과 및 자기의 뜻을 따라 성령이 나누어 주신 것으로써 그들과 함께 증언하셨느니라(히 2:3-4).

사도들은 이런 능력을 받았습니다. 이런 은사가 있었습니다. 그러나 사도행전을 한번 읽어보세요. 사도 바울을 통해서 전도받고 구원 얻은 사람들 중에 바울과 같은 표적과 기사를 행하고 다니는 사람이 있었습니까? 예를 들어 루디아가 특별히 사도 바울처럼 희한한 일을 행했다는 기록이 있습니까? 없습니다. 왜 그렇습니까? 차이가 있는 것입니다.

가끔 보면 사도 바울이 받았던 능력을 자기도 받을 수 있다는 생각에서 표적 기사를 행하게 해달라고 하나님 앞에 매달리는 사람들을 봅니다. 하나님의 뜻을 잘 몰라서 그런 것입니다. 하나님은 은사나 능력을 똑같이 주시지 않습니다. 우리는 사도가 아니기 때문에 바울에게 주셨던 것과 동일한 능력을 주시지 않습니다.

제가 몇 가지 질문을 던지겠습니다. 마귀가 병을 고칠 수 있습니까? 마귀도 병을 고칩니다. 어떤 때는 예수의 이름으로 고칩니다. 마귀도 죽은 자를 살릴 수 있습니까? 마귀도 죽은 자를 살립니다. 표적과 기사는 성령의 역사만이 아닙니다. 마귀도 그만큼은 할 수 있습니다. 모세가 바로 앞에서 지팡이를 던져 뱀을 만들자 애굽의 술사들이 똑같이 따라 했습니다.

이와 같이 오늘날 잘못하면 마귀가 하는 일을 마치 예수 그리스도가 하시는 일인 것처럼 들고 나와서 사람들을 현혹할 수 있음을 알아야 합니다. 그러므로 가장 안전한 것은 사도 바울이 받았던 표적과 기사는 아무나 행하지 못한다는 사실을 인정하는 것입니다. 하나님은 능력을 함부로 주시지 않습니다.

그렇다면 사도 바울과 우리 사이의 차이는 어떻게 설명할 수 있습니까? 이해를 돕기 위해 예화를 들겠습니다. 전쟁터를 한번 연상해보십시오. 지금 아군과 적군이 첨예하게 대결하고 있습니다. 먼저 포병 부대가 막강한 성능을 가진 대포를 장착해놓고 적군과 대치합니다. 그런 다음, 기회를 봐서 적군이 집결한 곳을 향하여 대거 함포 사격을 퍼붓습니다. 적군이 지리멸렬해지면 그 틈새를 타서 소총 부대가 진격합니다. 소총 부대가 적진에 가서 남아 있는 적군을 차례로 쏘아 죽이면 싸움은 끝납니다. 이렇게 하면 적군을 완전히 섬멸할 수 있습니다.

제가 지금 말씀드리는 골자는 대포가 할 일이 따로 있고, 소총이 할 일이 따로 있다는 것입니다. 그러면 여기서 누가 대포를 들고 나갔다고 할 수 있습니까? 사도들입니다. 그러면 우리는 어떻게 해야 합니까? 소총 하나 들고 나가면 되는 것입니다. 우리는 '소총 부대'입니다. 그래서 하나님이 바울과 같은 능력을 주시지 않는 것입니다. "나는 소총으로 족해." 우리는 이것을 시인해야 합니다.

만약 제가 밤낮없이 강단 뒤에 와서 "주여, 제게도 신비한 일을 일으킬 수 있는 능력을 주옵소서. 능력을 안 주시면 저는 오늘 이 자리에서 일어나지 않겠습니다" 하면 주님이 뭐라고 하시겠습니까? "너는 소총이면 족해!" 그렇게 말씀하실 것입니다. 이런 차이점을 우리가 분명히 알아야 합니다.

성령의 능력은 이미 우리 안에

그렇다면 능력에 대해 몇 가지 정리할 부분이 있습니다. 사도 바울은 성령의 능력으로 이와 같은 엄청난 일을 했습니다. 그러나 우리는 어떻습니까?

먼저 우리가 알아야 할 중요한 사실이 있습니다. 표적과 기사만이 성령의 능력이 아니라는 사실입니다. 오히려 진짜 성령의 능력은 복음을 전하는 자의 입에서 나오는 말에 있습니다. 예수라고 하는 말, 그것이 능력입니다. 십자가라는 말 안에 능력이 있습니다. 예수님이 부활하셨다고 하는 말, 그 안에 능력이 있습니다. 사도 바울도 그렇게 많은 표적과 기사를 행했지만 이 사실을 인정했습니다.

> 내 말과 내 전도함이 설득력 있는 지혜의 말로 하지 아니하고 다만 성령의 나타나심과 능력으로 하여(고전 2:4).

사도 바울이 전하는 말, 그 안에 하나님의 능력이 역사한 것입니다. 또 하나 우리가 알아두어야 할 것이 있습니다. 성령의 능력이 이미 우리에게 있음을 믿어야 합니다. 성령의 능력이 따로 있는 것이 아닙니다. 사도들은 예루살렘에서 성령의 능력을 덧입기까지 기다려야 했습니다. 그렇다면 오늘 우리도 성령이 우리 각자에게 임하기를 기다리고 있어야 합니까? 하늘에서 이상한 불의 혀 같은 것이 내려오기까지 기다려야 합니까? 아닙니다. 지금은 기다릴 때가 아닙니다. 지금은 나갈 때입니다. 이미 성령이 교회에 임하셨기 때문입니다. 예수님을 믿은 사람은 이미 성령을 모시고 있습니다. 성령을 모시고 있으면 성령의 능력도 그 사람과 함께하십니다. 우리는 이 사실을 분명히 믿어야 합니다.

또 하나 중요한 것이 있습니다. 성령의 능력은 우리의 약함이나 두려워하는 마음과는 관계가 없다는 사실입니다. 내가 약하기 때문에 성령의 능력도 약하다고 할 수 있습니까? 내가 마음이 불안하고 겁이 나니까 성령도 떨고 있다고 할 수 있습니까? 아닙니다. 사도 바울과 같은 위대한 사도도 전도할 때마다 떨었다고 했습니다. 자기가 연약해서 어찌할 바를 모르고 두려워했다고 합니다.

내가 너희 가운데 거할 때에 약하고 두려워하고 심히 떨었노라(고전 2:3).

약하며, 두려워하며, 심히 떨었다고 세 번이나 강조해서 말합니다. 그가 전도할 때마다 심히 두려워하고 불안해했다는 것을 알 수 있습니다. 실제로 우리가 전도할 때 마음이 불안할 때가 적지 않습니다. 어떤 때는 자신 없지 않습니까? 그러나 전도할 때마다 떨고 두려워하는 바울을 통해 성령께서는 가는 곳마다 놀라운 일을 행하셨습니다. "이와 같이 주의 말씀이 힘이 있어 흥왕하여 세력을 얻으니라"(행 19:20)라고 했습니다. 우리가 두려워하는 것과 성령의 능력은 다른 것입니다. 내가 두려워해도 성령의 능력은 나와 함께합니다. 내가 불안해해도 성령의 능력은 나와 함께합니다. 내가 약해도 성령의 능력은 나와 함께합니다.

제가 시무하는 교회에도 전도를 많이 하는 분들이 여럿 계십니다. 저는 언제나 그분들을 존경하고 자랑스럽게 여깁니다. 그 가운데서 김병채 집사님 이야기를 하겠습니다. 중소기업을 운영하고 있는 분입니다.

그는 전도폭발 훈련을 받고 나서 처음으로 전도를 하려고 한 사람을 만났습니다. 그가 만난 사람은 당시 중앙정보부 부국장이라는 직함을 가진 소위 내로라하는 사람이었습니다. 부국장의 부인은 예수님을 믿고 있었습니다. 당시 43세였던 부국장은 모든 면에서 패기만만하고 자신 넘치는 사람이었습니다. 뿐만 아니라 대단히 논리적인 데다가 달변이었습니다. 부국장은 자기에게 전도하려는 사람을 주눅 들게 하는 데 특별한 은사(?)를 지닌 사람이었습니다. 김 집사님이 그분을 처음 만나 복음을 전하려고 할 때, "네가 뭔데 나한테 감히 전도를 하겠다고 하느냐? 나는 유명한 목사들을 포함해서 웬만한 사람은 다 만나봤어. 그래도 예수 안 믿었어. 소용없는 일이야" 하는 투의 인상을 받았다고 합니다.

김 집사님은 자신이 없었지만 그래도 성령의 능력을 의지하며 '한번 해보자' 하고 마음을 강하게 먹었습니다. 그런 다음 그분을 붙들고 자기가 전하는 이야기를 끝까지만 들어달라고 사정했습니다. 그의 부인은 옆에 앉았다가 다른 방으로 피해버렸습니다. 잘못하면 김 집사님이 호되게 망신당하는 꼴을 보게 될지 모르니까 불안해서 그랬는지도 모릅니다.

처음 한 시간 반까지는 논쟁하면서, 할 수 없이 억지로 들어주는 것 같았다고 합니다. 그러나 한 시간 반이 넘어가기 시작하자 드디어 얼굴이 진지해지고 듣는 자세가 달라졌다고 합니다. 너무 진지하게 들으니까 낌새를 알아차린 부인이 남편 옆에 와서 같이 들었다고 합니다. 그렇게 세 시간을 전도했습니다.

그런데 대화가 거의 끝날 때쯤 이상한 현상이 나타났습니다. 그 사람의 눈에도, 부인의 눈에도, 전하는 김 집사님의 눈에도 눈물이 흘러내렸습니다. 드디어 그가 예수 그리스도를 구주로 영접한 것입니다. 김 집사님이 전도폭발 훈련을 받고 처음으로 나가 전한 대상이 바로 그 사람이었습니다. 그러니 그의 마음이 얼마나 불안했겠습니까? 게다가 보통 만만치 않은 상대였으니 얼마나 긴장하며 떨었겠습니까? 그럼에도 절대 받아들이지 않을 것 같던 그 사람이 눈물을 흘리며 회개하고 돌아왔습니다.

그런 능력은 어디서 오는 것입니까? 김 집사님이 두려워했던 것과는 관계가 없습니다. 그가 가지고 있는 약함과는 관계가 없습니다. 무조건 복음 들고 나가는 자에게는 성령이 함께하신다는 증거입니다. 그 일로부터 6개월 후에 김 집사님이 L. A.에서 우연히 그 부국장을 만났다고 합니다. 그때 보니까 그가 L. A.에 있는 어느 교회에서 자기가 어떻게 예수님을 믿게 되었는가 간증하고 있더랍니다. 얼마나 기가 막힌 일입니까?

성령의 능력, 그 능력이 지금 나와 함께함을 믿기 바랍니다. 성령의 능력, 그것은 표적과 기사를 통해서만 나타나는 것이 아닙니다. 우리가 전하는 말 속에, 우리가 전하는 복음 안에 들어 있음을 믿기 바랍니다. 성령의 능력은 나의 약함과는 관계가 없습니다. 내가 두려워하는 것과는 관계가 없습니다.

조지 뮬러가 참 좋은 말을 했습니다. "우리의 연약함은 주 예수 그리스도의 능력이 나타날 기회가 됩니다. 연약함이 크면 클수록 그는 자기의 힘을 나타내시려고 더 가까이 오십니다. 시험이 크면 클수록, 난관이 크면 클수록 주님의 도우심은 더 가까이 나타납니다." 할렐루야!

사랑의교회는 거의 매년 대각성전도집회를 갖습니다. 지금까지의 집회를 통해 예수를 전하는 우리의 말과 행동에 성령의 능력이 크게 역사했다는 것을 알 수 있습니다. 초창기 5년간의 통계는 정확성이 좀 떨어져 말씀드리지 않겠습니다. 1986년에 열린 대각성전도

집회 때 예수님을 영접한 사람은 400명, 1987년에는 677명, 1988년에는 607명, 1989년에는 598명, 그다음 1990년은 제가 안식년을 보내고 있어서 열지 못했습니다. 1991년에는 615명, 이렇게 5년 동안 총 2,897명이 예수님을 영접하고 하나님께 돌아온 것으로 나타나 있습니다. 미처 확인하지 못한 사람까지 다 합하면 3,000명 이상이 회개하고 돌아왔습니다.

서울 시내에는 약 6,000개의 교회가 있습니다. 이 교회들이 모두 다 우리 교회처럼 매년 500명만 예수 믿도록 할 수 있다면 1년 안에 서울 시내에 사는 3백만 명이 예수 믿고 돌아올 수 있습니다. 1년에 3백만 명이 예수 믿고 돌아온다면 서울 시내를 예수의 복음으로 가득 채우는 일은 3년이면 족합니다. 그리고 남한을 복음으로 가득 채우는 데는 10년이면 족합니다. 이처럼 대각성전도집회의 열매가 풍성한 것은 우리에게 하나님의 능력, 성령의 능력이 함께하신다는 증거입니다. 우리가 철저하게 복음을 전하기만 하면 주님의 역사는 언제든지 나타납니다.

이 시간에 주님은 우리에게 조용히 찾아와 물으십니다. "사랑하는 아들딸아! 너희 주변을 그리스도의 복음으로 편만하게 채웠느냐? 바울이 예루살렘에서 일루리곤까지 복음으로 가득 채운 것처럼 네 집에 복음을 가득 채웠느냐? 네 직장에 복음을 가득 채웠느냐? 네 이웃을 복음으로 가득 채우고 있느냐?"

이 질문에 당신은 무엇이라고 대답하시겠습니까? 하나님 앞에서 우리 자신을 돌아봅시다. 정말 예수님이 나를 구원하신 구원자이십니까? 정말 예수님이 나의 생명이십니까? 정말 예수님이 나에게 영원한 기쁨이요 소망입니까? 정말 예수님이 좋습니까? 정말 자랑할 분입니까? 그렇다면 우리 모두는 입 다물고 가만히 있지 못할 것입니다. 자나 깨나 예수의 이름을 전합시다. '나 하나쯤 전도 안 하면 어때?' 하는 생각은 죄악입니다. 우리 모두가 바울처럼 복음을 편만하게 전했다고 할 수 있는 사람이 되기를 바랍니다.

49

선교 비전, 땅 끝까지

로마서 15장 22-29절

22 그러므로 또한 내가 너희에게 가려 하던 것이 여러 번 막혔더니 23 이제는 이 지방에 일할 곳이 없고 또 여러 해 전부터 언제든지 서바나로 갈 때에 너희에게 가기를 바라고 있었으니 24 이는 지나가는 길에 너희를 보고 먼저 너희와 사귐으로 얼마간 기쁨을 가진 후에 너희가 그리로 보내주기를 바람이라 25 그러나 이제는 내가 성도를 섬기는 일로 예루살렘에 가노니 26 이는 마게도냐와 아가야 사람들이 예루살렘 성도 중 가난한 자들을 위하여 기쁘게 얼마를 연보하였음이라 27 저희가 기뻐서 하였거니와 또한 저희는 그들에게 빚진 자니 만일 이방인들이 그들의 영적인 것을 나눠 가졌으면 육적인 것으로 그들을 섬기는 것이 마땅하니라 28 그러므로 내가 이 일을 마치고 이 열매를 그들에게 확증한 후에 너희에게 들렀다가 서바나로 가리라 29 내가 너희에게 나아갈 때에 그리스도의 충만한 복을 가지고 갈 줄을 아노라

흔히 기독교를 일컬어 '비전의 종교'라고 말합니다. 교회를 탄생하게 하신 성령 하나님은 남녀노소를 가리지 않고 믿는 자에게는 꿈을 주며 환상을 보게 하겠다고 말씀하셨습니다. 요엘 선지자의 예언을 보더라도 예수님을 믿는 사람은 확실히 비전을 가진 사람이라는 것을 알 수 있습니다.

> … 말세에 내가 내 영을 모든 육체에 부어주리니 너희의 자녀들은 예언할 것이요 너희의 젊은이들은 환상을 보고 너희의 늙은이들은 꿈을 꾸리라(행 2:17).

여기에 나오는 예언, 환상, 꿈, 이 세 가지를 합한 것이 비전이라고 할 수 있습니다. 예수님은 이 비전에 대해 우리에게 구체적으로 가르쳐주셨습니다.

> 오직 성령이 너희에게 임하시면 너희가 권능을 받고 예루살렘과 온 유대와 사마리아와 땅 끝까지 이르러 내 증인이 되리라…(행 1:8).

성령이 우리에게 임하시면 우리가 권능을 받고 예루살렘과 온 유대와 사마리아와 땅 끝까지, 즉 온 세계를 복음으로 가득 채우겠다는 꿈을 꾸게 될 것이라고 했습니다. 땅 끝까지 선교해야 한다는 비전이 우리 앞에 놓여 있습니다. 이 꿈을 실현하기 위해 성령의 사람은 자연적으로 그리스도의 증인이 될 것이라고 했습니다. 주님은 우리에게 '증인 되라'고 하신 것이 아니라 '증인이 될 것이라'고 말씀했습니다. 땅 끝까지 복음을 전하겠다는 비전을 가진 사람이 된다는 이야기입니다. 그래서 기독교를 가리켜 꿈의 종교, 비전의 종교라고 말하는 것입니다.

사도 바울은 이런 면에서 가장 모범을 보인 인물이었습니다. 그는 땅 끝까지 복음 전하는 비전을 가슴에 안고 그 꿈을 이루기 위해 한 발자국 한 발자국을 내딛으면서 한생을 살았던 사람입니다. 그가 처음 선교지로 향할 때는 소아시아를 하나님의 복음으로 가득 채우겠다는 꿈이 있었습니다. 이 꿈을 실현하기 위해 그는 그 지역에서 20년 가까이 복음을 전했습니다. 그러나 그의 발걸음은 그곳에 머물지 않았습니다.

> … 내가 예루살렘으로부터 두루 행하여 일루리곤까지 그리스도의 복음을 편만하게 전하였노라(롬 15:19).

그 정도면 만족할 수 있을 것 같은데 그는 거기에 머물지 않았습니다. 이어서 로마로 가려고 애썼습니다.

> … 내가 거기 갔다가 후에 로마도 보아야 하리라…(행 19:21).

로마로 가는 길이 열린 후에도 그는 만족하지 않았습니다. 세상 끝까지 복음을 들고 가기를 원했습니다. 이 사실이 다음 말씀에 잘 나타나 있습니다.

> 이제는 이 지방에 일할 곳이 없고 또 여러 해 전부터 언제든지 서바나로 갈 때에 너희에게 가기를 바라고 있었으니 … 그러므로 내가 이 일을 마치고 이 열매를 그들에게 확증한 후에 너희에게 들렀다가 서바나로 가리라(롬 15:23, 28).

바울의 관심은 로마를 지나서 서바나에 이르기까지 끝없이 펼쳐졌습니다. 서바나는 지금의 스페인을 말합니다. 당시에는 스페인 반도 전체를 서바나라고 불렀습니다. 당대의 사람들은 스페인을 문명 세계의 끝으로 보았습니다. 스페인에 가는 것은 더 이상 갈 수 없는 변방까지 가는 것을 의미했습니다. 그러므로 우리는 서바나로 가려고 하는 바울의 태도에서 그의 선교 열정을 짐작할 수 있습니다. 이 세상 끝까지 복음을 들고 가겠다는 그의 뜨거운 열정이 '서바나'라는 한마디 말 속에 담겨 있는 것입니다.

그는 소원한 대로 스페인에 가서 복음을 전했을까요? 바울이 스페인으로 갔다는 기록은 성경에 없습니다. 학자들도 확실한 결론을 내리지 못하고 있습니다. 바울은 선교 도중에 두 번이나 투옥되었다가 결국에는 순교를 당했습니다. 전설에 의하면 스페인에 가서 복음을 전하다가 영국까지 건너갔다는 이야기가 있습니다. 그러나 그것은 어디까지나 전설입니다. 신뢰할 수 없는 이야기입니다. 중요한 것은, 땅 끝까지 복음을 전하겠다고 하는 비전이 일생 동안 그의 가슴속에 가득 차 있었다는 사실입니다.

우리는 땅 끝까지 부름받은
소명자다

우리는 바울이 아닙니다. 우리는 사도라는 직분을 받지 않았습니다. 그러나 사도들이 헌신했던 일, 곧 복음 증거를 위해 모두가 부름을 받았습니다. 그리스도의 증인으로 땅 끝까지 증인 되게 하시는 성령을 우리가 모시고 있기 때문입니다. 성령을 모신 사람이라면 바울과 같은 꿈의 사람이요 환상의 사람이요, 비전의 사람입니다. 믿는 자는 누구를 막론하고 땅 끝까지 보냄을 받은 소명자요, 사도의 계승자입니다. 어떤 모양으로든지 우리는 세계 복음화를 이루기 위해 나름대로 꿈을 가져야 하고 환상을 그려야 하는 사람들입니다.

교회가 지역사회에 복음 전하는 일에만 마음이 묶여 있어서는 안 됩니다. 지역사회를 복음화하는 이유가 무엇입니까? 땅 끝까지 복음을 전하기 위한 전초 작업이기 때문입니다. 온 세상 사람이 예수님의 이름을 높이고 찬양하도록 만드는 것이 꿈이요, 소원입니다. 우리는 세계를 가슴에 품고 기도해야 합니다. 유능한 선교사들을 계속 길러내어 파송해야 합니다. 돈을 쓰고 싶은 데가 많더라도 절약해서 선교비로 지원해야 합니다. 우리 세대만 이 일을 하고 그만두면 안 됩니다. 다음세대에 더 큰 하나님의 일을 이루도록 자녀의 신앙 교육에 정성을 쏟아야 합니다. 이것은 우리 모두에게 주어진 중차대한 과제입니다.

또한 교역자와 평신도 중에 단기 선교사나 장기 선교사로 나가 복음을 전할 분들을 교회가 훈련해서 파송해야 합니다. 뿐만 아니라 선교지에서 자기 직업을 가지고 일하면서 선교하기를 원하는 자비량 선교사를 많이 내보내야 합니다.

현재 세계에는 대략 285,250명의 장기 선교사와 18만여 명의 단기 선교사가 있다고 합니다. 이것은 선교사 가족을 다 포함한 숫자입니다. 그리고 교포 교회를 위해 사역하는 준선교사들까지 포함되어 있습니다.

지금 지구상에는 1만 2,000개나 되는 미전도 부족 및 그룹이 있다고 합니다. 이들 중에는 아직 예수 그리스도의 복음을 한 번도 들어본 적이 없거나 아니면 정확하게 듣지 못한 사람들이 많습니다. 세계 전체 인구 중에 절반이 여기에 해당합니다. 이 사람들이 예수님을 믿지 못하고 하루에 약 5만 5,000명씩 죽어가고 있습니다. 이들 가운데는 4,000개의 모슬렘 그룹과 2,000개의 힌두 그룹, 1,000개의 중국인 그룹, 1,000개의 불교 그룹이 포함되어 있습니다.

지도를 펴놓고 이들이 살고 있는 지역을 살펴보면 대부분 북위 10도에서 40도 사이에 있음을 알 수 있습니다. 그래서 이 지역을 선교 용어로 10/40 창이라고 합니다. 창문처럼 길쭉하게 열려 있는 지역에 그들이 밀집되어 있기 때문에 이런 이름이 붙었습니다. 그리고 이 지역에 사는 사람들은 상당수 가난을 면하지 못하고 있습니다. 세계에서 가장 가난한 사람들의 80퍼센트가 이 지역에 밀집되어 있습니다. 우리가 잘 아는 대로 인도, 파키스탄, 방글라데시와 같은 나라들이 여기에 해당합니다.

아직도 지구상에서 예수님의 이름을 들어보지 못한 사람이 어디 있겠는가 반문할지 모르지만 실제로는 그렇지 않습니다. 수십 억 명이 복음을 모르고 있습니다. 이와 같은 현실을 앞에 놓고 2천 년대가 되기 전에 어떻게 하든지 그들에게 복음을 전하자고 하는 운동이 일어나고 있습니다. 소위 "기독교 21세기 운동"이라는 것입니다.

전 세계에는 약 250만 개, 우리나라에는 약 6만 개의 교회가 있습니다. 교포 교회까지 합산하면 규모가 더 커집니다. 교포 교회는 미국 뉴욕 지역만 해도 500~600개나 됩니다. 우리나라 사람이 들어가서 사는 곳마다 교회가 세워집니다. 우리 민족은 교회를 세우는 데 천부적인 은사가 있는 것 같습니다. 세계 어느 민족에게도 그런 사례가 없다고 합니다.

기독교 21세기 운동 본부는 "2,000년까지 지역마다 교회를, 사람마다 복음을"이라는 표어를 내걸고 열심히 준비하고 있습니다. 이 운동에 한국교회가 앞장선다는 것은 대단히 자랑스러운 일입니다. 21세기 마지막 선교 사역을 한국교회가 맡아야 한다는 것은 이미 세계적으로 공인된 사실입니다. 영국의 한 선교학자가 이런 말을 했습니다. "유럽의 선교 상황은 밤 9시를 지났고 미국은 오후 2시가 되었다. 그런데 한국은 지금 아침 7시를 맞고 있다."

땅 끝까지 복음을 전하는 마지막 큰 과업을 하나님께서 한국교회에 맡기려고 하신다는 여러 증거들이 지금 나타나고 있습니다. 한국 교회와 세계 교회가 힘을 합해서, 다시 말하면 전 세계 250만 개의 교회가 힘을 합해서 아직도 복음을 제대로 듣지 못한 사람들에게 전하려고만 한다면 그렇게 어려운 일이 아니라고 생각합니다. 200개 교회가 한 종족씩만 맡아도 1만 2천 미전도 종족을 다 책임질 수 있기 때문입니다.

주후 1세기에는 교회 수가 매우 적었습니다. 1세기 교회 수를 놓고 계산하면 한 교회가 열두 부족을 감당해야 할 만큼 막중한 일이었습니다. 그러나 20세기에는 많은 교회가 있기 때문에 200개 교회가 단합해서 한 부족만 맡아도 가능하다는 것입니다. 그 가능성이 우리 앞에 크게 펼쳐져 있습니다. 땅 끝까지 복음을 전하는 비전은 바울만의 비전이 아닙니다. 우리 모두의 비전입니다. 바울처럼 로마를, 스페인을 가슴에 품고 꿈을 꾸어야 합니다. 우리는 힌두교권, 이슬람권 부족뿐만 아니라 아프리카와 남아메리카, 동남아 그리고 동구권, 공산권에 흩어져 있는 수많은 영혼을 가슴에 품고 하나님 앞에 기도하는 사람이 되어야 합니다. 이 일을 꼭 이루기를 하나님께서 원하시기 때문입니다.

신령한 빛을 기억하라

바울은 복음을 전하고자 로마로 가려 했지만 계획을 뒤로 미루고 갑자기 예루살렘으로 가야 했습니다.

> 그러나 이제는 내가 성도를 섬기는 일로 예루살렘에 가노니 이는 마게도냐와 아가야 사람들이 예루살렘 성도 중 가난한 자들을 위하여 기쁘게 얼마를 연보하였음이라(25-26절).

이어서 27절은 "저희가 기뻐서" 했다고 말합니다. 바울이 로마를 경유하여 스페인까지 가려고 선교 여행 계획을 세워놓았는데 왜 갑자기 반대 방향인 예루살렘으로 가게 되었을까요?

사도행전과 고린도후서에서 그 이유를 쉽게 찾을 수 있습니다. 당시 예루살렘 지역에 극심한 기근이 찾아왔습니다. 그래서 식량을 구하지 못해 많은 사람이 어려움을 당하고 있었는데 그중에 특히 심하게 곤란을 겪는 사람들이 있었습니다. 예루살렘 지역에 살던 그리스도인들이었습니다.

당시 유대 사회에서 예수님을 믿는다고 하면 가문에서 쫓겨나 사람 취급을 받지 못했습니다. 그런 까닭으로 예루살렘 지역의 성도 대부분이 극심한 곤란을 겪을 수밖에 없었습니다. 그들이 매우 어려운 처지에 빠져 있다는 소식을 들은 마게도냐와 아가야 성도들이 가난한 중에도 정성껏 헌금을 했습니다. 그리고 그것을 바울에게 맡겨 예루살렘교회에 전달하도록 했습니다. 그래서 바울이 갑자기 여행 계획을 바꾸어 예루살렘으로 가게 된 것입니다.

여기서 우리가 배워야 할 중요한 교훈이 하나 있습니다. 아무리 세계 선교 비전이 대단하고 땅 끝까지 복음을 전하는 것이 최우선이라 할지라도 주변의 가난한 자들을 무시하고 그 일을 해서는 안 됩니다. 남을 구제하는 일, 어려운 자의 고통을 함께 짊어지는 사랑 없이 선교하자고 외치는 일은 잘못되었다는 것입니다. 우리 교회가 선교에 열심을 다합니다만 구제하는 데도 관심을 기울이지 않을 수 없는 이유가 바로 여기에 있습니다.

그리고 또 하나 바울이 주는 중요한 교훈이 있습니다.

> 저희가 기뻐서 하였거니와 또한 저희는 그들에게 빚진 자니 만일 이방인들이 그들의 영적인 것을 나눠 가졌으면 육적인 것으로 그들을 섬기는 것이 마땅하니라(27절).

바울을 통해 예수님을 믿게 된 이방인 성도들은 자기들의 생활도 매우 궁색했지만 그리스도의 사랑으로 돈을 모아 구제비를 마련했습니다. 바울은 그들이 그렇게 돈을 모아 구제하는 것이 당연하다고 말합니다. 그렇게 할 만한 이유가 충분하다는 것입니다.

27절을 보면 "영적인 것"과 "육적인 것", 이 두 개가 대칭이 되어 나옵니다. 영적인 것은 예수님을 믿고 구원받은 복을 말합니다. 예수님 때문에 모든 죄를 사함받고 영생을 얻고 영원한 나라에 들어갈 수 있는 특권을 부여받은 사실을 가리킵니다. 이것은 돈으로 가치를 따질 수 없습니다. 세상의 어떤 것과도 비교할 수 없는 가장 영광스러운 복입니다.

　이방인들이 이처럼 크고 신령한 복을 누리게 된 것은 유대인들이 전해준 복음 때문이었습니다. 예수님도 유대 민족을 통해서 세상에 오셨습니다. 그러므로 예수님을 믿는 사람들은 다 유대 사람들에게 빚을 진 셈입니다. 바울은 물론 열두 사도가 전부 유대인입니다. 그들이 온 세계에 다니며 복음을 전했기 때문에 이방인들이 예수님을 믿게 된 것입니다.

　바울을 파송하고 난 후 뒤에서 기도해준 사람들이 누구입니까? 그들은 예루살렘 성도들이요 안디옥에 있는 유대인들이었습니다. 따라서 이방 사람은 유대인에게 많은 빚을 졌습니다. 그들이 이처럼 신령한 일에 빚을 많이 졌기 때문에 경제적으로 어려움을 겪는 유대인 성도를 육적인 것으로 도와주는 일은 당연합니다. 예수님과 비교될 만한 가치가 어디 있겠습니까?

　우리는 여기에서 참 중요한 교훈을 하나 배웁니다. 한국교회는 특히 영국과 미국 교회에 많은 빚을 졌습니다. 유대 사람에게 빚을 진 것은 말할 필요도 없지만 그것은 하도 먼 옛날 일이라 실감이 잘 나지 않습니다. 그러나 영국과 미국 교회에는 불과 100여 년 전에 빚을 졌습니다. 신령한 빚을 잊어서는 안 된다고 생각합니다.

　영국인 선교사 토머스는 대동강을 거슬러 올라간 지 얼마 되지 않아 강변에서 순교 당했습니다. 언더우드와 아펜젤러, 이 두 사람은 미국에서 온 유명한 선교사입니다. 그들 덕분에 우리나라에 복음의 문이 본격적으로 열렸습니다. 숨이 막혀 살 수 없을 정도로 폐쇄되어 있던 구한말에 주님이 그들을 우리나라에 보내셔서 복음을 전하게 하셨습니다. 우리 민족을 불쌍히 여기신 하나님께서 그들을 보내 우리를 구원하도록 한 것입니다.

그 선교사들을 보내기 위해 미국과 영국에 있는 교회들이 얼마나 많이 기도했는지, 얼마나 많이 헌금했는지 우리는 다 알지 못합니다. 우리는 그들에게 값을 따질 수 없는 신령한 빚을 졌습니다. 그 덕분에 오늘 우리가 있고 한국교회가 있는 것입니다.

그러므로 이제 우리가 해야 할 일은 무엇입니까? 우리도 이제 빚을 갚아야 합니다. 미국이나 영국 교회에 갚을 수도 있지만 아직도 복음을 듣지 못하는 세계 도처의 영혼들에게 빚을 갚아야 한다는 말입니다. 우리가 너무나 귀한 복을 받았기 때문에 아직도 복음을 모르는 사람들을 위해 헌신하는 것은 지극히 당연합니다.

선교사 한 가족이 나가서 선교하려고 하면 월평균 얼마의 돈이 필요할까요? 우리가 이것도 알아야 됩니다. 물론 처녀 총각의 몸으로 나가 2~3년 선교사 생활을 경험하고 돌아오는 단기 선교사는 경우가 좀 다릅니다. 오엠 단기 선교사로 나가는 사람을 보면 매달 최하 300~500달러 정도가 필요합니다. 먹고 마시는 것 외에는 달리 쓰지 않는 지극히 단순한 생활을 하면서 선교하기 때문에 적은 액수로도 생활이 가능한 것입니다.

그러나 가족을 데리고 평생 복음을 전하겠다고 나가는 선교사 한 가정을 도우려면 최하 1,500달러가 필요합니다. 이것은 특별 사역비가 제외된 금액입니다. 미개한 오지나 후진국에서는 그 정도면 무리 없이 선교 활동을 할 수 있습니다. 하지만 일본이나 유럽, 동구권 같은 곳이라면 1,500달러 정도로는 형편없는 삶을 살 수밖에 없습니다. 그 돈으로는 최하층 생활을 면할 수 없습니다. 결국 선교사 한 가정이 복음을 전하기 위해서는 최소한 1년에 500만 원에서 1,500만 원 정도의 돈이 필요하다는 이야기입니다. 여기에 특별 활동비를 포함하면 두 배, 세 배로 선교비가 늘어날 수 있습니다. 한마디로 돈이 없으면 선교가 불가능합니다. 그래서 어떤 선교학자는 극단적으로 이런 말을 했습니다. "선교사를 안 보내고 돈만 보내도 선교는 됩니다. 그만큼 선교에는 돈이 중요합니다."

지난 200~300년의 선교 역사를 돌아보면 시대마다 경제적으로 부유한 나라가 선교를 주도했음을 알 수 있습니다. 19세기에는 영국이 세계 선교를 주도했습니다. 그때는 영국이 최강국이었습니다. 그러니까 영국이 전 세계에 선교사를 파송할 수 있었습니다. 대표적인 선교사로 허드슨 테일러나 아프리카의 영웅 리빙스턴을 들 수 있습니다. 하나님께서는 선교를 맡은 나라에 경제적인 복을 주십니다. 돈이 없으면 선교를 못하기 때문입니다.

20세기에 들어와서는 영국의 선교 바통을 미국이 이어받았습니다. 그리고 아직은 미국이 선교 주도국의 위치를 지키고 있습니다. 가장 잘사는 나라니까 그런 것입니다. 가난뱅이 나라는 선교를 하고 싶어도 못합니다. 미국의 예를 봅시다. 미국 인구는 전 세계 인구의 5퍼센트밖에 되지 않습니다. 그런데 지난 반세기 동안 세계 도처에서 생산되는 상품의 40퍼센트를 그들이 사용했습니다. 그리고 세계에서 생산된 석유의 70퍼센트를 그들이 사용했습니다. 지난 반세기 동안 세계 교회가 내놓은 선교비, 구제비의 80퍼센트를 미국 교회가 부담했습니다.

이런 맥락에서 볼 때 하나님이 지난 20년 동안 우리나라에 눈부신 경제 성장을 이루게 하신 이유가 분명히 있다고 생각합니다. 과거에 짚신을 신고 다니던 이 백성이 팔자 좋게 새로운 브랜드의 구두를 신고 다니도록 하신 이유가 어디에 있을까요? 과거에는 옷 한 벌 가지고 여러 해를 살아가는 단벌 신사가 많았습니다. 그러나 요즘에는 그런 사람이 극히 드뭅니다. 왜 하나님께서 우리로 하여금 이런 풍족한 생활을 하게 하셨을까요?

영적으로 분별해보면 대답은 간단합니다. 신령한 것에 빚을 진 사람들이니까 물질로 갚아야 하기 때문입니다. 물질로 갚는 방법은 아직도 복음을 듣지 못하고 죽어가는 세계 도처의 사람들에게 복음을 전하는 데 필요한 선교비를 감당하는 것입니다. 하나님께서 21세기에 한국교회를 들어 세계 선교를 하시려고 한다면 분명히 우리나라에 물질의 복을 주실 것이라고 믿습니다.

가장 가치 있는 투자

이런 의미에서 예수 믿는 사람들은 돈을 많이 벌어야 합니다. 정당한 수단이라고 한다면 돈을 많이 버는 것이 좋습니다. 돈이 잘 안 들어오면 이렇게 기도하십시오. "주님, 저는 세계 선교의 꿈을 갖고 있습니다. 돈 좀 주십시오." 그러면 하나님이 주실 것입니다. 돈 많이 쌓아놓고 보람 있게 쓸 일을 찾지 못해 고민하는 분이 계십니까? 예수님의 권면을 들으십시오. 세계 복음화를 위해 아낌없이 내놓으라고 하십니다. 서울 강남 지역에는 돈이 너무 많아 어떻게 쓸지 몰라서 고민하는 분들이 꽤 많다고 합니다. 매달 들어오는 돈이 몇 억씩이나 된다면 어떻게 쓸까 고민이 되지 않겠습니까? 흥청망청 써보아도 별로 재미가 없을 것입니다. 아무리 좋은 옷을 수십 벌 사도 한두 번씩만 갈아입으면 김이 빠지는 법입니다. 그것이 인생의 전부가 아니기 때문입니다.

우리가 전도해야 할 사람이 많지만 제가 볼 때 돈이 많아 고민하는 사람들을 적극 전도하는 일은 매우 중요한 의미가 있습니다. 돈을 많이 가진 갑부나 재벌을 10명만 전도하면 세계 선교를 위해 놀라운 일을 할 수 있을 것입니다. 진짜 예수 믿고 변화된 사람은 삭개오처럼 주님을 위해 자신의 소유를 아낌없이 내놓을 것입니다.

돈이라고 해서 다 가치가 같은 것이 아닙니다. 식당에 가서 음식값으로 10만 원을 쓰는 것과 지금 당장 죽어가는 사람을 위해 10만 원을 쓰는 것은 다릅니다. 같은 돈이지만 하늘과 땅 차이입니다. 가치가 전혀 다릅니다. 가장 보람 있게 돈을 쓰는 비결이 무엇입니까? 생명을 살리는 데 쓰는 것입니다. 가장 가치 있는 투자는 영원히 망하게 된 사람을 구원하기 위해 돈을 쓰는 것입니다.

여러분, 돈 버느라 얼마나 땀을 많이 흘렸습니까? 얼마나 잠 못 자고 고생했습니까? 얼마나 긴장하며 온종일 뛰어다녔습니까? 그렇게 번 돈이라면 값없이 낭비하지 말아야 합니다. 액면 가치보다 열 배, 백배, 천배로 올려서 써야 합니다. 똑같은 10만 원짜리지만 그 가치를 백만 원, 천만 원, 일억 원이 되도록 써야 한다는 말입니다. 그렇게 하자면 땅 끝까지 복음을 전하는 영광스러운 일에 내놓을 수 있어야 합니다. 쉽게 재산을 모았습니까? 당신의 재산은 그만큼 가치가 없는 것입니다. 벌 때는 그렇게 벌었더라도 이제는 가치 있게 써야 합니다. 어떻게 가치 있게 쓸 수 있습니까? 하나님이 원하시는 일에 사용해야 합니다. 비록 여유 있는 생활을 하지 못하는 사람이라도 씀씀이를 조금만 줄이면 하나님이 원하시는 생명 살리는 일에 일익을 감당할 수 있습니다.

우리가 경제적인 면에서도 다시 한번 자신의 씀씀이를 검토할 필요가 있습니다. 흥청망청 허비하고 남은 돈을 세계 복음화에 쓰겠다는 생각일랑 하지 마십시오. 넘치고 남아서 선교 헌금을 하는 사람은 별로 없습니다. 모두가 아껴서 헌금하는 것입니다.

우리에게는 땅 끝까지 복음을 전해야 할 책임이 있습니다. 그러므로 이 일을 위해 선교비를 내는 것은 너무나 당연합니다. 우리가 신령한 것에 빚을 졌기 때문에 물질로 갚아야 하는 것입니다. 자기 혼자 구원받으려고 발버둥 치다가 천국에 들어오는 자들을 하나님이 어떻게 보시겠습니까? 몹시 괘씸하게 생각하실 것입니다. 그런 극단적인 이기주의자로 가득 찬 천국이라면 저는 들어가고 싶지 않습니다. 하나님께서 십자가에 못 박히신 예수 그리스도를 가리키면서 이렇게 외치십니다.

… 보라 세상 죄를 지고 가는 하나님의 어린양이로다(요 1:29).

하나님께서 예수님을 보고, 네 죄를 지고 가는 어린양이라고 말씀하지 않고 "세상 죄를 지고 가는 어린양"이라고 했습니다. 왜 그렇게 말씀하셨습니까? 하나님의 관심은 나에게만 있는 것이 아닙니다. 나 한 사람도 그분에게는 중요하지만 온 세계의 모든 민족이 더 중요합니다.

그러므로 우리는 하나님의 마음을 알아야 합니다. 아마존 강변에서 벌거벗고 짐승처럼 사는 사람에게도 하나님은 말씀하십니다. "예수만 믿으면 내가 너의 신분을 하늘나라의 영광스러운 왕자로 바꾸어놓겠다." 방글라데시의 빈민촌에서 병과 씨름하는 극빈자라도 예수 그리스도를 모시기만 하면 주님은 그를 천국에서 자랑할 수 있는 왕자와 공주로 만들어놓으십니다. 이것이 주님의 소원입니다. 창녀도 좋습니다. 마약중독자도 좋습니다. 밤거리를 헤매는 젊은이도 좋습니다. 불상 앞에서 절하는 사람도 좋습니다. 부자도 좋습니다. 가난한 자도 좋습니다. 하나님은 세계 어느 곳에 있든지 그들을 다 구원하길 원하십니다. 검은 피부를 가진 사람도 좋습니다. 황인종도 좋습니다. 백인종도 좋습니다. 그들을 다 구원해서 하나님 나라를 가득 채우고 그들을 통해 영광 받으시기를 바라는 것이 하나님의 꿈이요 비전입니다.

그 하나님의 꿈이 우리 가슴속에 있습니다. 성령 하나님이 우리 가슴속에 계시기 때문입니다. 그러므로 하나님의 사람은 이 꿈을 가지고 매일 기도합니다. 하나님의 사람은 이 꿈을 실현하기 위해 늘 마음을 씁니다.

우리가 비록 아프리카에 가지 못하고 방글라데시에 가지 못하지만 우리는 그곳에 보냄받은 선교사를 위해서 함께 기도하는 사람이 될 수 있습니다. 우리는 그곳에 가서 일생을 바칠 수 없지만 정성을 다해 얼마라도 헌금해서 그들이 복음을 전하는 데 어려움이 없도록 힘쓸 수 있습니다. 우리 가슴속에 세계를 복음화하고자 하는 뜨거운 비전이 있기 때문입니다.

믿지 않는 가족을 보고도 안타까운 마음이 없는 사람이라면 세계 선교 비전을 가질 수 없습니다. 내 주위의 예수 믿지 않는 자들에게 무관심하면서 세계 선교를 생각할 수 없습니다. 한국을 복음으로 가득 채우겠다는 열심이 없는 사람이 방글라데시를, 인도를 복음화할 수 없습니다. 세계 선교 비전이 있다면 가까운 예루살렘에서부터 복음을 전하는 것이 순서입니다.

사랑하는 형제자매 여러분, 하나님이 원하시는 비전이 무엇인지 우리가 배웠습니다. 그 비전을 분명히 알았다면 기도로, 물질로, 시간으로 최선을 다해야 합니다. 앞으로 우리 중에 많은 선교사가 나오기를 바랍니다. 선교를 위해 특별히 관심을 갖고 물질을 드리는 형제자매가 많이 나오기를 바랍니다. 선교사들을 위해 밤낮으로 무릎을 꿇고 기도하는 형제자매들이 많이 나오기를 바랍니다. 그리하면 세계 도처에서 죽은 자들이 군대처럼 일어나는 기적이 연일연야 계속될 것입니다. 하나님께서 원하시는 것이 바로 이런 영적 부흥 아니겠습니까?

50

긴급한 기도 요청

로마서 15장 30-33절

30 형제들아 내가 우리 주 예수 그리스도와 성령의 사랑으로 말미암아 너희를 권하노니 너희 기도에 나와 힘을 같이하여 나를 위하여 하나님께 빌어 31 나로 유대에서 순종하지 아니하는 자들로부터 건짐을 받게 하고 또 예루살렘에 대하여 내가 섬기는 일을 성도들이 받을 만하게 하고 32 나로 하나님의 뜻을 따라 기쁨으로 너희에게 나아가 너희와 함께 편히 쉬게 하라 33 평강의 하나님께서 너희 모든 사람과 함께 계실지어다 아멘

본문을 통해 복음 전하는 일과 또 그 일을 맡은 사역자를 위해 합심해서 기도하는 것이 얼마나 절실한가를 배우려고 합니다. 땅 끝까지 복음을 증거하려면 반드시 기도가 수반되어야 합니다. 이 사실을 모르는 사람은 아마 한 명도 없을 것입니다. 그러나 복음 증거를 위한 기도가 분초를 다툴 만큼 절박한 문제임을 깊이 인식하는 사람은 많지 않습니다. 선교를 위한 기도의 절박성, 본문이 우리에게 주는 귀중한 교훈입니다.

먼저 몇 가지 중요한 내용을 정리할 필요가 있습니다. 지금 사도 바울은 한 번도 대면한 일이 없는 생면부지의 로마 성도들에게 기도 요청을 하고 있습니다. 말하자면 급전을 보내는 것입니다. 본문을 유심히 읽어보십시오. 매우 다급하고 간절하게 기도 부탁을 하는 바울의 심정이 가슴에 와닿습니다.

> 형제들아 내가 우리 주 예수 그리스도와 성령의 사랑으로 말미암아 너희를 권하노니 너희 기도에 나와 힘을 같이하여 나를 위하여 하나님께 빌어(30절).

바울은 예수 그리스도의 이름과 성령의 이름으로 기도해달라고 요청합니다. 왜 그럴까요? 예수 그리스도는 "무엇이나 내 이름으로 구하기만 하면 다 들어주겠다"고 약속하신 분이기 때문에 예수님의 이름으로 기도해달라고 부탁하는 것입니다.

또 성령의 사랑으로 말미암아 기도해달라고 합니다. 성령은 말할 수 없는 탄식으로 연약한 우리를 도와주시는 분입니다. 너무나 다급하기 때문에 주 예수 그리스도와 성령의 은혜를 의지하여 기도해달라고 요청하는 것입니다. 이것만 보아도 그가 얼마나 간절하게 기도해주기를 바라고 있는지 알 수 있습니다.

뿐만 아닙니다. 본문에는 "권하노니"라는 말이 나옵니다. 이 단어를 보면 그의 심정을 더욱 잘 이해할 수 있습니다. 우리말 성경은 이 단어의 의미를 생동감 있게 전달하지 못하고 있습니다. '권한다'는 말은 그다지 긴장감을 주지 못합니다. 그러나 이 말은 원래 그렇게 맥 빠지는 의미가 아닙니다. "제발 해주십시오. 꾸물거릴 시간이 없습니다"라는 팽팽한 긴장감과 강한 요청이 말 속에 들어 있습니다. 그러므로 "권하노니"를 글자 그대로 해석하지 말고 "시간이 급합니다. 제발 기도해주십시오. 간절히 소원합니다"라는 원래 의미로 해석해야 합니다. 우리는 이 한마디 말에서 너무나 급한 기도라는 것을 직감할 수 있습니다.

또 하나 중요한 말이 나옵니다. 바울은 "나와 힘을 같이하여" 하나님께 기도해달라고 합니다. 이 말에는 "로마교회 성도들이여, 나는 지금 내 앞의 문제를 놓고 하나님께 전력을 다해 생명을 걸고 씨름하듯이 기도합니다. 여러분도 나와 같은 태도로 나를 위해 기도해주십시오"라는 의미가 담겨 있습니다.

그리고 "힘을 같이하여"라는 말은 본래 전투 용어입니다. 사생결단을 하려는 사람처럼 전력을 쏟아 기도하는 태도를 가리킵니다. 이것은 하나님의 뜻을 내 힘으로 돌이켜 내가 원하는 것을 얻어내겠다는 고집을 말하는 것이 아닙니다. 하나님께 기도하되 그 기도에 자기의 힘과 정성과 열정을 전부 쏟는다는 말입니다. 바울은 지금 이와 같은 기도를 로마에 있는 성도들에게 부탁합니다. 얼마나 다급했으면 그렇게 기도해달라고 요청했겠습니까?

세 가지 기도

바울이 이토록 다급하게 기도를 요청하는 데는 이유가 있었습니다. 첫 번째로, 자기가 여행하려고 하는 길에 무서운 위기가 기다리고 있음을 알았기 때문입니다.

> 나로 유대에서 순종하지 아니하는 자들로부터 건짐을 받게 하고 또 예루살렘에 대하여 내가 섬기는 일을 성도들이 받을 만하게 하고(31절).

그는 늘 생명의 위협을 느끼고 있었습니다. 이방인 성도들이 구제 헌금을 모아 오기는 했지만 그것을 전달할 사람을 찾기가 매우 어려웠습니다. 아무래도 바울이 직접 나서지 않으면 안 될 형편이었습니다. 바울 역시 그렇게 하라는 하나님의 명령을 늘 가슴속으로 듣고 있었습니다. 그래서 만사를 제쳐놓고 자기가 직접 가기로 결단한 것입니다.

그러나 당시 상황으로 볼 때 바울이 예루살렘에 간다는 것은 사자 굴에 발을 들여놓는 것과 다름이 없을 만큼 위험천만한 일이었습니다. 살기등등한 눈으로 바울을 죽이려고 호시탐탐 기회만 노리는 유대교 열성분자들이 도처에 숨어 있었습니다. 이런 자들이 교회 안에도, 교회 밖에도 부지기수였습니다.

바울이 활동하던 소아시아 지역은 로마법 아래 있었기 때문에 함부로 사람을 죽일 수 없었습니다. 그러나 '예루살렘 성문 안에만 들어오면 바울, 그까짓 한 놈 죽이는 것은 문제가 아니다'라고 생각하는 자들이 많았습니다. 왜 바울을 죽이려고 했습니까? 이유는 간단합니다. 우리가 지금까지 로마서를 통해 봐온 것처럼 바울은 이방에 다니면서 복음을 전하는 사도였습니다. 바울이 전한 기쁜 소식이 무엇인지 우리는 잘 압니다.

"사랑하는 형제자매 여러분, 구원받기를 원합니까? 죄를 용서받고 싶습니까? 그렇다면 예수 그리스도를 믿으십시오. 율법에 매일 필요가 없습니다. 율법을 아무리 지켜도 구원받을 수 없습니다. 예수님은 당신을 위해 십자가에서 죽으시고 삼 일 만에 부활하셔서 우리의 주가 되셨습니다. 그분만 믿으면 구원받습니다. 율법을 지키지 못해도 큰 문제가 안 됩니다. 율법이 우리를 구원하지 못합니다. 예수님을 믿어야 구원받습니다."

바울이 전한 기쁜 소식은 바로 이런 내용이었습니다. 그러니 이 복음은 유대인에게 매우 언짢게 들릴 수밖에 없었습니다. 백번 오해를 하고도 남을 만큼 그들의 비위를 상하게 하는 소리였습니다. '야, 저놈 봐라. 하나님의 율법을 안 지켜도 된다고 가르치는구나. 구원받는 데 율법이 전혀 소용없다고 하는구나. 저걸 가만히 두면 안 되겠다. 가만히 뒀다가는 큰일 나겠다. 율법의 권위를 땅에 떨어뜨리고, 유대인의 체통이 말이 아니게 만들 위험이 있다. 저놈을 살려두어서는 안 된다' 하고 생각했을 것이 뻔합니다.

당시 바울이 처한 상황이 얼마나 위험하고 심각했는지 사도행전을 읽어보면 잘 알 수 있습니다. 예루살렘을 향해 가려는 바울이 에베소 성도들을 앉혀놓고 마지막일지 모른다는 위기감 속에서 이런 말을 했습니다.

> 보라 이제 나는 성령에 매여 예루살렘으로 가는데 거기서 무슨 일을 당할지 알지 못하노라 오직 성령이 각 성에서 내게 증언하여 결박과 환난이 나를 기다린다 하시나 내가 달려갈 길과 주 예수께 받은 사명 곧 하나님의 은혜의 복음을 증언하는 일을 마치려 함에는 나의 생명조차 조금도 귀한 것으로 여기지 아니하노라(행 20:22-24).

우리는 이 말씀에서 죽을 각오를 하고 간다는 그의 단호한 결의를 엿볼 수 있습니다. 실제로 바울이 예루살렘에 발을 들여놓자마자 큰 소동이 벌어졌습니다. 만약 천부장이 군사를 풀어 군중 틈에서 바울을 낚아채듯 빼내지 않았더라면 그는 군중에 의해 갈기갈기 찢겨 죽었을지도 모릅니다. 그 많은 무리가 바울 한 사람에게 달려들어 짓밟아 죽이는 것쯤은 아무 일도 아니었습니다. 게다가 그들 가운데는 바울을 죽이기 전까지 먹지도 마시지도 않겠다고 굳게 맹세한 40명의 결사대가 끼어 있었습니다. 얼마나 끔찍합니까? 이처럼 끊임없이 사방으로부터 생명의 위협을 받는 사람이 어떻게 다급하게 기도해달라고 부탁하지 않을 수 있겠습니까?

두 번째로, 구제 헌금을 전달하는 일이 잘못될지도 모른다는 불안감 때문에 기도를 요청했습니다.

> … 또 예루살렘에 대하여 내가 섬기는 일을 성도들이 받을 만하게 하고(31절).

예루살렘에 구제금을 가져다주는 일이 잘되게 해달라고 기도를 요청하고 있습니다. 그들이 구제금을 잘 받을 수 있도록 기도해달라는 말입니다. 좀 이상하게 들리지 않습니까? 매우 딱한 처지에 있는 예루살렘교회에 구제 헌금을 주는데 그것을 은혜스럽게 전달하지 못할 이유가 무엇입니까? 우리 생각에는 이런 기도는 하지 않아도 될 것 같은데 사실은 그렇지 않았습니다. 세상에는 주고도 좋은 말을 듣지 못하는 경우가 많습니다. 잘해주고도 욕먹는 일이 너무 많지 않습니까?

바울이 처한 입장이 그와 비슷했습니다. 바울을 대적하는 자들은 사람들이 그의 헌금을 받지 못하도록 반대할 것이 틀림없었습니다. 그것을 받으면 바울의 언동을 용납하는 셈이 되기 때문에 이런 주장을 펼 수 있었습니다. "바울이 가지고 온 돈은 구제금이 아니라 뇌물이다. 만약 우리가 그것을 받으면 그가 지금까지 다니면서 율법을 지키지 않아도 구원받을 수 있다고 떠드는 소리에 우리가 동조하는 꼴이 되고 만다. 그러니 우리가 굶어 죽는 한이 있더라도 그 돈은 받지 말자. 그 돈은 절대 받으면 안 된다."

만일 예루살렘교회가 일단의 반대파 때문에 끝까지 헌금을 받지 않는다면 그것을 가지고 간 바울의 처지가 얼마나 딱하겠습니까? 더욱이 먹을 것 안 먹고 한 푼 두 푼 정성을 모아 헌금을 보낸 이방인 성도들의 감정이 얼마나 상하겠습니까?

더욱이 예루살렘교회와 이방 교회는 서먹서먹하고 어색한 관계였습니다. 한쪽은 유대인이고 다른 한쪽은 헬라인이기 때문에 처음부터 편한 관계는 아니었습니다. 바울은 구제금을 가져다주면서 이 둘 사이를 은혜롭게 화합시키려고 한 것입니다.

그러나 화해는커녕 관계가 더 악화되면 얼마나 큰일입니까? 그래서 기도해달라고 부탁한 것입니다. 생명을 걸고 성사해야 할 중요한 사역을 놓고 어찌 힘을 다해 기도해달라고 하지 않겠습니까?

세 번째로, 예루살렘에서 사역을 마치고 로마에 가서 성도들과 좋은 시간을 갖고 싶었기 때문에 기도해달라고 했습니다.

> 나로 하나님의 뜻을 따라 기쁨으로 너희에게 나아가 너희와 함께 편히 쉬게 하라(32절).

바울은 빨리 예루살렘에서 일을 마친 뒤 홀가분한 마음으로 로마에 가서 성도들과 교제하고 그들로부터 위로를 받으며 푹 쉬기를 원했습니다. 이것은 그의 인간적인 소원이요 바람이었습니다. 아무리 위대한 사도라도 바울 역시 연약한 인간이었습니다. 그에게도 위로와 휴식이 필요하고 사랑하는 자들과의 교제가 그리웠던 것입니다. 그렇지만 바울은 여기에 하나의 조건을 붙였습니다.

로마에 가서 쉬고 싶고, 위로도 받고 싶지만 '하나님의 뜻' 안에서 허락될 수 있도록 기도해달라고 요청합니다. 하나님의 뜻은 인간의 소원과는 다를 때가 많기 때문입니다. 바울은 이 사실을 너무 잘 알고 있었습니다. 아무리 자기가 로마에 가서 쉬고 싶고, 위로받고 싶어도 하나님께서 아니다 하시면 갈 수 없습니다. 그러니 하나님의 뜻대로 되게 해달라고 기도하는 것입니다.

여기서 우리는 그가 얼마나 위대한 믿음의 사람인가를 또 한 번 볼 수 있습니다. 그에게는 마음대로 안 될지도 모른다는 예감이 있었던 것 같습니다. 결국 바울의 인간적인 소원은 하나님의 뜻이 아닌 것으로 판명되었습니다. 무엇을 보고 이 사실을 알 수 있습니까? 그는 가이사랴 감옥에서 2년 동안 옥고를 치렀으며, 로마에 간 다음에도 형제들과 나누고 싶었던 사랑의 위로와 교제는 물 건너가고 오히려 2년 동안 쇠고랑을 찬 채로 감옥살이를 했기 때문입니다. 왜 그의 소원을 주님이 들어주지 않으셨는지 우리는 알 수 없습니다. 그러나 하나님의 뜻을 잘 몰라도 하루빨리 로마에 가는 것이 간절한 소원이었기 때문에, 바울은 그 일이 이루어질 수 있도록 힘을 다해 기도해달라고 요청했던 것입니다.

선교사를 위해 기도하라

우리는 지금까지 바울의 긴급한 기도 요청과 그 내용을 살펴보았습니다. 이제 하나님께서 우리에게 주시는 진리가 무엇인지 찾아보아야 합니다. 그리고 우리에게 들려주시는 하나님 음성에 조용히 귀를 기울입시다. 본문이 가르쳐주는 교훈은 대략 세 가지입니다.

첫째로, 복음을 전하는 사역자를 위해 바울이 요청한 세 가지 기도를 반드시 해야 한다는 것입니다. 즉, 위험으로부터 생명을 건져달라는 것, 자기가 책임지고 있는 사역을 성공적으로 마칠 수 있게 해달라는 것, 개인적인 소원을 하나님이 들어주시도록 기도해달라는 것입니다.

복음을 위해 최일선에 나가서 일하는 선교사들에게는 이 세 종류의 기도 제목이 항상 따라다닙니다. 그들은 보이는 위험과 보이지 않는 위험에 늘 둘러싸여 있습니다. 언제 무슨 일을 당할지, 언제 어떤 병에 걸려 어려움을 당할지 아무도 예측하지 못합니다. 선교사들이 전도 계획을 세우고 그것을 실행하러 나갈 때는, 혹시 이번 일이 마지막이 될지도 모른다는 각오를 하고 가족과 의미 있는 인사를 나눕니다. 아프리카나 남미, 동남아, 적도 근방에 있는 지역에서 일하는 선교사들은 현지에 적응하기 위해 말라리아 등 각종 무서운 질병과 싸우며 여러 번 사선을 넘습니다.

70~80년 전만 하더라도 검은 대륙 아프리카는 백인 선교사들의 묘지로 소문나 있었습니다. 선교사로 가는 것은 곧 죽으러 가는 것을 의미했습니다. 선교사 부모를 따라간 철부지 어린 자녀들이 제대로 피어보지도 못하고 그곳에 묻히는 일이 허다했습니다. 우리나라에 있는 외국인 선교사들 무덤을 가보아도 어리거나 젊은 나이에 죽은 사람이 많습니다. 선교사로 나가는 것은 어떤 면에서는 생명을 내놓고 죽으러 가는 것과 같습니다. 이슬람교나 불교, 힌두교가 주종을 이루는 10/40 창 지역에 가면 선교사와 그의 가족은 항상 공포 분위기 속에서 긴장하며 살아갑니다. 언제 무슨 일을 당할지 모르기 때문입니다. 몇 년 전에는 공산권에 들어가 복음을 전하고 세례를 주던 어떤 선교사가 비밀리에 처형되었다는 소문이 나돌았을 정도입니다.

그들을 위한 기도가 얼마나 절박한지 모릅니다. 선교사를 위한 기도는 항상 긴급합니다. 그러므로 바울이 원했던 것처럼 우리도 있는 힘을 다해 기도해야 합니다. 그들을 위해 최우선으로 기도해야 합니다.

선교사들은 각자 자기가 계획하고 추진하는 사역이 있습니다. 바울이 예루살렘에 가서 구제 헌금을 전하고 그다음엔 로마로 가겠다는 나름대로의 계획을 가지고 있었던 것처럼, 오늘날 선교사들도 각자 갖고 있는 계획이 있습니다.

사랑의교회가 파송한 정제순 선교사는 파푸아뉴기니에서 메께오 부족을 위해 성경 번역을 하는 것이 꿈입니다. 그러므로 그 꿈을 위해 기도해달라고 긴급하게 요청합니다. 이순임 선교사는 가냘픈 여자의 몸이지만 적도 지역 이슬람교 국가인 말리를 복음화하려는 꿈을 품었습니다. 그러므로 그것을 위해서 긴급하게 최선을 다해 기도해달라고 요청합니다. 변재창 선교사는 세계에서 가장 선교하기 어렵다고 소문난 일본에 들어가서 일본 교회 목사들에게 제자훈련을 시키고 일본 교회를 부흥시키겠다는 꿈과 목표가 있습니다. 그는 그것을 위해 기도해달라고 요청합니다.

우리가 그들의 사역을 위해 기도하는 것은 시급하고도 최우선에 속하는 일임을 알아야 합니다. 선교사들은 누구나 인간적인 바람을 가지고 있습니다. 그중에는 중요한 것도 있지만 사소한 것도 있습니다. 더운 지역에 가서 몇 년 고생하다 보면 가끔 시원한 동치미를 실컷 먹어보았으면 좋겠다는 생각을 할 수도 있습니다. 인간적인 바람이지요. 그런 내용의 편지를 받았다고 해서 "선교사로 간 사람이라 이렇게 믿음이 없어?" 하고 욕하면 안 됩니다. 인간이기 때문에 얼마든지 그런 바람을 가질 수 있습니다. 그럴 때 그 문제를 놓고 기도해주어야 합니다. 만약에 우리가 합심해서 기도한다면 하나님께서 동치미를 주셔서 실컷 먹게 하시든지 아니면 동치미 생각이 나지 않도록 그 마음을 붙잡아주실 수도 있을 것입니다. 선교사들의 인간적인 소원을 위해서도 우리는 기도해야 합니다.

우리가 긴급하게 기도해야 할 대상은 외국에 나가 있는 선교사뿐만이 아닙니다. 복음을 들고 일하는 국내의 모든 사역자를 위해서도 기도해야 합니다. 교역자를 위해 얼마나 기도합니까? 유흥가 선교를 위해 밤낮으로 열심히 뛰고 있는 사역자들을 위해 얼마나 기도합니까? 공단 지역에 가보십시오. 온종일 생산 공장에서 기계처럼 움직이는 청년들에게 꿈을 심어주려고 애쓰는 공단 선교 사역자들이 있습니다. 그들을 위해 얼마나 기도합니까? 그것은 정말 다급한 기도입니다. 힘을 다해 기도해야 합니다. 복음을 전하는 일이기 때문에 우리는 반드시 기도해야 합니다.

중보기도의 능력을 믿으라

두 번째로 우리가 배워야 할 교훈은 중보기도가 지닌 엄청난 능력에 대해 바울처럼 확고부동한 믿음을 가져야 한다는 것입니다. 자기 혼자 기도하는 것도 대단히 중요합니다. 그러나 중요한 사안을 놓고는 혼자 기도하는 것보다 여러 명이 합심해서 기도하는 것이 훨씬 더 효과적입니다. 바울은 이 사실을 잘 알았습니다. 그러므로 생전 보지도 못한 로마교회 성도들에게 기도를 요청한 것입니다.

"로마 성도들이여, 내 어려운 문제를 가지고 혼자 기도해도 되겠지만 여러분이 모두 합심해서 기도할 수 있다면 정말 놀라운 응답이 있을 것입니다. 아무리 예루살렘이 사자 굴처럼 위험해도 하나님이 그곳에서 나를 건져주실 것입니다. 여러분이 합심해서 기도한다면 내가 가지고 가는 구제금이 큰 열매를 맺을 것입니다. 내가 소원하는 것을 반드시 하나님께서 들어주실 날이 올 것입니다. 합심해서 기도하십시오. 힘을 다해 기도하십시오. 가급적이면 여러 명이 모여 기도하십시오. 그러면 두려울 것이 없습니다." 바울은 지금 이렇게 주장하고 있는 것입니다. 그동안 합심기도의 능력을 너무나 많이 체험했기 때문입니다.

예수님도 겟세마네 동산에 올라가셔서 깊은 고뇌 가운데 제자들에게 기도를 요청했습니다.

··· 깨어 기도하라 ···(마 26:41).

주님은 마태복음 18장 19절에서 우리에게 기도의 교훈을 가르쳐 주셨습니다.

> 진실로 다시 너희에게 이르노니 너희 중의 두 사람이 땅에서 합심하여 무엇이든지 구하면 하늘에 계신 내 아버지께서 그들을 위하여 이루게 하시리라.

얼마나 멋있는 말씀입니까? 무엇이든 나 혼자 기도해서 해결할 수 있다고 생각하는 것은 일종의 영적 교만이라고 할 수 있습니다. 합심해서 기도해야 할 일을 보고도 모른 체하고 자기 기도만 하는 것은 일종의 직무유기입니다. 바울처럼 합심 기도의 막강한 능력을 믿어야 합니다. 한 사람이 부르짖는 소리보다 두 사람의 기도 소리가 더 멀리 울립니다. 두 사람의 기도보다 열 사람의 기도가 더 높이 올라갈 것입니다.

마귀는 한 사람이 기도하는 것을 보고는 별로 두려워하지 않습니다. 그러나 백 사람이 뭉쳐서 기도하는 것을 보면 안색이 파랗게 질립니다. 그 기도가 큰 역사를 이루는 것을 마귀도 알기 때문입니다. 하나님께서는 한 사람이 간청하는 기도보다 여러 사람이 함께 부르짖는 기도를 서둘러서 들어주십니다. 우리도 바울처럼 이 사실을 믿고 기도해야 합니다.

제가 시무하고 있는 교회가 후원하는 선교사 중에 문모세 선교사님이 있습니다. 그는 이슬람교 국가인 P국을 복음화하겠다는 꿈을 안고 만반의 태세를 갖추려고 했습니다. 그러나 비자를 받는 것이 문제였습니다. 그 나라는 선교사에게는 절대 비자를 내주지 않습니다. 특별한 방법을 쓰지 않는 한 비자 받는 일이 불가능합니다. 그는 이 문제를 놓고 교회에 기도를 요청했습니다. 우리 교회에는 특별히 문 선교사를 위해 기도하는 그룹이 있습니다. 황광섭 집사 부부가 그의 기도 후원 담당자입니다. 황 집사는 우리 교회 여자 19교구와 58교구 다락방에 긴급히 연락해서 합심기도를 요청했습니다. 그리고 새벽 기도회에 나와서도 이를 기도 제목으로 내놓았습니다. 모두 문 선교사를 위해 열심히 기도했습니다.

그런데 지난 9월 어느 날, 문 선교사로부터 편지가 왔습니다. 그 편지 중에 감동 어린 내용이 있었습니다. 문 선교사가 비자를 받으러 가는 날, 대사관으로 바로 들어가지 않고 여리고성을 돌던 이스라엘 백성처럼 대사관 주변을 빙빙 돌면서 기도했다고 합니다. "하나님, 비자 좀 내주십시오." 이렇게 수십 번 기도하고 난 뒤 대사관에 들어갔습니다. 그를 본 직원이 며칠 기다렸다 오라며 돌려보냈습니다. 그러나 문 선교사는 물러서지 않고 즉시 비자를 발급해달라고 간청했다고 합니다.

이렇게 한참 동안 두 사람 사이에 밀고 당기는 말을 주고받았습니다. 결국 직원은 오후에 다시 들르라고 했습니다. 기도로 마음을 강하게 다지며 오후에 대사관으로 갔더니 한마디 질문도 없이 한 푼의 통행료도 받지 않고 1년짜리 비자를 내주었다고 합니다. 기적 같은 일이 일어난 것입니다.

우리는 그곳 상황을 잘 모르니까 그까짓 비자 받는 것이 뭐 그리 어려우냐고 하겠지만 그렇지 않습니다. 우리가 뒤에서 열심히 기도한 덕분으로 그런 역사가 일어났음이 분명합니다. 합심기도가 큰 역사를 일으킨 것입니다.

또 어떤 선교사의 이야기를 잠깐 소개합니다. 그는 뇌진탕으로 3주 동안 병상에 누워 고통을 당하고 있었습니다. 두개골이 깨졌기 때문에 몇 시간 간격으로 진통제를 맞지 않으면 고통을 견딜 수 없을 정도였습니다. 그 모습을 보다 못한 선교사의 부인이 고국에 있는 기도 후원팀에 기도 요청을 하기로 하고 무선 통신기 앞에 앉았습니다. 마침 목사 사모가 기도회에 가려다 그 통신을 받았습니다. 사모로부터 그 내용을 전해 들은 교회에서 기도가 폭발했습니다. 선교사를 위해 모인 사람들이 힘을 다해 하나님 앞에 기도했습니다. 놀라운 일이 일어났습니다. 그에게 더 이상 진통제가 필요 없게 된 것입니다. 그는 완전히 고통에서 벗어났습니다.

합심해서 기도하면 이렇게 놀라운 일이 일어납니다. 이 위력을 체험한 사람들은 조그만 일이 있어도 적극적으로 기도를 부탁하게 됩니다. 또 남이 어려운 일을 당하면 열성적으로 기도해줍니다. 그리고 가급적 많은 사람이 기도해주기를 원합니다. 합심기도의 능력을 알기 때문입니다. 우리 모두가 이 능력을 믿어야 하겠습니다. 이 능력을 믿으면 반드시 기도하는 사람이 됩니다.

전투적으로 기도하라

세 번째로 우리가 배워야 할 교훈은 복음 전하는 일과 관계되는 기도일수록 힘과 정열을 다 쏟는 전투적인 기도여야 한다는 것입니다. 선교사를 위해 기도합니까? 전도하기 위해 기도합니까? 복음 전하는 것과 관계되는 기도는 힘없이 하면 안 됩니다. 사력을 다해 힘을 쏟아서 기도해야 합니다. 영적 싸움이기 때문입니다.

복음을 전하는 것은 마귀를 향한 선전포고입니다. 가만히 잠자고 있는 마귀에게 다가가 일부러 발로 차서 깨우는 것과 다름없습니다. 복음을 전한다는 것은 다윗이 물맷돌을 가지고 골리앗을 향해 달려

가는 것과 똑같습니다. 이것은 영적 전투요, 도전입니다. 죽고 사는 문제가 달린 일입니다. 그러므로 기도를 해도 힘없는 기도를 하면 안 됩니다.

우리가 복음을 들고 나가면 군대 마귀가 일어섭니다. 선교사 한 사람이 준비해서 나가려고 하면 마귀가 얼마나 갖가지 야비한 수단으로 방해를 하는지 모릅니다. 어떤 사람이 복음을 듣고 예수님을 믿게 되면 마귀는 자기 백성을 빼앗기는 꼴이 되기 때문에 몹시 화를 냅니다. 마귀는 그 사람을 끝까지 죄와 사망의 사슬에 묶어서 질질 끌고 다니기를 원합니다. 그렇기 때문에 마귀는 전도하는 사람을 보면 발악을 합니다.

복음 전하는 일을 할 때는 보통으로 기도해서는 안 됩니다. 주일날 적당히 예배에 참석하고 오후에 들이나 산에 가서 실컷 놀다가 돌아오는 사람에게는 마귀가 계략을 부리지 않습니다. 그런 식으로 신앙생활을 하면 마귀와 부딪칠 일이 없습니다. 마귀는 자기편에 서 있는 사람에게는 손을 대지 않습니다. 그러나 내 이웃에 있는 안 믿는 사람을 예수 믿게 하려고 체면과 자존심 꺾어가면서 복음을 전하려고 한다면 마귀가 가만히 있지 않습니다. 어떻게 해서라도 자기 백성을 빼앗기지 않으려고 집요하게 방해합니다. 그러므로 우리가 마귀를 이기는 길은 힘을 다해 기도하고 전도하는 것뿐입니다.

어떤 교회에서는 선교사 한 분을 놓고 기도하기 위해 시계를 두 개씩 가지고 있다고 합니다. 하나는 선교사가 일하는 지역의 시각에 맞추어놓은 시계, 또 하나는 이곳 시각을 가리키는 시계입니다. 이렇게 양쪽으로 시계를 맞추어놓고 기도합니다.

복음 전하는 일을 위해서는 반드시 기도해야 합니다. 그러나 다 죽어가는 소리로 기도하면 안 됩니다. 믿지 않는 자들을 가슴에 품고 성도들이 하나같이 뭉쳐서 기도하면 틀림없이 마귀는 물러갈 것입니다. 아무리 마귀가 두 손에 움켜쥐고 놓지 않으려고 발악할지라도, 내 남편을 구원할 수 있습니다. 내 자녀를 구원할 수 있습니다. 내 이웃을 구원할 수 있습니다. 유흥가에 있는 사람들을 구원할 수 있습니다.

우리 모두가 합심하여 바울처럼 힘을 다해 기도한다면 그 기도는 놀라운 역사를 일으킵니다. 우리가 합심하여 선교사들을 위해 기도한다면 아프리카에서 놀라운 기적이 일어날 것입니다. 동남아에서 하나님의 역사가 일어날 것입니다. 불교권, 이슬람권에서도 큰 기적이 일어날 것입니다. 이래도 기도하지 않겠습니까?

이것은 긴급한 기도입니다. 분초를 다투는 기도입니다. 죽고 사는 문제입니다. 한 사람의 영혼을 지옥에 던져 넣느냐 아니면 영원한 하나님 나라에 들여보내느냐 하는 심각한 문제가 달려 있습니다. 그러므로 우리는 더 힘을 합하는 기도, 더 열심을 쏟는 기도를 해야 합니다. 기도하면 마귀는 절대 우리를 이기지 못합니다. 합심해서 하는 기도를 당할 자가 세상에 아무도 없습니다.

51

위대한 평신도 동역자들

로마서 16장 1-16절

1 내가 겐그레아 교회의 일꾼으로 있는 우리 자매 뵈뵈를 너희에게 추천하노니 2 너희는 주 안에서 성도들의 합당한 예절로 그를 영접하고 무엇이든지 그에게 소용되는 바를 도와줄지니 이는 그가 여러 사람과 나의 보호자가 되었음이라 3 너희는 그리스도 예수 안에서 나의 동역자들인 브리스가와 아굴라에게 문안하라 4 그들은 내 목숨을 위하여 자기들의 목까지도 내놓았나니 나뿐 아니라 이방인의 모든 교회도 그들에게 감사하느니라 5 또 저의 집에 있는 교회에도 문안하라 내가 사랑하는 에배네도에게 문안하라 그는 아시아에서 그리스도께 처음 맺은 열매니라 6 너희를 위하여 많이 수고한 마리아에게 문안하라 7 내 친척이요 나와 함께 갇혔던 안드로니고와 유니아에게 문안하라 그들은 사도들에게 존중히 여겨지고 또한 나보다 먼저 그리스도 안에 있는 자라 8 또 주 안에서 내 사랑하는 암블리아에게 문안하라 9 그리스도 안에서 우리의 동역자인 우르바노와 나의 사랑하는 스다구에게 문안하라 10 그리스도 안에서 인정함을 받은 아벨레에게 문안하라 아리스도불로의 권속에게 문안하라 11 내 친척 헤로디온에게 문안하라 나깃수의 가족 중 주 안에 있는 자들에게 문안하라 12 주 안에서 수고한 드루배나와 드루보사에게 문안하라 주 안에서 많이 수고하고 사랑하는 버시에게 문안하라 13 주 안에서 택하심을 입은 루포와 그의 어머니에게 문안하라 그의 어머니는 곧 내 어머니니라 14 아순그리도와 블레곤과 허메와 바드로바와 허마와 및 그들과 함께 있는 형제들에게 문안하라 15 빌롤로고와 율리아와 또 네레오와 그의 자매와 올름바와 그들과 함께 있는 모든 성도에게 문안하라 16 너희가 거룩하게 입맞춤으로 서로 문안하라 그리스도의 모든 교회가 다 너희에게 문안하느니라

우리는 로마서의 마지막 장을 펴놓고 있습니다. 본문을 읽으면 바울의 인간미가 진하게 배어 있는 아름다운 내용임을 알 수 있습니다. 이 글에는 저자가 독자들에게 전하는 훈훈한 사랑의 대화가 있습니다. 가슴 가득 넘치는 감사가 있습니다. 사랑하는 동역자들을 향한 그리움도 점점이 엿보입니다. 이 마지막 장 안에는 예수 그리스도를 위해 살고, 예수 그리스도를 위해 죽겠노라 다짐하면서 불타는 소명감을 가슴에 안고 한생을 살았던 일단의 사람이 모여 있습니다. 그들 모두는 세상 사람들이 전혀 이해할 수 없는 독특한 삶을 살다가 하늘나라로 갔습니다.

본문은 마치 그 위대한 인물들이 사도 바울을 가운데 세우고 빙 둘러서서 활짝 웃으며 찍은 사진을 보는 것 같은 느낌을 줍니다. 그들의 수가 자그마치 37명이나 됩니다. 그중에는 여자가 7명 혹은 8명이 포함되어 있습니다. 또 이름이 밝혀지지 아니한 사람이 여러 명 있습니다. 바울은 그들을 몹시 보고 싶어 했지만 모두가 로마에 살고 있었기 때문에 당장 볼 수 없었습니다. 그래서 지금 안부를 전하고 있는 것입니다.

조금 뒤로 가서 21-23절의 내용을 보면 바울과 함께 고린도에서 복음을 위해 충성하고 있었던 형제들의 이름이 나옵니다. 바울은 그들을 대신하여 사랑의 안부를 전합니다. 얼마나 아름다운 그리스도인의 교제인지요!

'바울' 하면 얼른 떠오르는 첫인상이 매우 차갑게 느껴질 때가 있습니다. 그를 보면 완벽한 사람, 거룩한 사람, 근엄한 사람, 오직 예수만 아는 사람, 세상일은 아무것도 모르고 오직 외곬으로 인생을 사는 사람이라는 인상을 강하게 받습니다. 그러니까 다가가기가 대단히 어려운 사람이라는 고정관념을 갖기 쉽습니다.

그러나 사실은 그렇지 않습니다. 본문을 읽어보면 바울이 그런 사람이 아니었음을 금세 알아차릴 수 있습니다. 무엇보다 그는 사람을 좋아했습니다. 누구를 만나든지 만나는 사람 모두를 친구로 만들어 함께 어울려 살기를 원했습니다. 물론 그에게는 적도 대단히 많았습니다. 그러나 그들은 예수 그리스도의 복음을 반대하고 핍박했기 때문에 그의 적이 된 것이지 다른 동기로 적이 된 것은 아니었습니다. 그는 할 수만 있다면 되도록 많은 사람을 친구로 삼아 복음의 동역자로 함께 뛰기를 원했습니다.

그리스도인은 사람을 좋아해야 합니다. 저도 이 부분에 대해 가끔 주님 앞에서 자신을 점검할 때가 있습니다. 예수 믿는 사람은 대인관계에서 사람을 피하면 안 됩니다. 주님이 우리를 가리켜 '양'이라는 별명을 붙이셨습니다. 양의 특성이 무엇입니까? 양은 혼자 살면 망합니다. 떼를 이루어 살아야 됩니다. 우리 모두는 서로를 필요로 하는 사람들입니다. 이런 의미에서 우리도 바울처럼 사랑하는 사람을 주변에 많이 두고 훈훈한 인간미를 주고받으며 살아야 한다는 것을 새삼 느낄 수 있습니다. 우리가 그와 같은 삶을 살고 있는지 자신을 돌아보는 시간이 되기를 바랍니다.

우리는 본문에서 사도 바울의 위대성을 또 하나 발견할 수 있습니다. 평범한 사람들을 발굴해서 복음을 위해 생명을 바쳐 일하는 탁월한 동역자로 만드는 것입니다. 바울의 영향력은 정말 대단했습니다. 바울의 주변 사람들은 그를 알게 되면서 생각과 행동이 달라지기 시작했습니다. 그를 알고부터는 아무 일도 없었던 것처럼 가만히 있을 수 없었습니다. 과거처럼 세상 돌아가는 대로 살 수 없었습니다. 그래서 궂은일, 좋은 일 가리지 않고 하나님의 영광을 위해 쓰임받는 삶을 살기를 원했습니다. 그를 통해 예수 그리스도를 알게 된 사람들마다 인격이 달라지고 생활이 변했던 것입니다.

바울은 혼자 일하고 자기가 아니면 안 된다는 독선에 빠진 지도자가 아니었습니다. 그는 함께 일하기를 좋아했습니다. 함께 울고, 함께 웃으면서 주님 나라를 건설하기 원했습니다. 주님의 일은 한 사람이 다 하는 것이 아닙니다. 바울은 그 사실을 잘 알고 있었습니다. 바울의 위대함을 요사이 말로 표현하면, '평신도의 잠재력을 극대화해서 하나님 나라를 위해 최대치로 투자하도록 이끄는 데 탁월한 능력을 가진 지도자'였다고 할 수 있습니다. 그의 위대함이 여기에 있습니다.

바울은 가만히 앉아서 사람들이 찾아오기를 기다리지 않았습니다. 땀을 흘리며, 때로는 눈물을 흘리며 사람을 찾아다녔습니다. 그는 전도를 받아 예수님을 믿게 된 사람들을 위해 밤낮없이 하나님 말씀을 가르쳤습니다. 그들을 그리스도 안에서 온전한 자로 세우는 데 혼신의 힘을 쏟았습니다. 예수님의 제자를 만드는 데 온갖 정성을 기울였습니다. 본문에 등장하는 모든 평신도의 이름은 바울이 값비싼 대가를 지불해서, 해산의 수고를 다해 길러놓은 예수님의 제자들이요 자신의 동역자들이었습니다.

이런 대가 지불로 얻은 아름다운 형제자매들이었기 때문에 그는 그들을 놓고 조금도 어색하지 않게 이름을 부르면서 안부를 전합니다. 또한 재미있는 수식어를 이름 앞에 하나씩 붙이고 있습니다. 뭐라고 합니까? '나의 보호자', '나의 동역자', '처음 맺은 열매', '나와 함께 갇힌 자', '내 사랑하는 자', '그리스도 안에서 인정을 받은 자', '주 안에서 수고한 자', '내 어머니', '나의 친척', '나와 온 교회를 돌보아주는 사람' 등등의 별명들을 붙여가면서 그들을 부르고 있습니다. 얼마나 멋있는 장면인지 모릅니다.

왜 이런 별명이 붙었는지 그 이유를 한번 생각해봅시다. 여기에 등장하는 40여 명 가까운 이들에게는 저마다 진한 감동을 불러일으킬 만한 기막힌 간증거리가 있었던 것으로 생각됩니다. 할 수만 있다면 이들 개개인으로부터 그들이 받은 은혜에 대한 이야기를 듣고 싶을 정도입니다. 그러나 아쉽게도 그들의 이야기는 성경에 전혀 기록되어 있지 않습니다. 단지 몇 사람에 대해서만 조금 추리를 할 수 있을 뿐입니다.

그러나 여기에는 아주 중요한 진리가 담겨 있습니다. 평신도의 위대함은 사람들에게 널리 알려지지 않은 데 있다는 것을 알아야 합니다. 교역자는 사람들에게 알려지고 그 이름이 많은 사람의 입에 오르내릴 수 있습니다. 위대한 선교사들의 이름은 역사적으로도 길이 남을 수 있습니다. 그러나 그들을 도운 평신도들의 이름은 널리 알려지지 않은 채 세월의 모래 속에 묻혀버리는 일이 비일비재합니다. 평신도의 위대함과 영광은 사람들에게 알려지지 않은 익명성에 있습니다. 그들의 아름다움, 그들의 충성, 그들의 값진 인생에 대해서는 오직 예수님만 알고 계십니다. 이것이 평신도의 위대함이요 영광입니다.

　이런 점에서 저는 가끔 생각에 잠길 때가 있습니다. 세상에서 이름이 많이 알려진 사람은 하늘나라에 가서 상을 얻기가 매우 어려울지 모릅니다. 세상에서 유명했던 사람이 천국에 가서도 유명할까요? 절대 그렇지 않다고 봅니다. 주님 앞에 갔을 때 진짜로 유명한 사람은 따로 있을 것입니다. 그들이 바로 여러분과 같은 평신도들이라고 생각합니다.

교회의 일꾼 뵈뵈

　　　　　　　　　로마서 16장에 나오는 아름다운 이 형제자매들, 바울이 동역한 예수님의 제자들을 몇 사람만 대표적으로 살펴봅시다. '교회의 일꾼', '나의 보호자'라고 호칭했던 여성 한 명이 나옵니다. 그의 이름은 '뵈뵈'입니다. 16장에 등장하는 여성의 수는 그렇게 많지 않습니다. 바울이 일부러 생략한 것 같습니다. 그러나 남자의 이름이 아닌, 여자의 이름을 먼저 언급한 것이 특이합니다. 뵈뵈의 고향은 고린도 지방의 겐그레아라는 항구였습니다. 뵈뵈는 바울이 고린도에서 1년 반 동안 선교할 때 그에게 전도를 받았던 것 같습니다. 뵈뵈가 예수님을 믿게 되면서부터 그의 아름다운 생이 시작되었습니다. 그러나 구체적인 이야기는 성경에 언급되지 않아 뵈뵈에 대해 정확하게 말하기 어렵습니다.

　한 가지 분명한 사실은 바울이 그를 교회의 일꾼이라고 불렀다는 것입니다. 일꾼이라는 용어는 집사와 같은 뜻입니다. 곧 여집사라는 말입니다. 당시 교회 안에 집사라는 직책이 있었는지는 성경학자 사이에서 논란이 있습니다. 그 당시의 교회는 햇병아리나 다름없었습니다. 그러니 오늘날 교회와 같이 체계적인 조직이 있었을 리가 없고, 따라서 집사라는 직분이 없었다고 보는 것이 더 타당합니다. 바울이 편지에서 뵈뵈를 집사라고 부른 것은 공식적인 직책명이 아니라 뵈뵈가 교회 안에서 하는 역할이 무척 중요하고 아름다우므로 그렇게 부른 것이 일종의 별명처럼 되지 않았나 생각합니다.

지금과 마찬가지로 초대교회에서도 여성의 위치는 참 중요했습니다. 당시 교회 안에는 여성이 대부분이었을 것입니다. 동시에 여자 성도들이 해야 할 일도 매우 많았을 것입니다. 예를 들어, 환자를 심방하는 일은 남자보다 여자가 더 잘할 수 있습니다. 그리고 어려운 이웃을 구제하는 일도 남자보다는 여자가 적격입니다. 초대교회에서 세례를 받을 때 침례를 행했다면 물속에 사람이 들어갔다 나오고, 겉옷을 입고 벗는 등의 일들을 옆에서 돕는 사람도 여자였을 것입니다. 여자가 세례를 받는 경우에는 마땅히 여자가 도와야 했을 것입니다. 이런 여러 사례를 놓고 볼 때 공식적인 집사의 직분이 없었다 해도 교회 안에서 여자가 맡은 역할이 대단히 크고 중요했음이 틀림없습니다.

특별히 우리의 주목을 끄는 점이 하나 있습니다. 2절 끝에서 바울이 뵈뵈를 "여러 사람과 나의 보호자"라고 부른 것입니다. 실제로 어떤 일에서 뵈뵈가 바울의 보호자가 되었다는 의미일까요? 이 문제를 놓고 꼭 이것이다 말하기는 어렵습니다. 그렇지만 그 말의 뉘앙스를 생각하면 뵈뵈가 경제적으로 바울을 후원하는 사람이 아니었나 추측됩니다. 아니면 비서 역할을 했는지도 모릅니다. 22절에 보면 더디오라는 비서가 나옵니다. 더디오는 바울 앞에서 그가 불러주는 대로 로마서를 기록한 사람입니다. 일종의 받아쓰기를 한 것입니다. 22절을 보면 그가 바울의 편지를 받아쓰면서 자기 안부를 슬쩍 삽입한 것을 볼 수 있습니다.

이 편지를 기록하는 나 더디오도 주 안에서 너희에게 문안하노라.

참 재미있는 사람이라고 생각합니다. 뵈뵈 역시 더디오처럼 바울 곁에서 그의 손발 노릇을 했는지도 모를 일입니다. 그러나 제가 볼 때는 경제적인 후원을 하지 않았을까 생각합니다. 그 당시의 교회는 매우 약했습니다. 선교사로서 바울의 형편이 얼마나 어려웠는지 우리는 잘 알고 있습니다. 이런 사정을 잘 아는 뵈뵈가 바울을 도와주면서 예수님을 갓 믿고 주께 돌아온 가난한 성도들을 위해 숨은 봉사를 많이 했을 것입니다. 이런 연유에서 "여러 사람과 나의 보호자"라는 말을 쓰지 않았나 생각됩니다.

사실 선교사나 교역자에게는 일일이 공적으로 말하기 어려운 경제적인 애로가 참 많습니다. 제가 부교역자로 사역하던 20년 전만 해도 교회가 교역자의 사정을 몰라주는 일이 많았습니다. 재정적으로 그렇게 어려운 교회가 아닌데도 박대를 했습니다. 그러고는 은혜 없다며 야단이고, 옷이 누추하다며 야단이고 할 소리는 다 합니다. 저는 신학교를 다니면서 교회 사역을 했는데 등록금 마련이 매우 어려웠습니다. 그때 뵈뵈와 같이 남몰래 저를 도와주는 형제들이 가끔 있었습니다.

뵈뵈가 당시 고린도교회에서 상당히 큰 비중을 차지한 인물이었음은 틀림없습니다. 왜 그런가 하면 바울이 정성껏 기록한 로마서를 로마에 있는 성도들에게 잘 전달하도록 심부름한 사람이 바로 뵈뵈였기 때문입니다. 로마서를 요즈음 편지와 같은 것이라고 생각하면 안 됩니다. 당시 형편에서 로마서 정도면 그 양이 상당히 많았을 것입니다. 얼마나 정성껏 쓴 편지입니까? 이 귀중한 성경을 뵈뵈에게 맡겨서 전하라고 했을 때는 그만큼 그가 신뢰할 수 있는 사람이었다는 것을 말해줍니다. 그리고 바울이 그를 보내면서 로마 성도들에게 이렇게 추천하고 있습니다.

> 너희는 주 안에서 성도들의 합당한 예절로 그를 영접하고 무엇이든지 그에게 소용되는 바를 도와줄지니 이는 그가 여러 사람과 나의 보호자가 되었음이라(2절).

뵈뵈가 귀중한 사람이니까 로마교회가 합당한 예절을 갖추어 그를 영접하고 그에게 필요한 것이 있으면 전부 공급해주기를 바란다고 말하는 것입니다. 뵈뵈는 정말 멋있는 사람이었습니다. 우리 모두가 뵈뵈처럼 주님이 가장 필요로 하는 일에 부름을 받는 사람이 되기를 바랍니다. 지도자가 누구에게라도 마음놓고 추천할 수 있는 평신도가 되기를 바랍니다. 교회 안에서 남몰래 봉사하고 후원자 역할을 하는 숨은 손들이 되기를 바랍니다. 이 모두가 주님이 원하시는 일입니다.

동역자 브리스가와 아굴라

바울의 동역자 가운데서 중요한 사람을 한 명 더 살펴보겠습니다. 3절에는 동역자라는 호칭을 직접 붙인 부부가 나옵니다.

> 너희는 그리스도 예수 안에서 나의 동역자들인 브리스가와 아굴라에게 문안하라.

성경에 나오는 부부 중에 가장 이상적인 사람들이 브리스가와 아굴라고 생각합니다. 정말 멋있는 부부가 아닐 수 없습니다. 하나님이 맺어주신 천생연분입니다. 그런데 재미있게도 여자 이름이 먼저 나옵니다. 이 사실을 아굴라가 알았다면 기분이 좀 나빴을지 모릅니다. 그가 로마서를 읽었는지, 안 읽었는지는 모르지만 말입니다. 역시 신앙의 세계에서는 고금을 막론하고 여성이 앞서는 것 같습니다. 당시 브리스가와 아굴라는 로마에 있었습니다. 바울이 이 편지를 로마교회에 보내어 읽게 했으므로 이 부부는 자기들의 이름 순서가 뒤바뀐 것을 모를 리 없었다고 봅니다. 지금도 그렇습니다만 당시의 일반적인 통례는 남자 이름을 먼저 쓰게 되어 있었습니다. 부부인 경우에는 더 말할 나위가 없었습니다. 더욱이 여자의 이름은 아예 기록조차 하지 않는 예도 많았습니다.

여성이 인격적인 대우를 제대로 받지 못하던 사회에서 부부를 소개할 때 부인의 이름을 앞세웠다는 것은 대단한 일이 아닐 수 없습니다. 이 사실을 놓고 어떤 학자들은 상상력을 동원해서 이렇게 해석합니다. 브리스가는 로마 귀족 태생이고 아굴라는 노예 출신이기 때문에 여자 이름이 앞에 나왔다는 것입니다. 그러나 이런 견해는 어디까지나 상상에 지나지 않습니다.

브리스가와 아굴라가 예수님을 믿은 것은 바울을 만나고 난 후의 일로 보입니다. 이전에는 그들이 예수님을 몰랐던 것 같습니다. 주후 52년에 글라우디오 황제는 반유대주의를 표방하여 유대인을 로마에서 전부 쫓아내버렸습니다. 그때 쫓겨난 브리스가와 아굴라 부부는 고린도에 가서 천막 만드는 일을 했습니다. 이때 바울을 만난 것입니다.

바울을 통해 복음을 들은 그들은 완전히 딴 사람이 되었습니다. 그리스도의 제자가 되었을 뿐 아니라 삶에 획기적인 변화가 일어났습니다. 바울이 1년 반 동안 고린도에서 복음을 전하고 교회를 개척할 때 그들은 바울을 그림자처럼 따라다니며 정성껏 도왔습니다. 그리고 바울과 사업을 같이했습니다. 사업을 같이한다는 것이 좀 이상하게 들리지만 이는 바울과 함께 천막 만드는 일을 하며 한 지붕 밑에서 한 식구처럼 살았다는 말입니다. 그러다가 바울이 장소를 옮겨 에베소로 선교를 떠날 때 이 부부는 사업을 전부 정리하고 에베소로 따라갔습니다. 거기에 가서도 바울의 충성스러운 동역자가 되어 함께 일했습니다.

얼마 후 황제의 추방령이 해제되었을 때 이 부부는 로마로 돌아와 자기들의 옛 집과 직업을 되찾았습니다. 그들이 로마에서 평생을 보낸 것 같지는 않습니다. 디모데후서 4장 19절을 보면 그들이 다시 에베소로 돌아가서 거기에 거주했음을 알 수 있기 때문입니다.

바울은 브리스가와 아굴라 부부를 가리켜 '나의 동역자'라고 불렀습니다. 동역자라는 뜻이 무엇일까요? 21절에 보면 바울은 디모데를 '나의 동역자'라고 불렀습니다. 디모데는 목회자였고 바울의 후계자였습니다. 그러니까 동역자라는 말이 당연합니다. 그러나 브리스가와 아굴라는 그런 위치에 있는 사람이 아니었습니다. 이 부부는 목회자가 아니라 평신도였습니다. 그럼에도 바울은 그들을 가리켜 '나의 동역자'라고 했습니다. 동역자는 영어로 'fellow worker' 혹은 'helper'입니다. 돕는 사람, 측근에서 손을 서로 맞잡은 사람을 동역자라고 하는 것입니다. 평신도임에도 이 부부를 바울이 동역자라고 자신 있게 부른 이면에는 그럴 만한 근거가 있습니다.

첫째로, 그들은 복음 전하는 일을 최우선에 두고 살았습니다. 그들은 바울과 함께 고린도에서 장사를 하면서 복음을 전했습니다. 바울이 에베소로 자리를 옮기자 같이 짐을 싸고 따라갔습니다. 그리고 이 부부가 바울보다 먼저 로마로 이사한 이유는 바울이 그곳에 올 것을 대비해서 그랬을 가능성이 높습니다. 이 부부의 삶을 보면 집시가 연상됩니다. 그들은 주의 복음을 위해 떠돌이 생활을 했기 때문입니다.

그들은 복음을 위해 거주지를 자주 옮겼고 가정을 개방하여 바울의 안식처가 되게 했습니다. 복음이 그들에게는 최우선이었습니다. 그들에게 직업은 복음을 전하기 위한 수단에 지나지 않았습니다. 주님은 오늘도 이런 사람을 찾고 계십니다.

여기서 이사에 대해 잠시 생각해볼 필요가 있습니다. 여러분은 어떤 이유로 이사를 하려고 합니까? 올바른 신앙생활을 우위에 두고 이사 갈 곳을 준비합니까? 아니면 단지 살기 좋은 주거지만을 찾아 옮기려 합니까? 물론 살기 좋은 곳을 찾아서 옮기는 것은 매우 중요합니다. 그러나 우리가 분명히 알아야 할 것이 있습니다. 여러분이 정말 복음을 위한 동역자가 되기를 원합니까? 주님 앞에 섰을 때 칭찬받기를 원합니까? 그렇다면 이사하는 것까지도 복음의 동역자가 되는 문제와 연계해 생각해야 합니다.

주거의 문제는 교회를 중심으로 신앙생활에 지장이 없을지를 먼저 생각하면서 결정해야 합니다. 미국을 보면 흑인들이 사는 다운타운에서 백인들이 자꾸 떠납니다. 좀 더 안락하고 분위기가 좋은 곳을 찾아 떠나는 것입니다. 그러나 끝까지 거주지에 남는 목사와 평신도들이 있습니다. 왜 그렇습니까? 흑인들을 위해 복음의 봉사자가 되기를 원하기 때문입니다.

브리스가와 아굴라에게는 또 하나 놀라운 사실이 있습니다. 그들의 집이 언제나 교회로 사용되었다는 것입니다.

또 저의 집에 있는 교회에도 문안하라…(5절).

이것은 브리스가와 아굴라가 자기 집을 교회로 개방한 것을 이야기합니다. 성경을 보면 브리스가는 고린도에서도 자기 집을 교회로 개방했고, 에베소에 가서도, 로마에 가서도 그렇게 했습니다. 그 당시에 무슨 교회 건물이 있었겠습니까? 가정집에 모일 수밖에 없었습니다. 이렇게 자기 집을 교회로 개방하는 데는 남자보다도 여자의 역할이 훨씬 컸다고 생각합니다. 부인에게는 집이라는 공간이 안식처라고 할 수 있기 때문입니다.

집은 부인에게 프라이버시가 보장되는 곳이요, 자기의 소박한 꿈을 키울 수 있는 곳입니다. 자기 집을 완전히 개방해서 밤낮없이 사람들이 출입하고, 드나드는 사람을 일일이 대접하는 일은 부인의 동의가 없는 한 도저히 불가능합니다. 남자 혼자서는 죽었다 깨어나도 못하는 일입니다. 이렇게 어려운 일을 이 부부는 가는 곳곳마다 했던 것입니다. 한 주나 한 달 정도 집을 개방하는 것은 마음만 먹으면 할 수 있을지 모릅니다. 그러나 평생토록 자기 집을 교회로 개방한다는 것은 상상할 수 없을 만큼 어렵습니다. 어떤 면에서는 바울이 하는 일보다 더 어려운 일이라고 할 수도 있습니다. 그만큼 이 부부는 복음을 위해 헌신적인 삶을 살았습니다.

23절을 보면 가이오도 비슷한 일에 헌신했던 것 같습니다. 바울이 가이오를 "나와 온 교회를 돌보아주는 가이오"라고 소개하는 것을 보아 알 수 있습니다. '교회를 돌보아주는 사람'이란 무엇일까요? 아마도 그 교회의 신자들을 먹여 살리다시피 하는 재정 담당자를 의미한 것이 아닌가 합니다. 이런 사역은 아무나 할 만한 일이 아닙니다. 특별한 은혜가 아니면 못합니다.

사랑의교회는 청소년 선교 사역의 일환으로 구로공단에서 선교 활동을 펼치고 있습니다. 그곳에 구명서 목사님이 가서 수고를 하고 있는데 조그마한 빌딩 한 층을 선교 센터로 사용하고 있습니다. 그 안에는 교역자 사택이 있고 그 옆으로는 공단에서 일하는 청소년들이 훈련도 받고 예배도 드리고 상담도 하는 공간이 있습니다. 집이 곧 센터요, 센터가 곧 집인 셈입니다. 그러니 얼마나 힘들겠습니까?

한번은 사모들이 모여 같이 은혜를 나누는 시간에 구 목사님 부인이 여자로서 말 못할 여러 어려운 사정을 털어놓더랍니다. 그 이야기를 제 아내가 듣고 와서 저에게 전해준 일이 있었는데 전부 공감할 수 있는 이야기입니다.

밤에 부부가 둘이서 오순도순 있고 싶은데 예고도 없이 공단 아가씨가 들이닥치는 경우를 생각해보세요. 식구들이 모처럼 오붓하게 식사하고 싶은데 갑자기 남자애들이 찾아와 만들어놓은 음식을 다 먹어 치우는 경우를 생각해보세요. 그것도 한두 달이면 몰라도 1년 사시사철 그런 식으로 살아야 한다면 주부의 속이 타지 않는 날이 별로 없을 것입니다. 주님을 위해서 희생하겠다는 뜨거운 열정과 소명감이 없으면 도저히 자기 집을 교회로 개방할 수 없습니다. 브리스가와 아굴라 부부처럼 주님을 사랑하는 뜨거운 마음이 없다면 도저히 불가능한 이야기입니다.

셋째로 이 부부에 관해 이야기하면서 빼놓을 수 없는 사실이 있습니다. 4절을 보겠습니다.

> 그들은 내 목숨을 위하여 자기들의 목까지도 내놓았나니…

번역을 그렇게 해서 그런지 모르지만, 성경에 기록된 이야기 중에 이 구절처럼 재미있는 말이 없을 것 같습니다. 목을 내놓았다는 말이 무슨 뜻입니까? 바울을 위해서라면 생명도 아끼지 않았다는 것입니다. 바울을 위하는 것이 곧 주님을 위하는 일이요, 복음을 위하는 것이 곧 주님을 위한 일이라는 확고부동한 믿음을 가진 부부였기에 바울을 위해서 생명까지 아끼지 않았다는 말입니다. 참으로 놀라운 인물들입니다. 목이라도 대신 내놓고 싶을 만큼 존경하고 사랑하는 사람이 있었다는 점에서도 얼마나 행복한 자들입니까?

지금까지 우리가 살펴본 몇 가지 사실을 보아도 바울이 그들을 '나의 동역자'라 부른 것은 조금도 지나친 말이 아니라는 것을 알 수 있습니다. 이제 저는 여러분에게 질문을 던지고 싶습니다. 여러분은 어떤 평신도가 되기를 원하십니까?

어느 신학자는 "성경은 영감 있는 사례집이다"라고 말했습니다. 그 의미가 무엇입니까? 성경에는 우리가 배우고 본받아야 할 아름다운 삶의 이야기가 다양하게 기록되어 있다는 말입니다. 그러므로 성경을 배운 사람은 배운 대로 살아야 합니다. 브리스가와 아굴라, 뵈뵈와 같은 사람들 이야기를 써놓은 이유가 무엇입니까? 그저 한 번 지나가면서 읽어보고 끝내라는 말이 아닙니다. 그 속에는 "너도 그런 사람이 되라"고 하는 무언의 명령이 내포되어 있습니다. 하나님께서 우리에게 보여주시는 모델, 거울이라는 의미에서 성경을 '영감 있는 사례집'이라고 한 것입니다. 브리스가와 아굴라 부부는 우리 삶의 모델이요 거울입니다.

평신도의 열등의식을 극복하라

현대 교회 안에는 비뚤어진 교역자의 우월의식이 자리를 잡고 있습니다. 동시에 비뚤어진 평신도의 열등의식이 만연하고 있습니다. 교역자는 자기 혼자 일을 다 하는 것처럼 큰 소리칩니다. 성도들은 평신도가 이 정도면 족하다고 하는 안일주의에 빠져 있습니다. 평신도를 일꾼으로 만들어 복음을 위해 동역할 수 있어야 한다는 사도 바울의 철학이 결여되면 교역자는 자기 혼자만 일을 다 하는 것처럼 우월의식에 빠집니다. 동시에 평신도들은 교역자 밑에서 명령하는 대로 따르기만 하면 된다는 일종의 열등의식에 사로잡힙니다.

이것은 오늘날 한국교회가 안고 있는 심각한 문제라고 생각합니다. 이런 열등의식을 참지 못해 어떤 평신도는 세상 직업을 집어던지고 신학교로 달려갑니다. 그러나 너도나도 다 신학교에 가면 주의 일이 제대로 되겠습니까?

뵈뵈, 더디오, 브리스가와 아굴라, 가이오, 에라스도와 같은 위대한 바울의 동역자들이 우리에게 주는 교훈은 무엇입니까? 가정이 있으면서도 복음을 위해 동역자로 쓰임받을 수 있다는 것입니다. 생업을 가지고도 주님을 위해 헌신할 수 있다는 것입니다. 나약한 여자이지만 주님을 위해 생명을 바칠 수 있다는 것입니다. 고린도의 재정을 맡은 공무원과 같은 신분으로서도 복음을 증거하는 데 일조할 수 있다는 것입니다.

교회 지도자는 특별한 소명을 받은 사람입니다. 우리 모두가 다 그런 소명을 받지는 않았습니다. 그러나 복음 전하는 일에는 특별히 소명을 받은 자만 쓰임받는 것이 아닙니다. 이름 없이, 빛도 없이 일할 수 있는 수많은 평신도가 함께 동역자로 쓰임받을 때 하나님 나라가 세워집니다.

그러므로 우리 신분이 교역자냐, 선교사냐, 평신도냐 하는 것은 아무런 문제가 되지 않습니다. 주님이 당신에게 비서 일을 맡기셨습니까? 심부름하는 일입니까? 보이지 않게 지도자를 돕는 일입니까? 우리는 무엇에서든지 쓰임받을 수 있는 복음의 일꾼임을 기억하십시오. 우리가 하는 일이 보기에 하찮은 것일지라도 주를 위해 일할 만한 가치가 있다는 것을 꼭 기억하기 바랍니다.

한국교회의 장래가 어디에 있습니까? 교회마다 지도자의 손에서 빚어져야 할 뵈뵈, 브리스가와 아굴라가 얼마나 있느냐에 달려 있습니다. 엄청난 인력을 보유하고 있는 한국교회가 제 구실을 감당하려면 사람이 열쇠라는 의식 변화, 목회 전략의 변화가 있어야 합니다. 이것이 없으면 다음세대를 감당할 수 없을 것입니다. 이런 뚜렷한 자각이 없다면 한국교회는 다음세대뿐만 아니라 지금의 세대조차 감당하기 어려울 것입니다.

미국에서 한참 각광을 받고 있는 열 개의 대형 교회 지도자들이 각자의 교회에 대해 이야기한 책을 읽었습니다. 그들이 무엇을 말했는지 압니까? "교회를 제대로 성장시키고 이 땅에 주의 복음이 편만하게 하려면 교역자가 사역을 평신도와 함께 나누는 팀 리더십을 개발해야 한다." 이것이 그들의 공통된 견해입니다. 목사가 성도들에게 무엇을 해주는 것이 아니라, 성도들과 함께 무엇을 할 수 있어야 한다는 것입니다. 성공적인 목회는 얼마나 많은 사람이 목사의 설교를 듣기 위해 모이느냐에 있지 않다는 것입니다. 성공적인 목회는 얼마나 많은 사람이 복음을 전하고 사람을 돌아보는 사역에 동참하느냐에 달려 있다고 그들은 말합니다. 옳은 말입니다. 이것이 사람을 중시하는 목회입니다. 이것이 사람을 중시하는 리더십입니다. 바울이 이것을 우리에게 모범으로 보여주었습니다.

일본은 40년 만에 세계 일등국이 되었습니다. 경제 평론가인 구영한 씨가 그 이유를 분석해《인재론》이라는 책을 출간했는데 그 책의 중심 내용은 이렇습니다. 아시아 사람들이 일본으로부터 배워야 할 것은 생산 기술이나 일본식 경영이 아니라는 것입니다. 그것보다도 일본 기업들이 인적 자원을 어떻게 개발하고 있는가를 배우는 것이 더 중요하다고 했습니다. 일본이 오늘날처럼 발전하게 된 근본 이유는 사람에게 있는 것이지 제품에 있는 것이 아니라고 말합니다. "충성심이 없는 자는 전력이 되지 않는다"라는 것이 그의 이론입니다. 제품 하나를 만들기 위해서는 그 일에 충성할 수 있는 사람을 길러내야 합니다. 그렇지 않으면 아무리 사람 수가 많아도 쓸데없는 군중에 지나지 않는다는 것입니다.

미국의 클린턴 대통령은 정부 정책의 바탕을 교육과 훈련을 통한 철저한 인력 관리에 두겠다고 공언했습니다. 이것은 오늘날 미국의 병을 치료하기 위한 급선무라고 할 수 있습니다. 중요한 것은 돈이나 생산품이 아닙니다. 사람이 중요합니다. 세상 나라의 흥망도 어떤 사람을 만드느냐, 어떤 인재를 길러내느냐에 달려 있습니다. 하나님 나라도 원리는 동일합니다. 이사야의 예언을 들어보십시오. 주님께서 이사야를 통해 분명히 말씀하셨습니다.

그 작은 자가 천 명을 이루겠고 그 약한 자가 강국을 이룰 것이라 때가 되면 나 여호와가 속히 이루리라(사 60:22).

하나님 나라의 사람들은 한 사람이 자기 분야의 일가를 이루고, 아무리 작은 자라도 강한 나라를 이루며 아무리 약한 자라도 천 명으로 불어나는 생산적인 사람이 되어야 한다고 가르치십니다. 그래야 하나님 나라가 흥왕할 것입니다.

클린턴이 교육과 기술 훈련을 통해 흐릿한 국민 의식을 혁신하게 하려고 제아무리 노력한다 해도 얼마 후에는 국민에게 실망을 안겨 줄 것입니다. 대통령의 연설을 듣고 처음에는 환호했던 군중이라도 머지않아 실망하게 됩니다. 세상 지도자에게는 한계가 있기 때문입니다. 세상 나라는 항상 불안합니다. 세상 나라의 지도자는 항상 불만스럽습니다. 요즘 100가지 공약, 77가지 공약, 50가지 공약 등을 늘어놓는데 여러분은 그 말의 10분의 1만 믿으시기 바랍니다. 세상 나라는 완전하지 못합니다. 세상 나라의 지도자는 결국 실망을 안겨 주게 되어 있습니다.

그러나 우리의 왕은 누구입니까? 예수 그리스도, 그분이 우리 왕입니다. 우리의 나라는 어디에 있습니까? 하나님 나라, 그곳이 우리의 나라입니다. 그 나라의 왕이신 주님은 절대로 우리를 실망시키지 않으십니다. 예수 그리스도는 우리가 영원히 의지하고 신뢰하고 믿어도 좋을 우리의 지도자입니다. 예수님이 다스리시는 나라는 불만이 있을 수 없습니다. 분배의 불균형이 있을 수 없습니다. 재앙이 있을 수 없습니다. 불의가 있을 수 없습니다. 그 나라는 영원한 나라입니다. 의의 나라입니다. 영광스러운 나라입니다.

그러므로 우리 소망은 그 나라가 임하는 데 있습니다. 세상 사람들은 주님을 왕으로 모시기 싫어합니다. 끝까지 싫어합니다. 그러나 우리는 그분이 왕이 되어야만 영원토록 평안히 살 수 있음을 믿습니다. 그렇다면 우리는 어느 나라에 충성을 해야 합니까? 누구를 위해 우리의 생명을 바쳐야 합니까? 누구를 위해 우리의 생을 헌신해야 합니까? 브리스가와 아굴라처럼, 뵈뵈처럼, 디모데처럼, 더디오처럼 복음을 위해 충성할 때 그분을 왕으로 모실 수 있고, 주님 나라가 이 땅에 임하는 데 벽돌 한 장의 구실이라도 할 수 있다는 것을 알아야 합니다.

사랑하는 형제자매 여러분, 당신은 어떤 평신도가 되기를 원하십니까? 일어나십시오. 우리 모두 일어나서 주님의 영광을 위해 쓰임 받는 그릇이 되기를 사모하고 매달려봅시다. 한 번밖에 없는 우리의 생을 헛되이 보내지 맙시다. 우리 모두 이런 뜨거운 열정을 가지고 주님의 복음을 위해 충성해야 하겠습니다. 영광스러운 그 나라를 위해 복음을 들고 힘차게 뛰는 사람이 되기를 바랍니다.

52

세세 무궁토록 하나님께 영광을!

로마서 16장 17-27절

17 형제들아 내가 너희를 권하노니 너희가 배운 교훈을 거슬러 분쟁을 일으키거나 거치게 하는 자들을 살피고 그들에게서 떠나라 18 이 같은 자들은 우리 주 그리스도를 섬기지 아니하고 다만 자기들의 배만 섬기나니 교활한 말과 아첨하는 말로 순진한 자들의 마음을 미혹하느니라 19 너희의 순종함이 모든 사람에게 들리는지라 그러므로 내가 너희로 말미암아 기뻐하노니 너희가 선한 데 지혜롭고 악한 데 미련하기를 원하노라 20 평강의 하나님께서 속히 사탄을 너희 발아래에서 상하게 하시리라 우리 주 예수의 은혜가 너희에게 있을지어다 21 나의 동역자 디모데와 나의 친척 누기오와 야손과 소시바더가 너희에게 문안하느니라 22 이 편지를 기록하는 나 더디오도 주 안에서 너희에게 문안하노라 23 나와 온 교회를 돌보아주는 가이오도 너희에게 문안하고 이 성의 재무관 에라스도와 형제 구아도도 너희에게 문안하느니라 24 (없음) 25 나의 복음과 예수 그리스도를 전파함은 영세 전부터 감추어졌다가 26 이제는 나타내신 바 되었으며 영원하신 하나님의 명을 따라 선지자들의 글로 말미암아 모든 민족이 믿어 순종하게 하시려고 알게 하신 바 그 신비의 계시를 따라 된 것이니 이 복음으로 너희를 능히 견고하게 하실 27 지혜로우신 하나님께 예수 그리스도로 말미암아 영광이 세세 무궁하도록 있을지어다 아멘

사도 바울이 전하고자 했던 복음의 핵심은 로마서 15장 13절에서 이미 끝을 맺었다고 말할 수 있습니다.

> 소망의 하나님이 모든 기쁨과 평강을 믿음 안에서 너희에게 충만하게 하사 성령의 능력으로 소망이 넘치게 하시기를 원하노라.

이후에 나오는 내용은 사적인 이야기와 안부 인사가 대부분을 차지합니다. 그런데 바울은 편지 마지막 부분에 이르러 새삼스럽게 또 하나의 권면을 삽입해놓았습니다.

> 형제들아 내가 너희를 권하노니 너희가 배운 교훈을 거슬러 분쟁을 일으키거나 거치게 하는 자들을 살피고 그들에게서 떠나라(17절).

이것은 권면이라기보다 일종의 경고라고 하는 편이 더 적합할 것 같습니다. 로마교회 안에 아직은 완전히 본색을 드러내지 않았지만 정신을 바짝 차리고 경계해야 할 이단이 들어와 있다는 것입니다.

초대교회 당시에 얼마나 많은 이단이 극성을 피웠는지 모릅니다. 우리는 그 사실을 서신서를 통해 익히 알고 있습니다.

사도 바울은 겸손하고 온유한 하나님의 종이었지만 이단에 대해서만은 가혹하리만치 냉정했습니다. 그는 이단에 대해 한시도 긴장을 늦추지 않았으며 가장 강경한 자세로 대처했습니다. 바울이 전해준 복음을 듣고 구원받은 성도 가운데 이단의 유혹에 넘어가 돌이킬 수 없는 길로 빠져버린 사례가 많았기 때문입니다. 1년 내내 땀 흘려 농사 지은 밭에 멧돼지가 들어가서 순식간에 헤집어놓았다고 해봅시다. 농부의 가슴이 얼마나 찢어질 듯 아프겠습니까? 그와 비슷한 고통이 사도 바울에게도 있었습니다.

이단은 종종 바울이 애써 개척해놓은 교회에 들어가 쑥대밭을 만들어놓았습니다. 그래서 바울은 어떻게 해서든지 이단을 막으려고 했습니다. 이단에게 한 생명이라도 빼앗기지 않으려고 밤낮없이 경계를 게을리하지 않았습니다. 그러므로 17절 이하의 말씀에서 그가 이단을 경고하는 것은 조금도 이상하지 않습니다. 그러나 로마서를 마무리하는 마당에 왜 새삼스럽게 이런 경고의 말씀을 삽입했는지가 우리의 관심을 끄는 문제입니다.

우리가 이미 본 바와 같이 로마서는 절대로 짧은 내용이 아닙니다. 아마 모르기는 해도 이것을 쓰는 데 여러 주가 걸렸을 것입니다. 어쩌면 몇 달이 걸렸을지도 모릅니다. 이렇게 긴 시간 로마서를 기록하여 거의 마무리 단계까지 왔을 즈음, 로마교회로부터 어떤 방문객이 바울을 찾아왔던 것 같습니다. 그는 로마교회 안에 심각한 이단이 들어왔다는 소식을 전해주었습니다.

정체가 밝혀지지는 않았지만 로마교회가 대단히 경계해야 할 상황이 되었다는 소식을 접하고 바울은 매우 불안함을 느꼈습니다. 그래서 안부 인사를 기록하던 중에 새삼스럽게 이단에 대한 경고를 삽입한 것이 아닌가 생각합니다.

소중한 보물을 가진 사람은 길을 갈 때 혹시나 강도를 당하지 않을까 각별히 조심합니다. 예수 그리스도의 복음은 얼마나 값진 보화입니까? 이 소중한 것을 값없이 손에 넣은 우리들은 각별히 조심해야 합니다. 주님이 경고하신 대로 우리는 이단에 대해 강력히 경계하며 대처해야 합니다.

> 그러므로 우리는 들은 것에 더욱 유념함으로 우리가 흘러 떠내려가지 않도록 함이 마땅하니라(히 2:1).

우리는 험한 세상을 살면서 자칫 이 소중한 보화를 빼앗기기 쉽습니다. 오늘 우리 주변을 한번 돌아보십시오. 조금만 방심해도 미혹당할 여지가 너무 많고, 자칫하면 깊게 빠져들 수 있는 무서운 이단도 많습니다. 이단이 끼치는 해독이 얼마나 치명적인가는 한때 세상을 시끄럽게 했던 시한부 종말론자를 통해 생생하게 보았습니다. 당시 로마교회가 처한 상황이나 오늘 우리가 처한 상황이 다를 바가 없습니다. 이런 의미에서 우리는 오늘 본문이 주는 교훈을 우리에게 주시는 경고의 말씀으로 받아야 합니다.

이단의 전술

그러면 먼저 이단의 정체가 무엇인지 살펴보기로 하겠습니다. 18절을 읽어봅시다.

이 같은 자들은 우리 주 그리스도를 섬기지 아니하고 다만 자기들의 배만 섬기나니….

"이 같은 자들"은 이단의 지도자들을 뜻합니다. 우리는 이단의 본색을 정확하게 꿰뚫어보는 눈을 가져야 합니다. 그들은 예수의 이름으로, 성령의 이름으로 다가옵니다. 그러나 그들은 하나님을 섬기는 자들이 아닙니다. 하나님의 종이 아니요, 예수의 종이 아닙니다. 그들에게는 자기가 하나님입니다. 자기의 유익을 위해 열심을 내는 자들이라는 말입니다. 이것이 이단의 본색입니다.

겉으로 보아서는 잘 모릅니다. 다미 선교회의 이장림이라는 사람이 검거되기 전에는 그가 어떤 사람인지 잘 몰랐습니다. 그러나 수사 과정을 통해 그가 얼마나 사리사욕에 사로잡혀 수많은 사람을 농락했는지 죄상이 적나라하게 드러났습니다. 그를 통해 이단의 본색이 얼마나 악랄한가를 분명하게 보았습니다. 2천 년 전에 있던 이단이나 지금 나타나는 이단이나 본색은 다르지 않습니다. 오로지 자기 배만 채우려는 동기와 목적으로 날뛰는 것이 이단입니다. 우리는 그들의 정체를 바로 파악해야 합니다.

한국교회의 현실을 보면 겉으로는 이단인지 아닌지 구별하기 어려운 교회가 적지 않습니다. 그러나 유심히 살펴보면 티가 전혀 안 나는 것은 아닙니다. 한국교회에는 전통적으로 모이는 날짜가 정해져 있습니다. 주일 낮에 모이고, 수요일 저녁에 모이고, 금요일 밤에 기도회로 모입니다. 이것이 한국교회에 백여 년 동안 이어져 내려온 아름다운 전통이라고 할 수 있습니다.

그런데 요즘 보면 일반적인 교회들이 모여 예배나 집회를 하는 시간은 빼버리고, 다른 교회가 모이지 않는 시간을 유독 따로 구별해서 성경공부를 하느니, 은사 집회를 하느니 떠들어대면서 선전 유

인물을 신문 사이에 끼워 돌리는 자들이 있습니다. 이것은 이단의 냄새를 강하게 풍기는 교회입니다. 정말 주님을 겸손하게 섬기는 교회요, 모든 교회가 다 같이 주님의 몸을 이루고 있다는 사실을 믿는다면 이웃 교회 양들을 유인하는 식의 행동은 할 수 없기 때문입니다. 쉽게 말하면 목회 윤리를 짓밟아가면서까지 그런 짓은 하지 않는다는 말입니다. 이렇게 잘못된 교회들이 우리 주변에 너무 많습니다. 이단의 전술은 간교하기 짝이 없습니다.

> 형제들아 내가 너희를 권하노니 너희가 배운 교훈을 거슬러 분쟁을 일으키거나 거치게 하는 자들을 살피고 그들에게서 떠나라(17절).

이단이 하는 짓은, 첫째로 복음을 거스릅니다. 여기서 교훈을 거스르게 한다는 말은 복음을 통해 배우는 귀중한 교훈을 받지 못하게 만들고 나중에는 내버리도록 한다는 말입니다. 이단은 참된 복음을 비판하게 하고 믿지 못하게 합니다.

둘째로 이단은 분쟁을 일으킵니다. 성도들끼리 서로 논쟁하게 하고 반목하게 만듭니다. 교회 안에서는 가끔 형제들끼리 감정 대립이 생길 수 있고 또 어떤 때는 큰소리를 내며 싸우는 불행한 사태도 일어날 수 있습니다. 그중에 이해관계가 달라서 일어나는 싸움은 얼마 지나면 서로 화해할 수 있습니다. 그러나 절대 안 되는 것이 있습니다. 한번 터졌다 하면 화해가 불가능한 것이 진리 싸움입니다. 그러므로 이런 불상사가 생기기 전에 예방해야 합니다. 로마교회가 바로 이런 위기에 놓여 있었습니다.

셋째로 이단은 거치게 합니다. 사람들이 쉽게 끌려 들어갈 수 있도록 덫이나 함정을 많이 만들어놓는다는 말입니다. 사람들이 걸려 넘어지도록 만드는 것입니다.

결론적으로 말해 이단은 진리를 의심하게 하고 거부하게 만든 다음, 형제들 사이에 분쟁을 일으키고, 나중에는 걸려 넘어지도록 만듭니다. 이것이 이단이 벌이는 가증스런 짓입니다.

이단은 이와 같은 목적을 달성하기 위해 대단히 간교한 방법을 동원합니다.

··· 교활한 말과 아첨하는 말로 순진한 자들의 마음을 미혹하느니라 (18절).

자기들이 하는 말에 속아 넘어가지 않을 수 없도록 미리 짜 맞춘 교묘한 말로 사람들을 낚아채는 것입니다. 한번 걸렸다 하면 낚싯바늘에 걸린 고기처럼 꼼짝달싹 못하게 만드는 것입니다. 이단에 빠진 사람들이 순조롭게 돌아오는 것을 봤습니까? 그들은 잘못된 줄 알면서도 못 돌아옵니다. 공교한 미끼에 꼭 꿰여 잡혀 있기 때문입니다. 시한부 종말론에 빠져 그렇게 망신을 당한 사람들이 돌아오나요? 태반이 그렇지 못합니다. 한번 이단에 빠졌다가 도망쳐 나온 사람이 또 다른 이단으로 넘어가는 것을 봅니다. 그들을 꽉 잡고 있는 무서운 고리가 있기 때문입니다. 이단이 잡아매는 쇠사슬이 있습니다. 그것이 공교하고 아첨하는 말들입니다.

이단에 빠지는 사람들

제가 시무하고 있는 교회에는 하나님 말씀으로 형제들을 섬기는 평신도 지도자가 많습니다. 500~600명 되는 순장을 위시해서 300~400명이 넘는 젊은이 선교회의 리더, 600

명 가까운 교회학교 교사, 이런 분들은 말씀으로 형제를 섬기는 작은 목사들이라고 할 수 있습니다. 그들은 너무나 중요한 일을 하기 때문에 교회에서 훈련을 많이 시킵니다. 또 은사가 있고 인격적으로 존경할 만한 사람들을 택합니다. 함부로 세우지 않습니다. 잘못 세우면 다른 사람이 넘어지기 때문입니다.

그런데 이런 평신도 지도자 중에도 1년에 한 명 정도는 이단에 빠지는 경우를 봅니다. 정말 괴로운 일입니다. 어떤 자매는 순장 사역을 10년 동안 했습니다. 교회를 잘 섬겼습니다. 누구도 따라오지 못할 만큼 열심으로 봉사했습니다. 그런데 그렇게 일을 잘하던 사람이 하루아침에 '지방교회'로 넘어갔습니다. 지방교회라고 하니까 지방으로 이사를 갔다는 말로 들릴지 모르겠습니다만, 지방교회라는 이단이 있습니다. 서초동에 지방교회의 본거지라고 할 수 있는 교회가 있습니다. 신동아아파트 상가 4~5층에 서울교회라는 간판을 붙여놓았습니다. 사랑의교회보다 먼저 자리를 잡고 문을 열었습니다. 그런데 자매 하나가 그 지방교회에 빠진 것입니다. 사전에 상담이라도 했더라면 막을 수 있었을 것입니다. 제가 알았을 때는 이미 늦어서 더 이상 손을 쓸 수 없는 상태였습니다.

이단에 빠진 사람들을 주의해서 살펴보면 대개 몇 가지 공통점이 있습니다. 정서적으로 불안합니다. 순수한 복음으로 만족하지 못하거나, 무엇인가 새로운 지식을 찾아다니는 좋지 못한 근성이 있습니다. 그리고 귀가 여려서 새로운 것을 들으면 정신을 못 차립니다. 그리고 극성맞게 순진합니다. 이것이 이단에 빠지는 사람에게서 쉽게 발견할 수 있는 공통점입니다. 지방교회에 빠진 그 순장의 유인을 받아 가깝게 지내던 다락방 순원 몇 명이 끌려 넘어갔습니다. 지방교회는 다른 이단 집단과 똑같이 공교하고 아첨하는 말로 기성 교인을 유인합니다. 그곳에 가보면 그들이 새로 믿게 해서 데리고 온 사람은 극소수입니다. 대부분 장로교, 침례교, 성결교, 감리교 등에서 끌어들인 사람들입니다. 그들은 갖가지 감언이설로 사람들을 미혹합니다. 그리고 성경공부라는 미명하에 진리와 거짓을 혼합하여 가르칩니다. 순진한 성도들은 진리를 제대로 분별하는 능력이 부족합니다. 그 약점을 파고들어 성경을 문맥과 관계없이 자기들 마음대로 해석하여 가르치는 것입니다.

몇 가지 예를 들어 볼까요? 이것이 참이냐, 거짓이냐를 분별해보기 바랍니다. 삼위일체 하나님에 대해 지방교회에서는 어떻게 가르치는지 압니까? 수백 년 전에 이미 이단 교리로 선고받은 양태론을 가르칩니다. 하나님은 한 분이지만 세 위가 계시다는 것을 우리는 믿습니다. 하나님이 계시고 아들이 계시고 성령이 계십니다. 그분은 본체적으로는 한 분이지만 세 분의 역할이 분명히 구별되어 있습니다. 우리는 이 삼위일체 하나님을 믿습니다. 그러나 지방교회에서는 하나님이 하늘에 계실 때는 아버지요, 땅에 오셨을 때는 아들이요, 우리 마음에 오셨을 때는 성령이라고 가르칩니다. 그러므로 한 하나님이 형편에 따라 모양을 바꾼다는 말이 됩니다. 이것이 양태론입니다. 이것이 오묘한 진리입니까? 그런 식으로 이해하면 어떻게 됩니까? 우리 마음에 하나님이 계신다고 하면 그분은 성령입니다. 그러면 누가 없어집니까? 아버지 하나님도 없어지고 예수님도 없어집니다. 말이나 되는 소리입니까?

예수님에 대해서는 무엇이라고 가르치는지 압니까? 부활 전까지는 단지 사람의 아들이었으나 부활한 다음에 하나님의 아들이 되었다고 합니다. 부활하시고 나서야 비로소 인성과 신성을 겸비한 하나님이 되셨다는 것입니다. 성경에 그렇게 기록되어 있나요? 사랑의 교회에서 순장까지 한 사람이 그런 데 빠져서 끄떡끄떡하고 있으니 제 가슴이 어찌 답답하지 않겠습니까?

또 그들은, 죄가 사탄이라고 가르칩니다. 예수 그리스도께서 성령으로 우리 마음에 들어오셔서 사탄을 멸하셨기 때문에 죄도 함께 멸망을 받았다고 합니다. 따라서 이제부터는 회개할 필요가 없다고 가르치는 것입니다. 죄가 사탄입니까? 가령 어떤 사람이 도둑질을 했다고 하면 그 도둑질한 것이 사탄입니까? 성경에 보면 죄를 사탄의 어떤 권세처럼 표현한 데는 있지만 죄와 사탄이 하나라고 가르치는 데는 한 군데도 없습니다.

그들은 불신자들을 전도하기 위해 설교를 한다든지 따로 복음을 전할 필요가 없다고 주장합니다. 그 대신 "오 주 예수여"를 세 번만 하면 구원을 받는다고 가르칩니다. 누구든지 억지로라도 "오 주 예수여"를 세 번만 말하면 그 입을 통해 성령이 들어간다고 가르치는 것입니다. 그래서 그들은 이 말을 주문처럼 외웁니다. 백 번 천 번 리듬에 맞추어 "오 주 예수여, 오 주 예수여…"라고 합니다. 여러분, 이렇게 주문 외우듯이 정신없이 외우면 사람이 어떻게 되는지 압니까? 최면에 걸립니다. 성경에 "오 주 예수여"를 그렇게 하라고 했나요? 인도의 하레 크리슈나가 가르치는 주문과 뭐가 다릅니까? 불교의 나무아미타불과 뭐가 다릅니까? 그들은 지방교회 안에 들어오는 성도는 '산 별'이고 다른 교회에 다니는 사람은 '유리하는 별'이라고 가르칩니다. 떠돌아다니는, 이 유리하는 별의 운명은 캄캄한 흑암이며 지옥이라고 가르칩니다. 이단의 본색은 여기서 분명하게 드러납니다.

그러므로 우리는 이단에 대해 정확하게 알아야 합니다. 그들은 다른 교회를 정죄하고 자기 교회에만 구원이 있다고 주장합니다. 이것이 이단의 뚜렷한 특징입니다. 간교하고 기만적인 성경 해석을 예사로 하고 진리와 비진리를 뒤섞어버리며 공교하고 무서운 술책으로 사람들을 낚아채는 것이 이단의 본색입니다. 이단 집단들은 성경 공부를 한답시고 사람들을 무자비하게 끌어들입니다. 그래서 단순한 복음을 복잡하게 해석하여 혼란에 빠뜨릴 뿐만 아니라 처음 받은 복음을 의심하게 만듭니다.

나아가 교회에 다니는 성도들을 유혹하려고 온갖 아첨을 다 합니다. 이것이 이단들이 벌이는 가증스런 작태입니다. 만약에 담임목사가 강단에서 우리 교회에만 구원이 있다고 말한다면 어떻게 하시겠습니까? 여러분은 "틀렸소" 하고 일어나서 주저하지 말고 나가야 합니다. 분명히 잘못된 말이기 때문입니다. 우리 모두는 이단에 대해서 바울처럼 단호한 태도를 가져야 합니다.

이단을 단호하게 배격하라

이단에 대해서 우리가 취할 태도를 살펴봅시다. 17절을 읽어보겠습니다.

… 거치게 하는 자들을 살피고 그들에게서 떠나라.

여기에 나오는 '살피라'는 굉장히 강경한 의미를 가지고 있습니다. 교회 안에 이단의 물이 든 사람이 있는지 철저히 조사해서 가려내라는 말입니다. 그들의 말 하나하나를 잘 분별해서 어딘가 잘못된 것이 있나 없나 눈을 똑바로 뜨고 분별하라는 말입니다. 만일 우리 주변에서 복음을 이상하게 받아들이는 사람이 있으면 우리는 그에게 단호히 경고해야 합니다. "당신, 그렇게 하면 안 됩니다. 성경 말씀이 이렇게 가르치고 있으니 그 말씀대로 해야 합니다" 하고 교훈하며 권고해야 합니다.

그러나 이단에 한번 빠졌다 하면 이미 시기를 놓쳐버린 경우가 태반입니다. 손을 쓸 수 없는 경우가 많습니다. 말을 해도 안 듣습니다. 이런 사람에 대해서는 성경의 교훈대로 해야 합니다. 동정하면 안 됩니다. 무조건 사랑을 가지고 안아주려고 하면 안 됩니다. 그런 사람을 안으면 그가 숨기고 있는 칼에 찔리는 꼴이 되고 맙니다. 바울이 가르쳐준 말씀대로 해야 합니다. '떠나라'고 하는 말에는 '내보내라', '갈라서라' 아니면 '네가 나오라'라는 의미가 있습니다.

세상에는 그대로 덮어두면 좋은 일이 있고, 절대로 덮어두어서는 안 되는 일이 있습니다. 우리는 이것을 구별할 줄 알아야 합니다. 이단은 잠재적인 말썽의 소지를 안고 있기 때문에 적당히 사랑으로 덮어두면 나중에는 당하게 마련입니다. 때를 놓치면 속수무책의 궁지에 빠집니다. 불씨는 타오를 때 발로 밟아 꺼버려야 합니다. 합선이 되어서 스파크가 일어날 때 빨리 손을 쓰지 않으면 화재를 진압하기가 어렵습니다. 빌딩이 화염에 싸이고 불길이 거세게 몰아칠 때는 모든 것이 끝장나버린 뒤입니다.

이단에 대해서도 마찬가지입니다. 철저히 조사해서 무엇인가 냄새가 날 때 빨리 처리해야 합니다. 사랑이니 동정이니 인내니 하면서 감싸주려고 하면 교회 전체에 불이 붙어버립니다. 그래서 본문은 '떠나라' 하고 강경하게 경고하는 것입니다.

이단이 많은 세상에서는 신앙생활을 순진하게 하는 것만으로 만족할 수 없습니다.

너희의 순종함이 모든 사람에게 들리는지라 그러므로 내가 너희로 말미암아 기뻐하노니 너희가 선한 데 지혜롭고 악한 데 미련하기를 원하노라(19절).

이 말씀은 로마 성도들의 약점을 찌른 것입니다. "로마 성도들아, 너희가 지금까지 순종을 잘하고 교회생활을 열심히 하고 있는 것은 고맙다. 내가 그 말을 듣고 얼마나 기뻤는지 모른다. 그러나 그렇게 순종 잘하고 교회생활 잘하는 것만으로는 절대 안심할 수 없다. 너희들은 한 걸음 더 나아가서 선한 데 지혜로워야 하고 악한 데 미련한 사람이 되어야 한다"라는 의미를 담고 있습니다.

우리가 이단에 끌려 들어가지 않고 바른 신앙생활을 하려면 무엇이 진리이고, 무엇이 비진리인가를 아는 영안이 뜨여야 합니다. 아무나 팔을 벌리면 잘 가는 아이가 있지 않습니까? 여기서 오라 하면 덥석 안기고, 저기서 오라 하면 덥석 안기는 아이가 있지요? 그런 애를 보고 "너 참 성격 좋구나. 얼굴을 안 가리니 얼마나 좋으니? 네 엄마가 참 편하겠구나" 이렇게 칭찬하기도 하지만 정도가 지나치면 총명하지 못한 아이로 취급합니다. 아이가 그렇게 흐리멍덩하면 좋기만 한 것이 아닙니다.

성도들도 마찬가지입니다. 교회에 열심히 다니고 그저 교회가 시키는 대로 "예, 예" 하는 것도 좋지만 그것만으로는 안 됩니다. 옳고 그름을 분별할 줄 알아야 합니다. "선한 데 지혜롭고 악한 데 미련하기를 원하노라"라는 말씀을 다른 말로 바꾸어 설명하면 이렇습니다. "속이지 못할 만큼 선해야 하고, 속지 않을 만큼 지혜로워야 한다." 어쨌든 신앙생활을 바로 하려면 순진하기만 해서는 안 됩니다. 하나님의 말씀을 가지고 진리인가, 비진리인가를 분별할 줄 알아야 비로소 안심할 수 있다는 것입니다.

언젠가 신문에 보도된 한 이단 교회가 있었습니다. 부평에 있는 모 교회입니다. 그 교회가 얼마나 무서운 이단 집단인가를 우리는 신문 기사를 통해 똑똑히 보았습니다. 지금 그 교회 목사라는 사람이 도망가서 잡히지 않고 있는데 사람을 몇 명 죽였다는 소문까지 들립니다. 그야말로 잔인하고 비인간적인 집단입니다. 그들에게 미혹된 무리들 중에 깜짝 놀랄 만한 사람이 하나 있습니다. 그는 퇴역한 고위 장성의 부인으로 환갑이 훨씬 넘은 권사입니다. 그분이 그곳에서 핵심 인물로 활동하고 있다고 합니다. 그 소식을 듣고 깜짝 놀랐습니다. 제가 그 권사님을 잘 알기 때문입니다. 과거에 믿음 좋고 헌신적인 사람으로 소문난 분인데 어쩌다가 그런 곳에 빠졌는지 모르겠습니다.

그 이유가 뭘까요? 간단합니다. 순종 잘하고 열심히 봉사하는 것, 그것만 가지고 안 되기 때문입니다. 영적으로 흐리멍덩하면 그렇게 불행해질 수 있다는 사실을 알아야 합니다. 그러므로 우리가 이단에 빠지지 않으려면 예수 그리스도의 복음을 정확히 알고 확신해야 합니다. 그리고 자기가 속한 교회의 교역자들을 신뢰해야 합니다. 대부분 이단에 빠지는 사람을 보면 교역자를 신뢰하지 않는 경향이 많습니다. "목사님은 그렇게 가르치지만 다른 데 가니까 그렇게 이야기하지 않던데요"라는 식의 말을 잘합니다. 신뢰하지 않는 것입니다. 하지만 신뢰하지 않으면 위험해집니다. 자기 교회 지도자가 가르쳐주는 대로 하나님의 말씀을 열심히 배우십시오. 또 하나 중요한 것은 여기 기웃, 저기 기웃하지 말라는 것입니다. 마치 못 얻어먹은 아이처럼 돌아다니지 마십시오. 그런 사람을 이단이 와서 끌고 가기는 식은 죽 먹기보다 쉽습니다.

복음의 능력,
복음의 감격

이렇게 이단에 대해 경고한 바울이 25절부터 로마서의 대미를 장엄한 찬양으로 끝맺고 있습니다.

> 나의 복음과 예수 그리스도를 전파함은 영세 전부터 감추어졌다가 이제는 나타내신 바 되었으며 영원하신 하나님의 명을 따라 선지자들의 글로 말미암아 모든 민족이 믿어 순종하게 하시려고 알게 하신 바 그 신비의 계시를 따라 된 것이니 이 복음으로 너희를 능히 견고하게 하실 지혜로우신 하나님께 예수 그리스도로 말미암아 영광이 세세무궁하도록 있을지어다 아멘(25-27절).

이 말씀은 하나의 긴 문장입니다. 대단히 긴 문장이지만 로마서의 피날레를 찬양으로 장식하는 멋진 내용입니다. 그 내용 중 우리의 주목을 끄는 세 단어가 있습니다. 첫째, '전파한다'는 말이 25절에 나옵니다. 그다음 26절에 '나타나셨다'는 말과 '믿어 순종하게 하셨다'는 말이 나옵니다. 이 세 마디가 골자를 이룹니다. 하나님께서는 당신이 나타내시고, 전하시고, 믿게 하신 그 복음으로 우리를 능히 견고하게 하신다고 26절에서 말씀합니다. 하나님은 로마서를 통해 우리에게 보여주신 이 귀한 복음으로 우리 영혼을 든든하게 세우기를 원하십니다. 그분은 우리가 두 발을 힘 있게 땅에 딛고 신앙생활을 바로 하도록 만들어주십니다.

하나님이 우리에게 주신 복음은 그분이 계시하신 것입니다. 우리가 찾아다니면서 얻은 것이 아닙니다. 그것은 오랫동안 사람들의 눈에 감추어져 있었습니다. 사람의 지혜나 생각으로 발견할 수 없었습니다. 때가 되자 하나님께서 이 복음을 보여주셨습니다. 그러므로 구원의 길은 우리가 찾아낸 것이 아닙니다. 우리가 만들어낸 것도 아닙니다. 우리가 연구한 것도 아닙니다. 전적으로 하나님 편에서 우리에게 나타내 보여주신 길입니다. 선지자들과 사도들을 통해 기록한 성경으로 계시해주신 것입니다.

> 이 복음은 하나님이 선지자들을 통하여 그의 아들에 관하여 성경에 미리 약속하신 것이라(롬 1:2).

> 이제는 율법 외에 하나님의 한 의가 나타났으니 율법과 선지자들에게 증거를 받은 것이라 곧 예수 그리스도를 믿음으로 말미암아 모든 믿는 자에게 미치는 하나님의 의니 차별이 없느니라(롬 3:21-22).

예수 그리스도는 친히 육신을 입고 이 땅에 찾아오셔서 우리를 만나주셨습니다. 우리는 성경 66권에 기록된 진리의 말씀을 통해 예수님을 알게 되었습니다. 예수님을 믿으면 영원히 산다는 진리도 알게 되었습니다. 예수 믿고 영생을 얻은 사람이 누리는 영광과 복이 얼마나 큰가를 알게 되었습니다. 이것이 복음입니다. 예수님은 제자들을 부르셨습니다.

> 또 이르시되 너희는 온 천하에 다니며 만민에게 복음을 전파하라(막 16:15).

그래서 이 복음이 온 땅에 퍼졌습니다. 그 말씀이 땅 끝까지 미쳤습니다. 누가 이 복음을 전하게 했습니까? 하나님이 그렇게 하셨습니다. 이 복음을 전하기 위해 하나님은 우리에게 성령을 부어주셨습니다. 모든 사람을 그리스도의 증인으로 만들어 능력 있게 증거하도록 하셨습니다.

1세기 전에 누가 대한민국이라는 나라를 알아주기나 했습니까? 세계 어느 민족이 한국인을 알아주었습니까? 국제적으로 관심을 끌지 못하는 후진국이었고, 여러 면에서 소망이 없어 보이던 민족이었지만 하나님은 우리에게 복음의 빛을 비추셨습니다. 누가 선교사들을 우리 땅에 보냈습니까? 누가 그들의 마음에 소명을 불러일으켜서 생명 걸고 복음을 전하게 했습니까? 주님이 그렇게 하신 것입니다. 성령께서 그들의 마음을 움직이셨습니다.

우리에게 복음을 전하게 하신 분도 하나님이요, 복음을 들었을 때 믿게 하신 분도 하나님입니다. 우리 안에 거하시는 성령 하나님이 우리로 하여금 믿게 하셨습니다.

> 너희가 나를 택한 것이 아니요 내가 너희를 택하여 세웠나니…(요 15:16).

> … 내가 긍휼히 여길 자를 긍휼히 여기고 불쌍히 여길 자를 불쌍히 여기리라…(롬 9:15).

하나님이 우리를 불쌍히 여기셔서 우리 마음을 부드럽게 하시고 우리에게 들을 수 있는 귀를 주시고 예수님을 나의 구주로 고백하며 영접할 수 있게 해주셨습니다. 내가 잘나서 믿은 것이 아닙니다. 내가 똑똑해서 믿은 것이 아닙니다. 이렇게 하나님이 나타내시고, 하나님이 전하시고, 하나님이 믿게 하신 이 복음을 가지고 오늘도 하나님은 우리를 견고하게 하십니다. 우리를 강하게 하십니다. 하나님이 우리 영혼을 날마다 힘 있게 자라도록 해주시는 것입니다.

로마서를 다 쓰고 나서 바울은 얼마나 감격에 떨었을까요? 본문 마지막 부분을 큰 소리로 읽어보십시오. 두 손을 번쩍 들고 하나님을 소리 높여 찬양하는 바울을 만날 수 있습니다. 세세 무궁토록 하나님을 찬양하며 영광 돌리기를 원하는 바울의 그 뜨거운 열정과 그 감격! 그것이 우리에게도 진한 감동으로 다가와 우리의 가슴을 가득 채우는 것 같습니다. 우리의 가슴도 바울의 가슴처럼 뜨거워지는 것을 느낍니다.

복음의 능력은 대단합니다. 복음은 확실히 우리 믿음을 강하게 합니다. 복음은 우리의 영혼을 든든하게 자라도록 합니다. 복음은 우리에게 흔들리지 않는 확신을 줍니다. 그리고 우리의 가슴을 뜨겁게 합니다. 하나님의 사랑이 우리 영혼의 구석구석을 채우고 성령의 감동과 능력을 체험하게 만듭니다. 우리가 아무리 힘든 세상을 살아도 복음은 우리로 쉬지 않고 하나님을 찬양하게 합니다. 믿지 않는 사람들을 향하여 불타는 마음으로 전도하게 합니다. 이것이 복음의 능력입니다.

사랑하는 형제자매 여러분, 이제 로마서를 덮어야 할 시간입니다. 로마서를 읽으면서 믿음이 크게 자란 형제자매들이 많이 있음에 감사합니다. 하나님께서 우리의 신앙생활이 흔들리지 않도록 요지부동의 확신을 주심에 감사합니다. 영적 활력을 재충전할 수 있는 기회로 하나님께서 사용해주신 것을 감사합니다.

그러나 우리 중에는 아직도 믿음이 약한 분이 있습니다. 아직도 믿음의 확신이 없나요? "오직 의인은 믿음으로 말미암아 살리라"라고 하신 그 복음을 다시 배우기 바랍니다. 말씀을 날마다 묵상하기를 바랍니다. 아직도 영혼이 힘을 잃은 채로 있습니까? 복음을 먹고 또 먹기를 바랍니다.

아직도 신앙생활에 기쁨이 없습니까? 복음의 기름을 치기 바랍니다. 다른 것으로 영혼을 강하게 하려고 하지 마십시오. 다른 것으로 믿음을 키우려고 하지 마십시오. 하나님은 복음으로 우리를 견고하게 하기를 원하십니다. 10년 전에 들었던 똑같은 복음, 1년 전에 들었던 똑같은 복음 그리고 오늘도 똑같은 복음을 듣고 있지만 그 복음은 언제나 우리를 견고하게 세우는 강한 능력이 있습니다. 이것을 믿기 바랍니다.

우리가 로마서 강해를 한 번 들었다고 해서 다 아는 것은 아닙니다. 설교를 들어도 대부분은 그 내용을 잊어버립니다. 머릿속에 남아 있는 것이 별로 없습니다. 그러므로 우리는 노력해야 합니다. 다시 한번 공부하십시오. 이 책을 펴놓고 일주일에 한 번이라도 성경을 읽어가면서 다시 정리해보세요. 연필로 줄을 그어가면서 새롭게 깨달은 내용을 다시 한번 정리하기 바랍니다.

이 말씀을 드리는 이유는 로마서가 우리의 신앙생활에 너무나 중요하기 때문입니다. 말씀 안에 굳게 서기를 힘쓰는 사람은 결코 이단에 넘어가지 않습니다. 말씀을 공부하십시오. 그러면 복음이 우리를 견고하게 만들 것입니다.

우리 모두 눈을 감고, 펜을 놓은 다음 감격을 이기지 못하여 벌떡 일어나 두 손을 높이 들고 "하나님께 세세 무궁토록 영광, 영광!" 하며 소리 높여 찬양하는 사도 바울의 모습을 한번 그려봅시다. 그 감동, 그 감격을 우리 가슴에도 가득 담아봅시다.

우리가 무엇을 가지고 구원 얻을 수 있습니까? 무슨 재주로 하나님 나라에 들어갈 수 있습니까? 무슨 공로로 우리 죄를 용서받을 수 있습니까? 자비로우신 하나님, 값없이 주신 복음, 예수 그리스도가 있을 뿐입니다. 우리도 두 손을 높이 들고 참 좋으신 하나님을 찬양합시다.

지혜로우신 하나님께 예수 그리스도로 말미암아 영광이 세세 무궁하도록 있을지어다 아멘(27절).

Index of Scripture Passages / 성경구절 색인

○창세기
- 45:8   86
- 49:6-7   85-86

○출애굽기
- 28:1-2   248-249

○시편
- 18:49   232
- 133:1   170

○잠언
- 14:34   108

○이사야
- 53:4   219
- 53:6   219
- 60:22   331

○다니엘
- 4:32   97

○마태복음
- 5:22   121
- 5:44-45   88
- 5:48   88, 115
- 18:19   308
- 19:6   12
- 19:19   30, 35
- 24:14   138
- 24:42   138
- 25:13   139
- 26:41   307

○마가복음
- 13:32   137
- 16:5   351
- 16:15   253
- 16:17-18   253

○누가복음
- 10:5-6   82
- 12:35   143

○요한복음
- 1:29   292
- 5:24   58
- 13:34   55
- 15:16   352
- 18:33   99
- 19:10   99
- 19:11   99, 100

○사도행전
- 1:8   279
- 2:15   35
- 2:17-18   34
- 2:17   279
- 7:60   88
- 10   156
- 10:14   156
- 10:15   156
- 11:28   36
- 19   268
- 19:11-12   268
- 19:20   272
- 19:21   280
- 20:22-24   301
- 22:17-21   260-261

○로마서
- 1-11   11, 23
- 1:2   351
- 3:21-22   351
- 3:24   239
- 3:28   159
- 5:2   239
- 8:11   15
- 8:30   136-137
- 9:15   352
- 12   11, 93, 95
- 12:1-7   91
- 12:1-2   9
- 12:1   13
- 12:2   23, 24
- 12:3-13   29
- 12:3-8   27
- 12:3   29, 32, 39
- 12:4   31
- 12:5   30
- 12:6   32
- 12:9-13   49
- 12:9   53
- 12:10   54
- 12:11   60
- 12:12   63, 64
- 12:13   65
- 12:14-21   69
- 12:14   29, 80
- 12:15   78
- 12:16   76
- 12:18   74
- 12:19-20   83
- 12:20   86
- 12:21   75, 93
- 13   94
- 13:1-7   93
- 13:1-2   96
- 13:1   93, 96

13:3	102	15:2	220		342
13:4	102	15:3	224	16:19	347-348
13:5	110	15:4	228	16:21-23	316
13:6-7	104	15:5-7	231	16:21	324
13:7	93	15:7-12	231	16:22	320, 321
13:8-10	113	15:8	231	16:23	326
13:8	117, 124	15:9	232	16:25-27	350
13:9	117	15:10	232	16:25	350
13:10	117	15:11	232	16:26	350
13:11-14	131	15:12	233	16:27	355
13:11	133, 135, 136	15:13	234, 237, 337		

○ 고린도전서

13:12	140
13:13	140, 141
13:14	140
14-15	154
14:1-4	151, 157
14:1	167
14:3	168
14:4	169
14:5-12	171
14:5	174, 175
14:6-12	179
14:6-8	179
14:6	180
14:7-8	181, 183
14:9	182
14:10-12	187
14:13-23	191
14:13	197, 199
14:14	194, 205
14:15	199, 207
14:17	209
14:18	210
14:20	195, 206
14:21	199-200, 207
14:23	200, 206
15:1-13	213
15:1-2	223
15:1	197, 216, 219, 220

15:14-19a	235
15:14	237
15:15	238
15:16	239, 241, 242, 247
15:17-19	252
15:18-19a	267
15:19	259, 267, 280
15:19b-21	257
15:19b	267
15:20	265
15:22-29	277
15:23, 28	281
15:23	264
15:25-26	285
15:27	285, 286
15:30-33	295
15:30	297
15:31	299, 301
15:32	303
16:1-16	313
16:2	320, 322
16:3	322
16:4	327
16:5	326
16:17-27	335
16:17	337, 338, 341, 346
16:18	339-340,

2:3	272
2:4	271
6:15-19	14
6:15	14
6:19	14
8:12-13	207
10:23-24	207
10:32-33	221
13	55
14	34
14:1	34
15:9	243

○ 고린도후서

5:15	182

○ 갈라디아서

2:20	183
4:5	158
5:1	159
5:19-21	226
5:22-23	226

○ 빌립보서

2:5	225
2:6-8	224-225

○ 골로새서

2:14-15	176

2:16-17   176

○ 데살로니가전서
1:8   263

○ 디모데전서
1:12   243
1:14   243

○ 디모데후서
3:17   230
4:19   324

○ 히브리서
2:1   339
2:3-4   269
9:27   137

○ 야고보서
3:9-10   82

○ 베드로전서
2:9   249
2:13-14   97
2:23   81
3:9   81

○ 요한일서
3:1   126
3:14   58

○ 요한계시록
3:15-16   61
13:10   84

| 국제제자훈련원은 건강한 교회를 꿈꾸는 목회의 동반자로서 제자 삼는 사역을 중심으로 성경적 목회 모델을 제시함으로 세계 교회를 섬기는 전문 사역 기관입니다.

옥한흠 전집 강해 03
로마서 3 구원받은 자는 이렇게 산다

초판 1쇄 발행 1992년 10월 30일
개정4판 1쇄(22쇄) 발행 2019년 11월 22일

지은이 옥한흠

펴낸이 오정현
펴낸곳 국제제자훈련원
등록번호 제2013-000170호(2013년 9월 25일)
주소 서울시 서초구 효령로68길 98(서초동)
전화 02)3489-4300 **팩스** 02)3489-4329
이메일 dmipress@sarang.org

저작권자 (C) 옥한흠, 1992,Printed in Korea.
이 책은 저작권법에 의해 보호를 받는 저작물이므로 저자와 출판사의 허락 없이
내용의 일부를 인용하거나 발췌하는 것을 금합니다.

ISBN 978-89-5731-797-6 04230
ISBN 978-89-5731-785-3 04230(세트)

※ 책값은 뒤표지에 있습니다. 잘못된 책은 구입하신 곳에서 교환해드립니다.